Susanne Aubry (ehem. Osswald) | Karl Schnelting

DEIN WILLE GESCHEHE JETZT

Susanne Aubry (ehem. Osswald) | Karl Schnelting

DEIN WILLE GESCHEHE JETZT!

DIE MENSCHHEIT VOR DER GLOBALEN TRANSFORMATION

Botschaften aus der geistigen Welt | Band 1

GOVINDA-VERLAG
Zürich | Jestetten

Kontaktadressen:

Schweiz: Govinda-Verlag, Postfach, 8053 Zürich
Deutschland: Govinda-Verlag, Postfach, 79795 Jestetten
Internet: govinda.ch

Taschenbuch-Erstausgabe - August 2007

Herausgeber: Ronald Zürrer
Lektorat: Armin Risi
Layout: Helmut Kunkel, Jestetten
Einbandgestaltung: Maria Rossmanith, Jestetten
Einbandfoto: Werner Jo Schmid, München
Gesamtherstellung: Finidr, Cesky Tesin
Printed in Czech Republic

ISBN 978-3-906347-85-1

Inhalt

Einleitung

Heute ist kaum noch jemand wirklich überrascht, wenn man ihm sagt, daß große Veränderungen auf unseren Planeten und seine Bewohner zukommen, denn dies ist längst das tiefe innere Wissen eines jeden. Zudem erleben wir alle mehr oder weniger hautnah, wie das Klima umschlägt und wie sich Unwetter, Erdbeben und Überschwemmungen häufen. Was aber getan werden muß und getan werden kann, um für die bevorstehenden, sehr viel gewaltigeren Erdveränderungen gerüstet zu sein, ist in erschreckend geringem Maße bekannt. Es ist so wenig bekannt wie die Tatsache, daß die «Vereinten Nationen» bereits 1989 die neunziger Jahre als das Jahrzehnt der Katastrophenvorbeugung ausgerufen und die Regierungen der ganzen Welt aufgefordert haben, nationale Komitees einzurichten, damit sie Schutzvorkehrungen treffen und die Bevölkerungen auf das Vorhersehbare vorbereiten.

Doch auf materielle Absicherungen, das ist gewiß, werden wir in den kommenden Jahren immer weniger bauen können. Gibt es nicht aber im Menschen selbst brachliegende Fähigkeiten, durch deren Aktivierung er Sicherheit vor äußeren Gefährdungen und Freiheit von Angst erringen kann, vielleicht sogar eine positive Einstellung zu den bevorstehenden Entwicklungen? So unglaublich es klingt, aber Beispiele aus vielen Kulturen und Zeitaltern zeigen, daß dem Menschen tatsächlich solche verborgenen Potentiale innewohnen, und dieses Buch möchte uns heute wieder einen Schlüssel zu diesen Potentialen reichen. Genauer: Intelligenzen aus höheren Ebenen reichen uns über dieses Buch den Schlüssel, um uns zu helfen, wieder zu einem tieferen Verständnis unserer eigenen Möglichkeiten zu gelangen.

Stets gab es Menschen, die um Hilfe aus den geistigen Bereichen gebeten haben, und immer ist sie ihnen auch gewährt worden. Allerdings haben sie oft nicht bedacht, daß sie ihrerseits die Voraussetzungen schaffen müssen, damit die erteilten Antworten sie auch erreichen können. Um Informationen aus höheren Dimensionen aufzunehmen, bedarf es eben nicht nur der physischen, sondern auch der geistigen Augen und Ohren. In Zeiten großer Umbrüche und großer Bedrängnis indes wählen die Wesen des Lichtes vermehrt sensitive Menschen, um über sie ihre Botschaften in einer für alle verständlichen Sprache zu vermitteln. Dies allerdings immer mit dem Ziel, einen jeden von uns zu befähigen, selbst Kontakt mit den Lichtbereichen aufzunehmen, damit wir uns, vor allem auch in Krisensituationen, selbständig mit der eigenen geistigen Führung verbinden können und so immer mehr das wahre Selbst, die eigene spirituelle Identität, erkennen.

Dazu bedarf es der Kenntnis geistiger Gesetzmäßigkeiten, die heute jedoch den meisten Menschen fremd sind. Deswegen mangelt es auch weithin an praktischen Erfahrungen eines Kontaktes mit den Wesen der höheren Dimensionen. Und so ist die Vermittlung dieser geistigen Gesetzmäßigkeiten eines der Hauptanliegen in den Botschaften, die uns in dieser Zeit erreichen. Ein deutliches Beispiel hierfür sind die Botschaften, die im vorliegenden Buch veröffentlicht werden. Sie sollten nicht nur mit dem Kopf, sondern auch mit einem offenen Herzen gelesen werden. Dadurch wird es möglich, im eigenen Sein die Schwingung der Quelle zu erfahren, denn aus jeder Zeile dieser Übermittlungen spricht eine so bedingungslose Liebe und eine so große Geduld mit uns Menschen, daß wir uns von Seite zu Seite immer mehr wie von einer wärmenden Energie umfangen fühlen: eine außergewöhnliche Hilfe für eine außergewöhnliche Zeit.

Diese Hilfe will uns zum einen anleiten, wie wir das Kommende unbeschadet überstehen können. «Es liegt in unserem Auftrag, euch wieder an eure Fähigkeiten zu erinnern und euch zu lehren, sie wieder zu beherrschen, so daß ihr das Wissen und die Kraft erlangt, euch in völliger Freiheit und Unabhängigkeit selbst zu helfen.» Zum anderen werden wir durch zahlreiche Prophezeiungen auf die künftigen Ereignisse vorbereitet. Diese Voraussagen haben deutlich erkennbar begonnen, sich zu bewahrheiten. Dies zeigen die immer stärker tobenden Elemente der Natur, die wachsende Ozonbelastung und Radioaktivität, die vermehrten Flugzeugabstürze und das Auftauchen vieler bislang unbekannter Viruserkrankungen. Viele weitere Geschehnisse sind angekündigt, so die Überflutungen unter anderem an der Nordseeküste oder die Erschwerung der Trinkwasserversorgung, um nur zwei Beispiele zu nennen.

Aus der Sicht der geistigen Welt ist es aber verfehlt, die kommenden Geschehnisse unter dem Katastrophenaspekt zu betrachten. Sie stellen nichts anderes dar als die Geburtswehen vor einem einzigartigen erdgeschichtlichen Evolutionssprung, der es sowohl dem Planeten als auch seinen Bewohnern ermöglicht, auf eine höhere Stufe des Seins aufzusteigen. «Die Qualität dieser Zeit», so hieß es in der Kundgabe vom 4. Februar 1995, «ist von einzigartiger Wichtigkeit, und ich möchte sagen: einmalig in der Menschheitsgeschichte. Die geistigen Wesen schauen in großer Ehrfurcht auf die Dinge, die in der Entwicklung eures Seins nun bevorstehen.»

An anderer Stelle heißt es, daß die Menschen «in eine immer größere Bereitschaft gelangen werden, die Hilfen aus unseren Bereichen dankbar anzunehmen.» Eine dieser Hilfen ist der breite Strom von Informationen, die hier wie in den Folgebänden protokolliert werden. Sie vermitteln Mut, Hoffnung und Freude sowie das Wissen, wie wir, statt ängstliche Opfer zu sein, diese Periode einer bahnbrechenden Wende mitgestalten können.

Seit Januar 1995 trafen sich im Raum München Gruppen von Menschen aus den verschiedensten Berufen zu den Seminaren und Arbeitskreisen, in denen Susanne Osswald als mediale Mittlerin die hier aufgeschriebenen Botschaften empfing. Am Anfang der medialen Arbeit von Susanne standen sogenannte Schutzgeistsitzungen, in denen der geistige Führer des jeweiligen Besuchers durch sie sprach. Eines Tages wurde sie von der geistigen Welt gefragt, ob sie bereit sei, auch Wesenheiten aus höheren Dimensionen durch sich sprechen zu lassen. Sie sagte freudig ja, wohl wissend, daß dieser Kontakt mit ungewohnt hohen Energien für den physischen Körper anfänglich sehr strapazierend wirkt. Sie ahnte jedoch nicht, daß sie schließlich ein Medium jener hohen Wesenheiten werden würde, deren Botschaften im folgenden zu lesen sind. Genau genommen hätte sie dies selbst vorher kaum für denkbar gehalten, nicht anders als vielleicht mancher Leser, der mit Erstaunen zum ersten Male hört, daß der, der bereits vor zweitausend Jahren auf der Erde lehrte, tatsächlich durch Menschen, die unter uns leben, sprechen soll. Zweifel solcher Art dürfen gewiß nicht vorschnell als Kleingläubigkeit abgetan werden, erwachsen sie doch häufig aus einer großen Ehrfurcht vor einem solchen Geschehen, einer Ehrfurcht, die Achtung verdient.

Die außergewöhnlichen Begegnungen mit der geistigen Welt während der erwähnten Zusammenkünfte blieben selbst für etliche von denen, die sie miterlebten, bis heute unfaßbar, auch wenn sie stets tief berührt waren von der besonderen Liebesenergie, die sich natürlich in den Schwingungen des gesprochenen Wortes noch spürbarer vermittelt als durch den geschriebenen Text. Auch für die Leserinnen und Leser wird schließlich das eigene Erspüren dieser Energien und der Wirkung auf ihr Inneres die einzig erlangbare Gewißheit sein. Das Erkennen der Reinheit einer Botschaft ist eine bleibende Herausforderung für einen jeden von uns und eine Schulung, kritisch-wachsam zu sein und zugleich offen zu bleiben für Übermittlungen aus den höheren Dimensionen.

Diese Übermittlungen ergossen sich in einem solchen Reichtum über die Besucher der Seminare, daß sich ihnen die Bedeutung einzelner Informationen manches Mal erst sehr viel später erschloß. Im Rückblick standen alle oft voller Bewunderung und Dank vor der großen Weisheit, mit der die geistige Welt das Lehrprogramm ins Werk setzte. Die eintägigen und die späteren dreitägigen Seminare fanden jeweils aufgrund eines Hinweises aus der geistigen Welt statt, und stets saß Susanne zu Beginn vor der versammelten Gruppe, ohne zu wissen, wie sich der Ablauf gestalten würde. Deshalb gab es auch keine Prospekte oder sonstige Werbung. Wer von den Treffen gehört hatte und dazustoßen wollte, teilte sein Interesse schriftlich mit. Die Adressen wurden gesammelt, und sobald ein neuer Termin feststand, erhielten die Interessenten eine Einladung. Es war immer wieder überraschend zu sehen, wie die geistigen Führer dieser Menschen dafür Sorge trugen, daß immer diejenigen zusammenkamen, die für das jeweilige Schwerpunktthema prädestiniert schienen, ob es nun um Fragen der Gesundheit, der Umwelt, des Friedens, der Philosophie, der Kreativität, der Forschung oder der persönlichen Transformation ging - Themenbereiche, die im weiteren Verlauf in verschiedenen Arbeitskreisen vertiefend behandelt wurden.

Daraus entwickelte sich eine geistige Schule, die 1996 den Namen TerrAmor annahm. (Die Verbindung der Wörter Terra und Amor soll die Liebe zur Erde und ihren Geschöpfen zum Ausdruck bringen.) Ende 1997 erhielten die beiden Autoren dieses Buches den Auftrag, anstelle weiterer Seminarveranstaltungen die in großer Zahl auf Tonband vorhandenen Durchsagen zu veröffentlichen und so für einen größeren Kreis von Menschen zugänglich zu machen. Im Physischen sei die Arbeit der geistigen Schule TerrAmor, so hieß es, vorerst abgeschlossen.

Das vorliegende Buch enthält hauptsächlich die Botschaften der ersten Jahreshälfte 1995. So wie im Laufe der Zeit die Aufnahmebereitschaft der Zuhörer wuchs und die Vertrautheit Susannes mit den hohen Energiefrequenzen zunahm, ist auch in den Kundgaben von 1995 bis 1998 eine Entwicklung, eine Steigerung unverkennbar - im Gewicht der Aussagen wie in ihrem sprachlichen Gewand. Davon mag der Text «Betrachtet das Samenkorn» am Schluß von Teil I einen Eindruck vermitteln. Aus aktuellen Gründen wurde der Teil II über Ernährung und Transformation angefügt, weil inzwischen immer mehr Menschen im Verlaufe ihrer Entwicklungsprozesse mit diesem Thema konfrontiert werden. Die bisher erhaltenen Hinweise zur Umstellung der Ernährung zeigen, wie liebevoll sich die geistigen Wesenheiten auch dieser Fragen annehmen.

Möge der Samen der Hoffnung, den die Lichtwesen so überreich gesät haben, in unser aller Herzen aufgehen! Denn in dieser so bedeutungsvollen Zeit bedarf es vieler beherzter Menschen, die den Glauben an die große Kraft der Liebe nicht verloren haben. Gemeinsam mit ihnen wollen die geistigen Freunde und Lichtboten jene Brücke der höheren Erkenntnis bauen, über die wir unbeschadet durch die gegenwärtige Zeit der Transformation gehen können. Für uns alle, die wir diesen noch nie dagewesenen Wandel miterleben, ist es eine einzigartige Herausforderung, bei der Neugeburt von Erde und Mensch aktiv auf der physischen Ebene mitzuwirken.

Karl Schnelting

Teil I

Zeit der Wandlung

Die Bedeutung der gegenwärtigen Zeit

21. Januar 1995

Ihr lieben Seelenfreunde, ich, ein Bote des Einen, begrüße euch auf das herzlichste. Gott zum Gruße! Wir sind hier in einer Vielzahl um euch versammelt und sind verbunden mit euch, den Seelen, die auf der Erde als unsere Brüder und Schwestern wandeln. Zwischen uns ist noch die Wand des Unsichtbaren, die uns vermeintlich trennt. Doch es liegt in der Qualität der kommenden Zeit, daß diese Mauer abgebaut werden soll, denn sie existiert nur in eurem Denken, das ihr aus Unwissenheit erzeugt habt. Mit eurem wahren Selbst seid ihr fähig, uns wahrzunehmen, uns zu sehen und auch zu hören. In einem jeden von euch sind die dafür notwendigen geistigen Organe vorhanden. Wenn ihr euch bemüht, sie zu aktivieren, werdet ihr lernen, so dies euer Wunsch ist, nach und nach selbst zu sehen, was heute für euer Auge noch unsichtbar erscheint.

So wendet euch denn in dieser Stunde mit den Augen eures Vertrauens und eures Glaubens dem zu, was euch hier gegeben wird und euch dazu dienen soll, auf den Weg zu eurem wahren Selbst zu gelangen. Ihr alle seid erschaffen nach dem einen Bilde, das in der Vollkommenheit war und ist. Euch allen ward im Ursprung das Erbteil des Einen zuteil, der den Wunsch hat, daß Seine Kinder in der Fülle, im Reichtum und in der Vollkommenheit leben. Doch ihr entferntet euch vom Vaterhaus, und mit jedem Schritt vergaßt ihr mehr von eurem Wissen und von euren Fähigkeiten, die euch einst ermöglichten, alles, dessen ihr bedürft, und noch mehr, aus euch selbst heraus zu erschaffen.

Es sind der Ernst und die Bedeutung dieser Zeit, die es mir möglich machen, auf diese Weise zu euch zu sprechen. Dies soll euch dazu dienen, die Hilfen aus den jenseitigen Regionen in Anspruch zu nehmen. Die geistigen Helfer an eurer Seite, die euch durch alle Tage eures Seins begleiten, haben den Auftrag, euch in der Entfaltung der seelischen Kräfte und im Wachsen eures Geistes zu unterstützen. Nun ist euch auf diese Weise eine weitere Möglichkeit gegeben, an die eigenen Qualitäten und an den eigenen Ursprung zu gelangen.

Euer Erdenplanet befindet sich in einer Phase gewaltiger Veränderung. In der kommenden Zeit wird sich der große Prozeß der Reinigung in aller Deutlichkeit kundtun. Aus dem Universum sind unablässig Energien von hoher Intensität unterwegs zu eurem Planeten. Sie sind von allerhöchster Kraft und Qualität, doch in ihrer Wirkung völlig neutral. Alles, was sich auf eurem Planeten befindet, wird von diesen Energien erreicht, berührt und durchdrungen. Sie potenzieren die in euch vorhandenen Qualitäten. So werden sich durch den Einfluß dieser Energien die Wesenszüge der Menschen guten Willens verstärken und ihre geistigen Qualitäten sich erhöhen. Jene Menschen, die das Dunkle in sich tragen, werden durch die immer sich wiederholende Konfrontation mit diesen Energien ebenso ihre Wesenszüge intensivieren und potenzieren.

So beobachtet denn, was um euch herum geschieht! Ihr werdet feststellen, daß die Menschen in ihrem Verhalten extremer werden. Auf diese Weise vollzieht sich eine natürliche Spaltung. So bilden sich ein rechtes und ein linkes Lager, und ein jeder gesellt sich selbst zu dem Bereich, dem er zugehört.

Da ist kein Gott, der euch richtet oder verurteilt oder straft. Es sind die Menschen selbst, die sich für ihren Weg nach eigenem Wunsch und Willen und gemäß ihrem Sein entscheiden. Die äußeren Einflüsse, die nach dem Willen des Vaters aus dem Universum gesendet werden, sind vielen von euch als das lange zuvor angekündigte Christusbewußtsein bekannt. Seine hohe Qualität wirkt also aus sich selbst heraus in absoluter Neutralität: Es verstärkt alles Vorhandene und beschleunigt alle Entwicklungen. Die Beschleunigung ist notwendig, damit die Reinigung vollzogen werden kann, denn dieser Planet, eure Heimat, ist in großer Gefahr.

Eure Erde ist ein Lebewesen wie ihr, geschaffen von derselben Hand und nach demselben Plan wie der Mensch. Sie hat ein Empfinden wie ihr. Sie hat einen Körper wie ihr und bedarf der Nahrung wie ihr. Die Erde ernährt sich von den Ätherenergien des Kosmos, die sie über eine Öffnung am Nordpol aufnimmt, um sie am Südpol wieder auszuscheiden. Was ihr als Ebbe und Flut kennt, ist das Ein- und Ausatmen eurer Mutter Erde, und die Flüsse, Meere und Seen sind das Blut der Erde. All dies haben die Menschen in den vergangenen Zeiten aus ihrer Unvollkommenheit heraus geschunden, vergiftet und zerstört. Aber es ist nicht dies, was in Wahrheit das Leben des Planeten bedroht. Es sind vielmehr die Krankheiten, die unguten Emotionen, der Haß, der Neid und die vielen Kriege, die die Erde daran hindern, ihre Selbstheilungskräfte zu aktivieren.

Nun soll die Erde von allem gereinigt werden, was gegen ihre Vollkommenheit wirkt. Ich wiederhole noch einmal: Es ist hier kein Schöpfer, der da richtet und trennt und teilt. Es sind die Seelen selbst, die sich nach ihrer eigenen Qualität ihren künftigen Lebensraum aussuchen. So soll euch heute eine Information gegeben werden über das Kommende, das unabwendbar ist und sich aus der Notwendigkeit heraus vollziehen wird.

In naher Zukunft werden sich die Bewegungen der Natur in großem Maße häufen. Die Stürme werden sich ausweiten und in ihrer Gewalt wachsen. Die Erdbeben werden sich um ein Vielfaches vermehren. Die Menschen werden ihre Kriege einstellen, denn die entstehenden Probleme werden ein Verhalten dieser Art nicht mehr möglich machen.

Nun sollt ihr auf diese Weise die Möglichkeit der Hilfe erhalten. Es liegt in unserem Auftrag, euch wieder an eure Fähigkeiten zu erinnern und euch zu lehren, sie wieder zu beherrschen, so daß ihr das Wissen und die Kraft erlangt, euch in völliger Freiheit und Unabhängigkeit selbst zu helfen. So lernt zuerst, euch als das zu erkennen, was ihr in Wahrheit seid! Erforscht euch, erkennt euch, und wendet euch sodann mit eurem Bewußtsein an den Ursprung und erbittet von dort die Hilfe und den Schutz, den ihr braucht! Lernt, euren Körper so zu gestalten, daß er nicht durch Krankheit in den Zustand der Schwäche und des Leids gerät! Es ist nun unser Auftrag, euch dieses Wissen nach und nach wieder kundzutun, euch zu schulen und zu lehren, damit ihr lernt, euch aus eigener Kraft zu helfen, ohne auf die äußere Materie zurückzugreifen, denn sie wird bald nicht mehr sein.

So werdet ihr gänzlich auf euch selbst zurückgeworfen. Nehmt es als ein Zeichen der Liebe des Vaters, daß Er euch die helfende Hand reicht, damit ihr ganz unbeschadet durch diese Zeit kommt. Ihr müßt jedoch bedenken: An dieses Wissen zu gelangen, das euch ermöglicht, euch und euren Lebensraum aus eigener Kraft in den Zustand der Vollkommenheit zu bringen, ist nur möglich, wenn ihr in Ernsthaftigkeit und Liebe den Weg des Lichtes geht und in eurem tiefsten Innern bestrebt seid, das Erfahrene und Gelernte so anzuwenden, daß es euch selbst, den Menschen, die euch umgeben, und eurem Lebensraum zum Segen gereicht.

Die Menschen auf der Erde haben in der vergangenen Zeit in den technischen Bereichen vieles errungen. Sie haben jedoch versäumt, im gleichen Maße parallel dazu das notwendige geistige Bewußtsein zu entwickeln. So stehen die Menschen auf der Bewußtseinsstufe von Kindern, verfügen jedoch über Errungenschaften von hoher Intelligenz. Die Kluft dazwischen ist zu weit. Sie haben nicht das Verantwortungsbewußtsein und das Wissen, mit dem Gegebenen richtig umzugehen. Aus diesem Grunde haben sie nun diese Resultate auf der Erde. So wurde aus den geistigen Bereichen Einhalt geboten.

An das höhere Wissen werden die Menschen nur gelangen, wenn sie die innere Reife und ein höheres Bewußtsein haben und ihren Weg in Liebe gehen. Es ist euch alles möglich. Alles wird euch gegeben, wenn ihr bittet und wenn der Wunsch in eurem Herzen rein ist. Keine Tür bleibt euch verschlossen, wenn ihr reif seid, mit dem umzugehen, was sich hinter der Tür verbirgt.

Lernt die Prinzipien und Gesetzmäßigkeiten kennen, die euer Sein ausmachen und euren Lebensraum gestalten, und auf diesem Wege werdet ihr automatisch in eurem geistigen Bewußtsein wachsen. Tut dies alles immer aus einem ehrlichen Bestreben heraus und nicht, um besser als der Nächste zu sein. Legt den Kampf und den Ehrgeiz ab! Der Ehrgeiz ist eine zwanghafte Energie, die nicht zu guten Ergebnissen führt. Es gibt kein «Besser» und kein «Schöner» und kein «Höher». Es gibt auch kein Ich und kein Du. Es gibt nur ein Wir. Alle sind wir aus demselben Ursprung und kehren zur gegebenen Zeit in ihn zurück.

Ihr habt die Möglichkeit, euch nach dem Plan zu entfalten, der eurem Wunsch entspricht. Doch müßt ihr lernen zu sehen, was noch nicht zu sehen ist. Hebt die Grenzen eures engen Denkens auf! Ihr müßt wissen, der Verstand wurde euch als ein Werkzeug des Geistes gegeben. Er ist nur ein Werkzeug. Er ist ein Ausdruck des Geistes in der physischen, stofflichen Ebene, in der dichten Materie. Hier, in den irdischen Bereichen, in den weltlichen Belangen ist es angebracht, dieses Werkzeug einzusetzen. Arbeitet hier mit dem Werkzeug des Verstandes!

Wenn ihr euch aber in eine höhere geistige Ebene begebt, müßt ihr euren Geist öffnen. Euer Werkzeug Verstand steht nicht in Resonanz mit den Energien dieser Ebene. Es wird euch behindern. Geht mit eurem Bewußtsein in die höhere Ebene und öffnet euch, damit es euch möglich wird, das, was euch umgibt, zu sehen und zu erfühlen! Wenn ihr nicht an das Unsichtbare glauben könnt, kann es sich euch nicht offenbaren. Ihr versucht, die niedere Energie des Verstandes auf eine höhere Ebene mitzunehmen! Die Verstandesenergie ist in dieser Ebene nicht lebensfähig, und mit ihr werdet ihr deshalb nicht dorthin gelangen.

Wendet euch mit eurem Herzen an den Vater, erbittet von Ihm Weisheit und Erkenntnis und Schutz, und bittet Ihn, euch auf die höheren Ebenen zu führen! Dann öffnet euch im Vertrauen und wißt: Wenn ihr den Vater um Schutz gebeten habt, ist es nicht möglich, daß ihr von irgendwelchen unguten Dingen berührt werdet. Sucht immer zuerst den Kontakt zur Quelle und erbittet von dort Schutz, Segen und Führung! Dann geht wie ein Kind mit eurem Geist hinauf in die feinstofflichen Ebenen, lernt, die vielen Helfer und Freunde zu sehen, die beauftragt sind, euch zu schnellerem Wachstum und Erkennen zu verhelfen. Laßt euch von ihrem höheren Wissen belehren, so daß ihr fähig werdet, in absoluter Freiheit, Vollkommenheit und Unabhängigkeit euer Leben zu gestalten, zuerst euer eigenes Leben und dann den Raum, in dem ihr wirkt. Dies ist der Auftrag des Lebens selbst, den der Mensch noch unvollständig ausführt. So steht ihr nun vor der Entscheidung, die Hilfen anzunehmen oder euch weiter auf die schwache menschliche Existenz zu verlassen.

In Wahrheit seid ihr alle vollkommen rein und schön. Alles, was diesem Bilde nicht entspricht, sind die in vielen Leben erschaffenen Masken, die euer wahres Selbst überdecken und den Abstand vom Ursprung zu euch immer größer gestalten. So ist es an euch, bereit zu sein, die Masken nach und nach abzulegen, um euch selbst und der Wahrheit immer näher zu kommen. Ihr wißt nun, daß es der Wunsch des Vaters ist, daß

Seine Kinder in der Fülle, im Reichtum und in Freiheit leben und nicht von denen geknechtet werden, die scheinbar bessere Möglichkeiten haben.

Wenn es euer Wunsch ist, werdet ihr auch fernerhin auf diese Weise Informationen aus unseren Ebenen erhalten. Auf dem Erdenrund gibt es etliche Kanäle wie diesen, durch den ich spreche, die in derselben oder einer ähnlichen Weise wirken. Dies ist so gefügt, damit die Informationen aus unseren Ebenen euch direkt erreichen. Ihr habt die Möglichkeit, sie aufzunehmen und auszuschöpfen, so daß ein jeder lernt, selbst die Verbindung herzustellen und über die eigene geistige Führung an diese Informationen zu gelangen. Bittet, so wird euch gegeben! Wendet euch im Gebet an den Vater und bittet um die Begegnungen, Kontakte und Situationen, die eurem Wachstum und eurem Erkennen dienen! So werdet ihr erleben, daß ein jeder durch seine geistige Führung dorthin geleitet wird, wo er unter den bestmöglichen Bedingungen sein Wissen vervollkommnen kann.

Wißt, daß eure Gedanken die Grundmauern eures irdischen Seins sind, denn jeder Gedanke erschafft aus der Ursubstanz sichtbare Realität. Wenn ihr ein und denselben Gedanken wiederholt, wird sich diese Energie verdichten. So die notwendige Dichte erreicht ist, wird sich der Gedanke nach seinem ursprünglichen Gesetz sichtbar im Stofflichen ausdrücken. Es ist die Qualität eurer Gedankenenergie, die euer Leben ausmacht. Alles, was sich in eurem Sein vorfindet, sind die Resultate der Energien, die ihr in Bewegung gesetzt habt. Diese Energien wirken nach eurem Willen, sei er bewußt oder unbewußt. Aber ihr seid grundsätzlich die Schöpfer eures Lebens. Ihr seid selbst euer Schicksal, es liegt in euren Händen. So lernt, eure Mächtigkeit und eure Möglichkeiten zu erkennen!

Diese Zeit der großen Veränderung ist eine bedeutungsvolle Zeit. Nutzt sie, denn sie ist bemessen! Nutzt sie, um alle notwendigen Fähigkeiten zu erwerben, solange ihr über Kanäle wie diesen, die aus Liebe geschaffen wurden, einen direkten Zugang zu unseren Ebenen habt! Diese Zeit, ich wiederhole es, ist begrenzt. In den letzten Phasen des Reinigungsprozesses wird es diese Möglichkeit nicht mehr geben. Geht durch eure Tage in dem Wissen, daß auf dieser Erde alles begrenzt ist und nichts bleiben wird, wie es ist!

Nutzt die Stunden! Prüft alles, was euch hier gegeben wurde, mit eurer Seele! Prüft alles und nehmt das auf, was gut für euch ist! Dann wendet euch mit eurem Herzen an den Vater, und ein jeder erbitte für sich die Verbindung und die Hilfe für den eigenen Weg! Alle Türen sind geöffnet. Hindurchzugehen ist euer Teil. Wir kommen euch entgegen, wir rücken näher und näher, und der Zeitpunkt ist nicht mehr fern, wo unser aller Hände sich berühren.

Die geistigen Helfer strecken euch in Liebe ihre Hände entgegen. Sie zu ergreifen ist hingegen euer Teil. Noch einmal fordere ich euch auf, das Sehen zu lernen, denn es ist mir nicht möglich, euch meine Augen zu leihen. Lernt, euer geistiges Auge zu gebrauchen! Die Zeit wird das Unsichtbare ins Sichtbare bringen. Nehmt diese Zeit ernst, nehmt sie ernst! Es werden gar viele Dinge geschehen, deren Ausmaß ihr noch nicht ahnt. Könnte ich euch den für euch noch unsichtbaren Bereich zeigen, wäret ihr sehr bestürzt. Seid gesegnet! Bleibt im Frieden! Es sprach in großer Freundschaft ein Bote des Einen.

Diese Botschaft zeichnet ein sehr weitgehendes Bild von den bevorstehenden Veränderungen wie auch von den potentiellen Fähigkeiten des Menschen. Sie schneidet damit viele Themen an, die in den nachfolgend angeführten Texten ausführliche weitere Erklärungen finden:

- *Die Erde als lebendiges Wesen, das durch den Menschen in seiner Existenz bedroht ist und nun der «großen Reinigung» harrt;*
- *die bevorstehenden «Bewegungen der Natur», die der Erdbewohner nur überstehen kann, wenn er sich seiner vergessenen Fähigkeiten wieder bewußt wird;*
- *das Angebot der geistigen Welt, ihm das verloren gegangene Wissen erneut zugänglich zu machen, damit er in der kommenden Zeit, wenn er auf materielle Mittel nicht mehr zurückgreifen kann, seine geistigen Möglichkeiten anzuwenden weiß;*
- *der begrenzte Zeitraum bis zur großen Wende, der für diese Art der Kontakte mit den geistigen Ebenen verbleibt;*
- *die Grundthese, daß der Mensch selbst die Verantwortung für sein Leben und sein Schicksal trägt;*
- *der Aufruf, die in vielen Leben erschaffenen Masken abzulegen, die unser wahres Selbst verdecken und uns in Scheinidentitäten binden;*
- *die Mahnung, daß jeder sich verstärkt bemühen möge, einen intuitiven Kontakt mit seinem Schutzengel, dem geistigen Führer an seiner Seite, aufzunehmen;*

- *die Aufforderung, die Zeit zu nutzen und den Weg zurück zu den eigenen Ursprüngen mit reinem Herzen und in Liebe zu gehen;*
- *das Versprechen, daß die Mauern zwischen der sichtbaren und der unsichtbaren Welt schließlich ganz fallen werden.*

Der Hinweis, daß gewaltige Geschehnisse in der Natur die Menschen zwingen werden, sogar ihre Kriege einzustellen, fand im Juli 1996 die folgende Ergänzung:

Die Völker werden sich gegeneinander erheben, so wie dies in der Vergangenheit leider allezeit der Fall war, und werden hier und dort gegeneinander in den Krieg ziehen. Jedoch der Augenblick wird kommen, da alle Völker dieser Erde in ihrem kriegerischen Tun innehalten werden, denn die Gewalten der Elemente werden all ihr Kämpfen übertönen. Die Menschen werden sich in ihrer Machtlosigkeit und in ihrer Kleinheit erkennen, und sie werden aus Furcht ihre Waffen niederlegen. Die Mächtigen aus allen Nationen werden sich an einem Tisch vereinen, um zu beraten, was es wider die großen Katastrophen aus dem Bereich der Natur zu tun gilt.

Im Text heißt es, daß der Verstand nur ein Werkzeug, nur ein Ausdruck des Geistes in der physischen Ebene sei. Es ist gut, sich stets daran zu erinnern, daß in den Botschaften das Wort «Geist» in aller Regel nicht im Sinne von menschlichem Denken, nicht im Sinne von Verstand gebraucht wird. Vielmehr wird «Geist» als Teil des allgegenwärtigen ewigen Geistes begriffen, während das Wort «Verstand» das dem Körper und der physischen Existenz zugeordnete Werkzeug meint.

In der Botschaft werden Energien erwähnt, die aus dem Universum unterwegs zu unserem Planeten seien. Es handle sich dabei um das seit langer Zeit angekündigte Christusbewußtsein, das heißt, das kosmische Bewußtsein göttlicher Liebe, durch das alle Lebewesen des Universums mit ihrem Ursprung verbunden sind. Etliche spätere Durchsagen knüpfen an diese Aussage an. Der Aspekt, daß die erwähnte Christusenergie völlig neutral wirkt und alle vorhandenen Wesenszüge der Menschen intensiviert, sowohl die negativen (falls man sie nicht auflöst) als auch die positiven, wurde bei einer anderen Gelegenheit weiter ausgeführt:

Ein großes Licht wurde auf dem Erdball aktiviert, der in eine große Wolke eingetreten ist, die aus Photonen und Heliumgas zusammengefügt ist. Die Photonen-Energie, dieses reine Licht, und dessen Ausströmung, das Heliumgas, sind die direkte Manifestation des Christusbewußtseins. Dieser Energieverbund ist durch den Weltraum gewandert, zuerst durch den Gürtel der Plejaden, und hat nun die Erde erreicht. Dies ist euren Wissenschaftlern bekannt, denn die Phänomene sind mit euren technischen Geräten wahrnehmbar.

Die Photonen-Energie ist der Grund, warum die Menschen sich nun immer deutlicher in zwei Bereiche teilen werden. Denn dieses große Christusbewußtsein wird alles durchdringen und aktivieren, was vorhanden ist, auch die vorhandenen Charaktereigenschaften. So werden jene, die die Lichtzellen der Weisheit und der Liebe in sich tragen, sich in explosionsartiger Weise entwickeln und bald eine Neugeburt erleben. Und jene Seelen, die nur die Schatten in sich manifestiert haben, werden das Licht der Christusenergie, das sie durchdringt, nicht mehr ertragen können, und ihre alte Form wird sich auflösen.

Dies ist die Reinigung, die im Erdenmenschengeschlecht stattfindet. Jesus hat euch angekündigt, daß sich das Reich zur Linken und zur Rechten teilen wird.* Denkt jedoch allezeit daran, es ist nicht Gott, der die Menschen richtet, es ist der Mensch selbst. Denn er hat sich aus freiem Willen entschieden, sich zum Licht oder aber zum Schattenreich zu bekehren. So laßt jenen ihren Willen, da sie weiterer Erfahrungen bedürfen, bis der Schmerz so groß ist, daß sie aus sich heraus nach dem Licht zur eigenen Erlösung rufen. Gebt ihnen den Segen und laßt sie in Frieden ziehen!

In einer weiteren Erklärung wurde das verstärkt aus dem Universum einstrahlende Christusbewußtsein als Photonenring bezeichnet, in den die Erde inzwischen eingetaucht ist:

Die Photonen-Energie wurde bereits von Wissenschaftlern entdeckt, denn sie ist physikalisch nachweisbar. Sie ist nichts anderes als die Manifestation des Christusbewußtseins, das materiell sichtbar wird, mit anderen Worten: eine Materialisierung des Christusbewußtseins. Die Photonen-Energie ist die Körperform der Christusenergie. Das Photonen-Energiefeld

* Matt. 25,31-46

durchwandert den Kosmos und hat jetzt die Erde erreicht, weil Menschen sich in ihrem Bewußtsein geöffnet und dadurch das Christusbewußtsein zu sich gerufen haben. Das schon immer in ihnen vorhandene Christusbewußtsein ist erwacht, hat Impulse ausgesendet und auf diese Weise das Christuslicht angezogen. Das Christuslicht erfährt in dieser Phase, in dieser Zeitqualität, eine Verdichtung, weil so viele Lichtarbeiter aktiv sind. Und weil eine Verdichtung stattfindet, wird es auch physikalisch meßbar.

Die Lichtarbeiter stehen schon naturgemäß durch ihre eigene Wesenheit mit dem Christusbewußtsein in Resonanz, weil sie aus diesem Bewußtsein kommen und weil sie ja aus diesem Bewußtsein auf die Erde entsandt wurden. Sie wurden gerade jetzt hierher gesandt, um den Auftrag und den Plan zu erfüllen, der der Erde helfen soll, sich höher zu schwingen, weil das Bewußtsein der Erde darum gebeten hat.

Die Höherschwingung des Bewußtseins ist also nicht etwas, das durch den Photonenring automatisch ausgelöst wird, sondern ist abhängig von einer Resonanz auf der Erde. In der gegenwärtigen Phase werden alle Menschen mit dieser einstrahlenden Energie konfrontiert und müssen auf die eine oder andere Weise darauf reagieren.

Das Christusbewußtsein an sich hat es schon immer gegeben. Das Christusbewußtsein darf nicht mit Jesus gleichgesetzt werden. Jesus hat das göttliche Wissen und Bewußtsein als Transformator des Christusbewußtseins auf der Erde verankert.

Aber das Christusbewußtsein gab es schon, bevor die Erde existierte, und es wird auch weiter vorhanden sein, wenn die Erde in eine höhere Dimension aufsteigt. Es geht nur darum, daß ein Mensch irgendwann aus sich selbst heraus bittet, mit dem Christusbewußtsein verbunden zu werden, dann wird er es anziehen. Wenn das viele Menschengruppen gleichzeitig tun, so wie das jetzt der Fall ist, sind Quantensprünge möglich. Sonst ist es immer eine Evolution, die der einzelne vollzieht. Das Christusbewußtsein ist nicht nur eine Erscheinung der heutigen Zeit, aber es wirkt heute in besonderer Weise, so daß die Menschen einen Quantensprung erleben, weil sie für dieses Christusbewußtsein jetzt im Kollektiv vorbereitet und geöffnet sind.

Die kommende Veränderung

4. Februar 1995

Ich bin aus dem Strahl Michaels gesandt. Gott zum Gruße!

Diese Begegnung zwischen unsichtbaren Menschen, sichtbaren Menschen und unsichtbaren Wesenheiten ist von einer größeren Bedeutung, als ihr annehmt. Uns ist die Möglichkeit gegeben, den Strahl vielfältiger Hilfe aus dem Reichtum und der Fülle des Universums fließen zu lassen. Ihr seid umgeben von den geistigen Führern, die allezeit bei euch sind, und es sind weitere Boten und Helfer an meiner Seite, die ihre Kräfte den meinen zugesellen, um mich zu unterstützen. Nehmt diese für euch noch unsichtbare Brücke als ein Zeichen der Liebe und der Verbundenheit mit euch! In diesem Raum sind ferner etliche körperlose Seelen anwesend, die einst unter euch weilten und den Wunsch haben, teilzunehmen und mit zu empfangen.

Euer Erdenplanet befindet sich im Zustand gewaltiger Veränderung. Ich wiederhole mich, und es wird euch noch viele Male gesagt werden. Die Qualität dieser Zeit ist von einzigartiger Wichtigkeit, und ich möchte sagen: einmalig in der Menschheitsgeschichte. Die geistigen Wesen schauen in großer Ehrfurcht auf die Dinge, die in der Entwicklung eures Seins nun bevorstehen. Um euren Erdball sind geistige Helfer in großer Zahl bereitgestellt und warten auf den Auftrag, der jeden Augenblick ergehen kann. Alles ist nun vorbereitet, und ein jeder von ihnen kennt seinen Plan aufs genaueste und wird zur gegebenen Stunde, wenn das Wort gesprochen ist, nach seinem Vermögen helfen und in seinem Amt dienen. Seid gänzlich ohne Furcht! In der Zwischenzeit ist uns gestattet, euch die Hilfe der Vorbereitung angedeihen zu lassen und das Wissen und die Kraft zu vermitteln, die ihr braucht, um das Kommende unbeschadet zu überstehen.

Nutzt die Stunden in dem Bewußtsein, daß die Zeit, in der ihr jetzt lebt, bald ein Ende hat. So werden auch wir nach einer kurzen Weile abgezogen. Das Schwingungsfeld um eure Erde verdichtet sich von Tag zu Tag. Wenn diese Dichte einen bestimmten Grad erreicht, ist es uns geistigen Wesenheiten nicht mehr möglich, in eurer Atmosphäre zu verweilen und euch auf diesem Wege zu begegnen. So nutzt die Stunden und die auf diese Weise gesprochenen Worte! Nehmt sie ernst und setzt sie so schnell wie möglich um! Nach dieser Zeit der Information und der Hilfestellung wird es eine Zeit der Distanz geben, wo ihr gänzlich auf euch selbst gestellt sein werdet und in der Lage sein müßt, euch aufgrund des Gelernten und Erfahrenen selbst zu helfen.

So diese Zeit wiederum vollendet ist, wird die Erde ihr Innerstes nach außen stülpen. Die hohe Zahl der Gifte auf der Erde werden in den Raum hinausgeschleudert, wo sie sodann von den jeweils zuständigen Helfern aufgefangen und mit viel Licht- und Liebesenergie in ein neues Potential von Kraft und Licht umgewandelt werden. Die Ozeane werden das Land überschwemmen. An vielen Orten wird die Erde sich spalten, und die Elemente werden in großer Mächtigkeit über das Land gehen und ihren Plan vollziehen.

In diesem Augenblick wird Hilfe von außerhalb nahen. Dann werden die, die ihr als die Herzens- oder Sternenbrüder kennt, zu euch entsandt, um euch in die Obhut zu nehmen. Sie werden euch von der Oberfläche des Erdballs hinwegheben, und dann kann die Reinigung des Planeten vollzogen werden.

Ihr werdet euch in diesem Augenblick im Zustand des astralen Seins befinden. Ihr werdet ein geistiges Getränk erhalten, das die Zellen eures physischen Leibes augenblicklich in eine astrale Struktur verwandelt. So könnt ihr auf die Schiffe gelangen, die von außerhalb eures Planeten kommen. Dort werdet ihr verweilen, bis der Prozeß der Reinigung vollendet ist. Sodann werdet ihr wieder von den Brüdern des Herzens auf den Boden eurer Erdenheimat zurückgebracht.

Euer Heimatboden wird dann in einem gänzlich veränderten Zustand sein. Meeresböden werden sich erhoben und Berge sich zu Tälern gesenkt haben. Die Erde wird sich nach diesem Prozeß in der Aufteilung der Kontinente neu formiert haben, und auch die Meere werden an gänzlich anderen Stellen sein. Ein völlig neuer Erdball erwartet euch. Das aufgetauchte Land, das einst den Grund des Meeres bildete, wird in reinem Zustand sein, und auf ihm wird die Saat eurer neuen Nahrungsmittel ohne Gifte wachsen können.

Die Menschen, die zurückgekehrt sind, werden mit ihrem neuen Wissen das Land bestellen. Sie werden sich in tiefer, reiner Liebe ohne Arg und ohne List begegnen: ein Neubeginn im Guten. Ihr werdet eine lange Zeit gesegnet und geschützt sein. Wesenheiten von außerhalb eures Sonnensystems mit unlauteren Absichten und Plänen werden nicht in diese neue Welt gelangen können. Versiegelt und abgetrennt von aller Dunkelheit wird der Mensch der neuen Zeit die neue Erde aus der Kraft des eigenen Selbst erbauen. Er wird Tod und Krankheit nicht mehr kennen.

In dem neuen System, in dem der Erdball sich dann befindet, wird es zum Gleichgewicht zwei Sonnen und zwei Monde geben. So werden ungünstige Voraussetzungen hinweggenommen, die im alten Sonnensystem noch vorhanden sind. Menschen von anderen Planeten, die in ihrem Wissen und auch körperlich in einem höheren Entwicklungsstadium sind, werden sich auf der Erde niederlassen und sich mit euch vermischen. Die Kinder, die aus diesen Verbindungen hervorgehen, werden ebenfalls ein höheres Wissen haben, und die Erde wird durch die heranwachsende Generation in das goldene Zeitalter geführt.

Dies sei euch gesagt, damit euch die große Bedeutung der Zeit, die jetzt noch zur Verfügung steht, bewußt wird. Nutzt also die Zeit und tut nicht Dinge, die belanglos sind! Die Monate und Tage sind gezählt, und keiner kennt den Augenblick der Wende. Wir warten alle auf das Wort des Einen. Wenn es erschallt, handeln wir nach unserem Plan.

In der Zwischenzeit haben wir die Möglichkeit, euch auf diese Weise zu erreichen. Auf dem ganzen Erdenrund ist das Licht in vielfältiger und unterschiedlicher Form zu euch unterwegs, mit dem Auftrag, euch zu helfen und zu dienen. Es ist an euch, die Entscheidung zu treffen, ob ihr die Hilfen annehmt. Die für euch noch unsichtbaren geistigen Helfer kommen euch mit ausgestreckten Armen stündlich näher, um euch in Liebe zu begegnen. So macht auch ihr euch auf den Weg und geht ihnen entgegen, um die größtmögliche Hilfe zu empfangen!

Alles unterliegt der Veränderung und verläuft nach einem vollkommenen Plan. Auch wenn seine Realisierung sich im Äußeren als Chaos darstellt, wißt, daß in diesem Chaos eine natürliche Gesetzmäßigkeit eingebunden ist, die aus sich selbst heraus wirkt. Der Plan vollzieht sich nach den Bedingungen der Naturgesetze, die von dem Einen, der über allem steht, gelenkt sind. So geratet nicht in Furcht und Unruhe! In alledem ist eine Ordnung. Nichts geschieht in diesem Chaos aus Zufälligkeit. Alles verläuft nach einem wohlgeordneten, durchdachten Plan von absoluter Weisheit und vollkommener Liebe und dient dazu, die Erde zu retten, um dem neuen Menschen die goldene Heimat zu bereiten.

So ihr die Elemente um euch toben seht, wißt, jedes von ihnen steht unter der Herrschaft eines mächtigen Führers. Die Elemente sind in den Plan miteinbezogen. Sie sind berufen, zur gegebenen Zeit mit ihrer Macht zu wirken. Auch der Wind hat ein Bewußtsein und gehorcht den Befehlen seines Herrschers. Wenn er über euer Land fegt, sprecht diesen Herrscher, den Geist des Windes, an und sendet ihm aus eurem Herzen Liebe! Auch der Geist des Windes ist auf dem Weg zurück zur Liebe, zurück zu seinem Ursprung. Wenn ihr ihm kundtut, daß auch ihr in der Liebe seid, wird er an euch vorüberziehen, ohne euch zu berühren. Sprecht zu ihm aus reinem Herzen, zeigt ihm euer Verständnis für sein Wirken und sendet ihm die Liebe, nach der er sich sehnt, nach der er sucht!

Wenn das Wasser in großen Massen über die Erde kommt, so wißt, daß es gesendet wurde, um mit seiner Macht das Alte hinwegzuschwemmen, um dem Neuen den Weg zu bereiten. Auch der Geist des Wassers ist auf dem Weg zurück zu seinem Ursprung in der Liebe. Das Wasser und auch das Feuer vollziehen den Plan nach dem Willen ihres Herrschers. Sprecht den Geist des Wassers und den Geist des Feuers aus eurem Herzen an! Sie können eure Seelensprache wohl verstehen. So ihr ihnen begegnet und sie im Zorne wirken, zeigt eure Kennung und sendet ihnen aus eurem Herzen Liebe! So wissen sie wohl, daß sie an euch vorüberziehen sollen. Auf diese Weise werdet ihr unbeschadet durch die kommenden Ereignisse gelangen. So seid ihr denn Verbündete und nicht Feinde. Schenkt auch der Erde, eurer Heimat, Liebe und Verständnis! Jeder eurer Schritte soll ein Danke sein.

Verbindet euch immer wieder mit Hilfe eurer Gedankenkraft direkt mit der Urquelle allen Seins und trachtet in eurem Denken, Fühlen und Tun nur nach der Liebe! So ihr in der Liebe wandelt, seid ihr unantastbar, und nichts wird an euch gelangen, nicht die Macht des Windes und nicht die Macht des Wassers. Auch die negativen Wesenheiten, die sich in diesem Sturm der Veränderung ein letztes Mal erheben, vermögen euch nicht anzutasten, so ihr in der wahren Liebe seid.

Habt auch keine Furcht mehr vor der Macht des Geldes und den vielen Systemen mit ihrem egoistischen Machtgebaren! All dies geht nur noch eine kleine Weile, dann wird es hinweggenommen sein. Bindet euch immer enger an eure geistige Führung an! Sucht dort die Hilfe und den Weg, so kann euch nichts geschehen. Dennoch seid weiter bestrebt, euer Bewußtsein zu erhöhen und die eigenen Kräfte zum Wachsen zu bringen!

Ihr seid als Menschen auf diesen Erdball gekommen, um eure Qualitäten in das größtmögliche Maß der Vollkommenheit zu bringen. Auf dem Weg vom Ursprung bis hierher habt ihr vieles von dem vergessen, was euch als ein Erbteil der göttlichen Schöpfung gegeben ward und euch einst befähigte, aus eurem Selbst heraus alles zu schöpfen, was ihr wünschtet. Nun kehrt euch um und geht den Weg zurück! Mit jedem Schritt zurück werdet ihr die Erinnerung an das, was einst in euch war, wiedergewinnen.

Euer physischer Körper im jetzigen Zustand ist die äußere Manifestation der inneren Befindlichkeit. Er birgt in sich den Seelenleib und den geistigen Leib. Der physische Leib wurde euch gegeben, damit ihr auf der physischen Ebene dieser Erde leben könnt. Mit dem astralen Seelenleib, dem feinstofflichen Körper, könnt ihr auf den astralen Ebenen wandeln. Die Menschen, die durch den physischen Tod eurer Erde gegangen sind, befinden sich in diesem astralen Bereich, der nun ihre Heimstatt ist. Und es gibt die weitere Ebene des Geistigen. Mit dem geistigen Körper in euch könnt ihr in diese geistigen Gefilde gelangen.

Wenn die Erde nun durch die äußeren Einwirkungen den Prozeß der Reinigung und der Vervollkommnung beginnt, unterliegt auch euer physischer Körper diesem Prozeß. Alles, was sich an der Erde vollzieht, vollzieht sich auch an euch. So habt auch ihr die Möglichkeit, euren physischen Körper in einen höheren Schwingungsbereich zu transformieren, so daß ihr im Zustand des astralen Seelenleibs in die feinstofflichen Ebenen aufsteigen könnt.

Das, was ihr als die astralen oder geistigen Bereiche empfindet, ist aus der Sicht der geistigen Wesenheiten gleichfalls materiell wie eure physische Welt. In den astralen Ebenen ist die Materie genau so real vorhanden, jedoch in einer höheren Schwingungsfrequenz, in einer geringeren Dichte, so daß sie für euer stoffliches Auge nicht wahrnehmbar ist. Für uns ist dies eine leichtere Form der Materie. Selbst das, was ihr eine geistige Ebene und einen geistigen Körper nennt, hat für unsere Begriffe immer noch Materie in sich, einfach in einer noch höheren, lichteren Form. Es sind nur jeweils die Schwingungsfrequenzen höher, je höher ihr steigt.

Erst wenn ihr mit eurem Bewußtsein alle Ebenen überwunden habt und in die vollständige Rückerinnerung eures geistigen Seins, eures Ursprungs gelangt, wird in euch der Wunsch geboren, zur Einheit in das Vaterhaus zurückzukehren. Und ihr werdet euch von dieser geistigen Ebene aus zur Quelle zurückbegeben. Auf diesem Wege wird sich auch der geistige Leib auflösen, und ihr werdet euch in der Einheit mit den vielen euch wohlbekannten Seelenbrüdern und -schwestern vereinen. Ihr werdet gänzlich ohne [materielle] Form, ohne [grobstofflichen und feinstofflichen] Körper als ein vollkommenes Bewußtsein, als ein vollkommener Gedanke existieren. Alles Erfahrene, alles Durchlebte jedoch ist in eurem Bewußtsein gegenwärtig. Und ihr habt die Möglichkeit, euch aus dem Zustand der Einheit wieder herauszulösen, so oft ihr es wünscht, und euch nach freiem Willen in jedwede Ebene hinabzutransformieren. Dies ist der Weg des Menschen.

Ihr seid die Pioniere der neuen Zeit, und euer Hiersein ist nicht zufällig. Auch andere Pioniere auf diesem Erdball stehen in direkter Verbindung mit geistigen Ebenen, unter anderen Gegebenheiten und in anderen Formen, und sie erfahren zu dieser Stunde allesamt durch ihren Kontakt die Hilfe, die Information und die notwendige Kraft, um das Kommende durchzustehen.

So lernt die Beschaffenheit eurer Körperstrukturen kennen, zunächst eures physischen Körpers, der der äußere Ausdruck des Inneren ist! Er ist nur das Zuhause, das Gefäß des Lebendigen, das in ihm wohnt. Er vollzieht nichts aus sich selbst heraus. Er wird vom Geist, der in ihm ist, gelenkt, und die Seele ist der Mittler zwischen Geist und Körper. Der astrale Seelenleib ist von feinstofflicher, subtiler Energie und kann in den Stunden eures Tiefschlafs den physischen Körper verlassen. Durch eine Energieschnur bleibt ihr in der Verbindung mit dem Körper, dieser Heimstatt der Seele und des Geistes. Mit Hilfe dieses für euch unsichtbaren Fadens könnt ihr an jeden Ort gelangen und findet ihr immer wieder in das eigene Körperhaus zurück.

So erkundet ihr im Schlaf das Universum. Viele von euch besuchen ihre Meister in den geistigen Bereichen, in den Tempeln des Lernens, und erfahren dort viele der Lehren, die euch nun auch auf diese Weise erteilt werden. Auf den außerkörperlichen Reisen, die ihr viele Male des Nachts vollzieht, ist der geistige Leib immer mit dem Seelenleib verbunden.

Zwischen den drei verschiedenen Körpern, die eure derzeitige Persönlichkeit ausdrücken, ist jeweils ein weiterer unsichtbarer Körper vorhanden. Es sind dies die ätherischen Doppelkörper, die eure drei Leiber gleichermaßen verbinden und durchdringen. Diese ätherischen Doppelkörper bilden sich aus der vitalen Ätherenergie, die euch umgibt, und leben von ihr. In dem Äther, in dem ihr lebt, in dem ihr atmet, ist die Energie des Lebens selbst eingebunden. Der Lebensraum, in dem ihr euch bewegt, ist also eine Substanz der Lebensqualität selbst. Die ätherische Vitalität macht euer Leben in diesem Bereich des Erdplaneten überhaupt erst möglich.

Die Ätherenergie ist die Verbindung vom Universum zu euch. Und wenn die ätherischen Doppelkörper nicht wären, könntet ihr in diesem Raum nicht leben. Sie formieren sich in einer eigenen Struktur, die von der Gedankenkraft und den Energien der Gefühle geleitet wird. Die Qualitäten der verschiedenen Körper sind immer die Resultate eurer Gedankenenergien. Wenn ihr Gedanken der Vollkommenheit und Gefühle der Liebe hegt, sind die Strukturen eurer ätherischen Doppelkörper in fließender Harmonie. Sie durchdringen eure unterschiedlichen Leiber und sind sodann fähig, das Gute, das ihr in euch tragt, nach außen dringen zu lassen.

Wenn also an eurem physischen Körper Krankheiten sichtbar werden, wißt ihr, daß unreine Gedankenkräfte oder Gefühle der Angst oder ähnliches die Struktur der ätherischen Doppelkörper verändert haben. Was dann die ätherischen Doppelkörper in eure drei Leiber eindringen lassen, ist nur der äußere Ausdruck dieser Qualität des Denkens und Fühlens. So liegt die Erscheinungsform der drei Körper, in denen ihr euch jetzt befindet, in eurer Macht.

So wißt fortan um Macht und Möglichkeit eurer Gedanken und Gefühle! Ihr könnt alles, alles verändern, wenn ihr zurückgeht zur Ursache, zum Ursprung. Sucht niemals die Auflösung im Äußeren, denn das Äußere ist immer die letzte, am Ende stehende Gestaltung der Schöpfung. Ihr müßt zum Ursprung zurückgehen, und der Ursprung allen Seins ist der Gedanke.

Im Anfang war das Wort. Jedoch vor dem Wort war der Gedanke. Der Gedanke wurde Wort, und das Wort begann zu wirken. Alles, was danach sich bildete, war eine Reaktion, war eine Manifestation des vorangegangenen Gedankens. So erkennt die Mächtigkeit und Bedeutung eines jeden Gedankens, den ihr in das All sendet! So ihr in oder an euch Disharmonien, Leid oder Schmerz findet, geht immer zu euren Gedanken zurück und bringt sie in eine Qualität der Liebe und der Vollkommenheit! Unterstützt diesen Vorgang mit den Kräften der Seele, indem ihr dies alles mit den Gefühlen der Liebe, der Güte und der Demut verbindet! So ihr auf diese Weise handelt, seid ihr verantwortungsbewußt als Schöpfer in eurem Sein tätig.

Ein weiterer wichtiger Punkt: der Glaube. Der Gedanke ist eine große Kraft und Energie, und auch das Gefühl ist eine große Kraft und Energie. Nehmt euren Glauben hinzu, und der Schöpfungsprozeß wird um ein Vielfaches beschleunigt und verstärkt. Und so ihr dem Glauben die Demut und das Vertrauen hinzufügt, ist euer Schöpfungsakt vollkommen und wird sich für euch sichtbar in der materiellen Ebene ausdrücken.

Geht immer zum Ursprung zurück! Alles in euch und alles um euch ist lebendig, ist im Fließen und hat Bewußtsein. Sprecht das, was in Disharmonie ist, mit eurer Gedankenkraft an! Verbindet euch jeweils mit dem Bewußtsein, das diesen Bereich, der sich in Disharmonie befindet, regiert! Wendet euch immer an das Bewußtsein, an den Geist, und nicht an die Materie!

So wiederhole ich: Verbindet euch immer geistig mit dem Bewußtsein des Bereichs, in welchem ihr die Veränderung wünscht! Sprecht also mit eurer Gedankenkraft und in der Verbindung mit eurem Glauben, eurer Liebe, eurer Demut und eurem Vertrauen den Geist der Bewußtseinsebene an, der den ihm unterstellten Bereich leitet. Wenn ihr diesen Geist zu der Überzeugung bringt, daß er dem höheren Wohle dienen soll, wird sich im äußerlich sichtbaren Umfeld alles nach eurem Wunsch gestalten.

Glaubt an diesen Prozeß, an diese Möglichkeit, und geht sofort daran, es zu erforschen und auszuprobieren! Erforscht euer eigenes Sein und nehmt euren Willen und eure Gedanken- und Seelenkraft zu Hilfe als Werkzeuge, die es euch möglich machen, schöpferisch tätig zu sein! Erforscht euch selbst, erforscht den Raum, in dem ihr lebt, und lernt vor allem die natürlichen Gesetzmäßigkeiten kennen! Prüft selbst! Experimentiert, und ihr werdet Ergebnisse erzielen, die euch beflügeln und zu höherer und größerer schöpferischer Tätigkeit befähigen!

Vor jeder schöpferischen Tätigkeit verbindet euch in der Stille mit der geistigen Führung und mit der göttlichen Allmacht! Erbittet von dort die richtige Sehensweise, erbittet von dort den Segen und den Schutz und alles, was ihr aus den feinstofflichen und den stofflich-materiellen Bereichen braucht, damit ihr im Guten wirken könnt! Stellt euren Dienst, stellt euer Schöpfen immer unter den Plan der Liebe, gebt euren Willen der Liebe hin! So ihr in Unvollkommenheit und Unwissenheit Fehler begeht, aber zuvor euer Schöpfungspotential in den Dienst der Liebe gestellt habt, wird das Liebesprinzip aufgrund des von euch erteilten Auftrags wirksam werden und eure Fehler zum Guten hin verändern.

Seid gesegnet, ihr ernsthaft Suchenden, ihr Liebenden! Wir sind eng mit euch verbunden. Seid gesegnet in Freundschaft! Gott zum Gruße! Ein Diener aus dem Strahl Michaels.

In späteren Botschaften wiederholte sich der Hinweis auf die ausgleichende Korrektur durch das Liebesprinzip. Sie wird wirksam, wenn die Motivation des Handelns Liebe ist. Auch die Liebe habe ein Bewußtsein, und man solle den Geist der Liebe ausdrücklich und eindeutig ansprechen und ihm die Erlaubnis und die Berechtigung erteilen, immer dann korrigierend in unser Leben einzugreifen, wenn wir aus Unwissenheit und menschlicher Unzulänglichkeit mit unseren Gedanken, Worten und Taten Fehler machen und nicht gewünschte Folgen heraufbeschwören würden. Zwei solche Textstellen seien als Beispiele angeführt.

In der Fragestunde eines Seminars am 15. Dezember 1996 drückte eine junge Mutter ihre Befürchtung aus, daß sie mit ihrem Wissen und ihrer Kraft nicht in der Lage sei, ihre Kinder nach den Vorstellungen der geistigen Welt zu erziehen. Es antwortete der große Meister und Lehrer Herakles, der in den Erläuterungen zur Botschaft vom 4. Mai 1995 näher vorgestellt wird:

So gebe diese Befürchtung in meine Hand, geliebte Erdentochter. Dein Herz ist rein. Du hast versucht, die Aufgabe nach deinem besten Wissen, mit deinen besten Kräften zu erfüllen. So sei gänzlich beruhigt. Da du alles gegeben hast, ist das deine Art der Vollkommenheit, und es ruht Segen auf dieser Natürlichkeit, auf dieser Reinheit und auf deinem Wunsch, das Gute für die Kinder zu tun.

Wenn ihr Menschen aus Liebe und in dem Bestreben handelt, dem anderen Gutes zu tun, und wenn ihr gebt, was ihr für richtig haltet, aber eure Meinung fehlgeht, ist es das Prinzip der Liebe selbst, daß sie aus eigener Gesetzmäßigkeit und Dynamik den Fehler korrigiert. Es gibt also einen Aspekt der Liebe, der berufen ist, ständig aus sich selbst heraus aktiv zu werden und alles, was falsch war, umzukehren, wenn Menschen sich reinen Herzens öffnen, um zu dienen und zu helfen, sie aber unwissend Falsches tun.

Das, was zu den Kindern gelangt, wird stets gut sein, da es aus Liebe geschieht. So sorge dich nicht, geliebte Erdentochter! Bleibe du nur in der Liebe und dem Wunsch, das Gute zu geben! So ist das Notwendige getan. So wird stets von dir zu den Kindern gelangen, was rein und gut ist.

In einem Seminar über das Heilen drückte Herakles dieses Prinzip am 8. September 1995 so aus:

Wenn ihr bei euren geistigen Heilweisen durch euer noch unvollkommenes Wissen und Verstehen Fehler begeht, ihr aber zuvor euren Dienst im Namen der Liebe angetreten habt, ist der Geist der Liebe berufen, all eure Handlungen zu überwachen. Und er wird in dem Augenblick, da ihr Fehler macht, eingreifen und die Energie verwandeln. Wenn ihr also aus Liebe und in der Reinheit und Ernsthaftigkeit des Herzens handelt, ist die Liebe berufen und berechtigt, aus eigenem Antrieb einzugreifen und zu verändern. Dies sei euch als ein weiteres Geheimnis enthüllt.

Nehmt diesen großen Weisheitsstein, baut ihn in eure Lehren ein und kündet ihn denen, die sich ebenso berufen haben, als Helfende und Heilende anderen, die hilfsbedürftig sind und darum bitten, ihre Hand zu reichen. Wenn ihr selbst euren Akt aus Liebe vollzieht, wird die Liebe berufen sein, alles aus sich selbst auszugleichen, was im Unrecht ist. Sprecht die Energie der Liebe an und wißt, sie hat ein Bewußtsein wie ihr ... Sprecht die Liebe an, so wie ihr mit mir oder dem sprecht, der zu eurer rechten oder linken Seite ist.

Die Botschaft sagt, wie wir uns verhalten können, wenn die Elemente toben und uns und unseren Lebensraum bedrohen. Bekannt sind die Berichte von Heiligen, die dem Sturm auf dem Meer oder der Feuersbrunst Einhalt geboten. Sie wandten geistige Prinzipien an, die auch wir erlernen können. Das Thema wird erneut aufgegriffen in den Botschaften vom 8. und 29. April 1995, die in diesem Buch enthalten sind. Es gab auch Seminare, in denen dieses Thema weiter vertieft wurde. Diese werden in einem nächsten Buch wiedergegeben werden.

In einem Seminar Mitte Juli 1995 sprach der Geist des Windes selbst und forderte uns auf, ihm immer, wenn wir ihn hören, einen Liebesgruß zu senden, damit er uns über alle Entfernungen hin erkenne. Und gleichzeitig für den Geist des Wassers und des Feuers sagte er:

Ruft uns, wir haben den Auftrag und die Ermächtigung, zu jeder Stunde zu euch zu eilen, um euch sogleich Hilfe zu bringen ... Es soll alle Gewalt der Elemente aufgelöst werden. Was noch zerstörerisch ist, wißt, ist das Spiegelbild aus euch. Wenn ihr das Zerstörerische in euch umzuwandeln sucht, sind wir an diese Neugeburt angeschlossen.

Die Botschaft vom 4. Februar 1995 enthält auch den für unser Verständnis sehr wichtigen Hinweis, daß die astralen und auch die geistigen Bereiche aus der Sicht der geistigen Wesenheiten gleichfalls materiell sind wie unsere physische Welt, wenn auch in einer höheren Schwingungsfrequenz und von geringerer Dichte, so daß sie mit unseren physischen Augen nicht wahrgenommen werden können. Ebenso hieß es in diesem Kapitel: «Euer physischer Körper ... birgt in sich den Seelenleib und den geistigen Leib.» Im nächsten Kapitel wird in bezug auf die astralen Ebenen und Körper nochmals klar gesagt: «Ihr würdet sie nach eurem Verständnis eine geistige Substanz nennen. Wir sprechen jedoch immer noch von Materie.»

Wenn aber beides, das Seelische und das Geistige, immer noch materiell ist, könnte man sich fragen: Gibt es nur Materie, oder was ist jenseits der

Materie? Und worin besteht denn das Wissen um unser «wahres Selbst», auf das so oft hingewiesen wird?

Wir müssen zwischen dem Grobstofflichen (dem Physischen) und dem Feinstofflichen unterscheiden. Das Feinstoffliche unterteilt sich in ätherische, astrale und geistige Ebenen. Andere Unterteilungen erwähnen auch noch einen Emotional-, Mental- und Kausalleib. Doch sie alle sind immer noch Teil des materiellen Kosmos, wie die Wesen aus der geistigen Welt selbst unmißverständlich betonen. Das «wahre Selbst», das wir zu erkennen aufgefordert sind, ist nicht Teil dieser materiellen Welten, sondern ein Teil des nichtmateriellen Seins, das oft als spirituell bezeichnet wird.

Dieses «Selbst» wird oft auch «Seele» genannt, was durchaus ein richtiger Gebrauch dieses Wortes ist, denn das Selbst ist das, was den grobstofflichen und die feinstofflichen Körper mit Leben und Bewußtsein beseelt. In den vorliegenden Botschaften wird die Seele und das Seelische mit dem gleichgesetzt, was im Griechischen als das Psychische bezeichnet wird (im Gegensatz zum Physischen). Wir als wahres Selbst jedoch sind ewige, unsterbliche spirituelle Teile des Ganzen (Gottes), den die geistigen Wesenheiten liebevoll «Vater» nennen.

Im Kreislauf der Reinkarnation identifiziert sich das Seelenwesen mit den materiellen Körpern und Umständen, und solange diese materiellen Identifikationen fortbestehen, setzt sich auch die Reise der Reinkarnation fort. Die Botschaften aus der geistigen Welt wollen uns helfen, aus diesem Zustand zu erwachen, damit wir uns unseres wahren Selbst bewußt werden und zur reinen göttlichen Liebe zurückfinden. Verschiedene Quellen gebrauchen andere Begriffe oder definieren dieselben Begriffe anders. Die geistigen Wesenheiten, die in den vorliegenden Botschaften zu uns sprechen, verwenden in ihren Erklärungen immer mehr oder weniger vereinfachende, der menschlichen Verständnisebene möglichst angepaßte Begriffe, so daß die unterschiedliche Differenzierung der Begriffe nicht als widersprüchlich, sondern als eine andere Annäherung an die Wahrheit verstanden werden sollte. Wir hoffen, daß die gegebenen Erklärungen allen Mißverständnissen und Verwechslungen vorbeugen können.

In der voranstehenden Botschaft aus dem Strahle Michaels heißt es zur Frage des Beginns der Wende noch:

... keiner kennt den Augenblick der Wende. Wir warten alle auf das Wort des Einen. Wenn es erschallt, handeln wir nach unserem Plan.

Inzwischen ist die Zeitqualität bereits eine andere, denn im Januar 1998 sagte Herakles:

Die Zeit der Ernte ist gekommen, denn der Vater hat Seinen Auftrag erteilt, das Zeichen gegeben ... Die Schnitter fahren hinaus auf die Felder, und die Arbeiter des Herrn gehen an ihre Gerätschaften, um alles zusammenzufügen, was benötigt wird, damit die Ernte eingeholt werden kann.

Der Ätherleib und die vier Qualitäten des Äthers

14./21. Januar 1995 / 18. Februar 1995

Ihr lieben Seelen, ich begrüße euch in Freude. Gott zum Gruße! Ich bin ein Bote des Einen und diene in der Ebene dessen, den ihr als Michael kennt.

Mir ist heute die Befugnis erteilt, auf diese Weise zu sprechen. Aufgrund der Qualitäten dieser Zeit und der Bedeutung des Kommenden ist es mir nun möglich, euch vorzubereiten und zu befähigen, den künftigen Geschehnissen mit Kraft und Wissen zu begegnen. Ihr sollt wieder die Prinzipien und Gesetzmäßigkeiten eurer Körper kennenlernen sowie die Wirkung und Beschaffenheit der Energien, die euch umgeben und in denen ihr lebt, die euch als Lebenselixier durchdringen und deren Qualität euer Wohlbefinden bestimmt. So lernt denn zuerst das Wissen über die Zusammengehörigkeit der Körper, die euren Geist umgeben!

Da ist zunächst der im Äußeren sichtbare physische Leib, der dazu dient, daß ihr euch in der Ebene der materiellen Gegenständlichkeit bewegen könnt. In eurem physischen Körper eingebunden ist euer Seelen- oder Astralleib, der wiederum den geistigen Körper in sich birgt. Zwischen diesen drei Körpern befindet sich je ein Körper, der aus einer ätherischen Substanz besteht. Diese ätherischen Doppelkörper durchdringen und verbinden gleichermaßen alle drei Körper. Der physische Leib hat den ätherischen Doppelkörper des Physischen, der astrale Seelenleib den ätherischen Doppelkörper des Astralen, und der geistige Leib den des Geistigen. Die Qualität der physischen, seelischen und geistigen Befindlichkeit ist von der ätherischen Vitalität dieser Doppelkörper abhängig.

Wenn ihr an eurem physischen Leib Disharmonien und Krankheiten feststellt, müßt ihr lernen, die vitalen Lebensenergien wahrzunehmen und zu analysieren, denn Disharmonien und Leiden gehen immer von den ätherischen Doppelkörpern aus. Um diese Ätherkörper zu erkennen, müßt ihr lernen, mit eurem geistigen Auge zu schauen. Die ätherischen Doppelkörper müssen für euch sichtbar werden. Dann seid ihr durch den visuellen Kontakt in der Lage, die Ursachen der

Krankheiten, die sich im materiellen Körper ausdrücken, festzustellen.

Ihr müßt ferner lernen, die ätherische Vitalität in ihren unterschiedlichen Qualitäten zu identifizieren und das Wissen über ihre Gesetzmäßigkeit und Funktion zu erwerben, so daß ihr dann aus euch selbst heraus mit Hilfe eurer Gedankenkraft und eures geistigen Bewußtseins die Disharmonien und Fehlfunktionen verändern und die ursprünglichen, natürlichen Funktionen des Körpers wiederherstellen könnt.

Die ätherischen Doppelkörper, die eure drei Leiber verbinden und durchdringen, sind von derselben Beschaffenheit wie die Substanz, die euch umgibt, die euren Lebensraum durchdringt und ausmacht. Ich spreche vom Äther, in dem ihr lebt, in dem ihr atmet und euch bewegt. Um euch ist dieselbe Energie, die in euch ist und euch durchdringt. Sie ist die Lebenskraft selbst, die euch das Leben auf dem Planeten erst ermöglicht.

Der Äther in eurem Lebensraum ist die Nahrung für eure Ätherkörper. Mit euren Energiezentren, den Chakren, nehmt ihr die ätherische Vitalität in euch auf und aktiviert damit eure ätherischen Doppelkörper. So stehen denn diese Doppelkörper in fortwährender energetischer Verbindung mit dem Raum, in dem ihr lebt. Wenn alle eure Chakren harmonisch schwingen, sind die Doppelkörper in der Lage, die notwendige Menge an vitaler Lebenskraft aus dem Kosmos aufzunehmen und an den stofflichen, den astralen und den geistigen Körper weiterzugeben.

Wenn euer physischer Körper unter Störungen leidet, stellt dies eine Manifestation von Energien dar, die ihr entweder aus falschem Denken und Leben selbst erschuft oder die euch als schädliche Einflüsse von außen ungefiltert erreichten. Wißt ihr aber um die Prinzipien der Energien, die euch umgeben, in denen ihr lebt und die ihr schlußendlich seid, habt ihr die Möglichkeit, eure Krankheiten zu heilen. So lernt denn die Qualitäten des Äthers kennen, der euch umgibt und zugleich ein Grundelement eures Seins ist!

Die ätherische Vitalität besitzt vier unterschiedlich wirkende Qualitäten. Da ist zunächst **die kinetische Qualität**, die dafür Sorge trägt, daß euer Blut fließt, daß eure Muskeln sich bewegen, daß euer Herz pumpt, daß ihr atmet. Dies alles geschieht durch die Aktivität der kinetischen Qualität der ätherischen Vitalität. Wenn ihr also in diesem Teil eures Seins Krankheiten, Störungen, Disharmonien oder Blockaden feststellt, müßt ihr sie mit Hilfe der kinetischen Qualität der ätherischen Vitalität beheben.

Wendet euch dann mit eurer Gedankenkraft an die kinetische Ätherqualität, die sich in eurem Raum befindet! Sprecht sie in Gedanken oder laut mit eurem Bewußtsein an! Ruft sie zu euch und sendet sie mit Hilfe eurer Konzentrations- und Vorstellungskraft zu dem Teil eures physischen Körpers, in dem ihr die Störung habt! Gebt der kinetischen Qualität den Auftrag, ja ich möchte sagen den Befehl, alles wieder in den ursprünglichen, vollkommenen Zustand zu bringen!

Die zweite Qualität der ätherischen Vitalität innerhalb der Energien der Doppelkörper ist **die sensible Qualität**, die dafür verantwortlich ist, daß ihr empfindet, daß ihr Emotionen erschaffen, Gefühle und Eindrücke wahrnehmen könnt. Bei Störungen oder Blockaden im psychischen Bereich müßt ihr diese Qualität ansprechen. Ruft sie und lenkt sie mit Hilfe der Konzentration und der Vorstellungskraft in eure Seelenebene und laßt sie dort aus ihrer eigenen Gesetzmäßigkeit heraus die Heilung bewirken!

Die dritte, **die prägende Qualität** im Ätherdoppelkörper tritt in Aktion, damit ihr Gedanken erzeugen und Gedankenbilder in euch erschaffen könnt. Alles, was ihr braucht, um Gedanken zu formen, zu konzentrieren und über einen längeren Zeitraum aufrechtzuerhalten, bewirkt die prägende Qualität. Wenn ihr nicht konzentriert denken könnt oder euer Ideenreichtum zu wünschen übrig läßt, wendet euch an die prägende Qualität!

Es ist für euch ein leichtes, diese drei Qualitäten zu erlernen, zu identifizieren und sie zu handhaben entsprechend ihren Prinzipien und Gesetzmäßigkeiten, die grundsätzlich unter dem Gesetz von Ursache und Wirkung stehen. Mit der vierten, der kreativen Qualität zu arbeiten ist nur demjenigen gegeben, der mit einem reifen Bewußtsein, einem reinen Herzen und einem hohen Grad von Verantwortung das Wissen über diese Gesetzmäßigkeit erworben hat.

Die kreative Qualität der ätherischen Vitalität ermöglicht euch die Erschaffung und Veränderung von Organen, Körperzellen und Gewebestrukturen. Menschen, die mit dieser Qualität arbeiten, können fehlende Körperteile und Organe wieder erschaffen und abgestorbene Zellen reaktivieren. Dies ist die höchste der vier Qualitäten, die es zu erlernen gilt und deren Beherrschung den wahren Meistern vorbehalten ist, die alles in sich überwunden haben, was noch von egoistischem Denken beeinflußt ist. So beschränkt euch zuerst auf die drei ersten Qualitäten der Ätherenergie und wißt, daß euch die vierte Qualität in dem Maße zugänglich wird, wie ihr bereit seid, für euer Denken, euer Sprechen und euer Sein die Verantwortung zu übernehmen. Wenn ihr alle Stufen in Liebe erklimmt, so seid euch gewiß, wird auch dieses fernere Ziel für euch erreichbar sein.

Vom Urbeginn an ist die Fähigkeit in euch angelegt, mit den vier Qualitäten euer Sein und euer Wohl in die höchste Form der Vollkommenheit zu bringen. Ihr habt das Wissen darüber verloren. Jedoch in eurem unbewußten Sein ist alles aufbewahrt und eingebunden. Wenn ihr bereit seid, euch ernsthaft und mit liebendem Herzen diesen alten neuen Methoden zuzuwenden, wird sich euer Bewußtsein automatisch auf eine höhere Schwingungsfrequenz transformieren. Dies wiederum wird den Filter des Unterbewußtseins weiter öffnen, so daß es die Informationen über die vergessenen Gesetzmäßigkeiten und Prinzipien freigibt, angepaßt an das vorhandene geistige Bewußtsein. So wird nach und nach das alte vergessene Wissen wieder ins Bewußtsein aufsteigen, und ihr könnt zur gegebenen Zeit nach freiem Willen darüber verfügen, um euch selbst zu heilen und dann den Menschen, die euch umgeben, Heilung zuteil werden zu lassen.

Es ist der Wunsch des Vaters und Sein Auftrag an uns, die geistigen Wesenheiten, die wir in Liebe mit euch verbunden sind, euch auf dem Weg der Bewußtwerdung beizustehen. Ein jeder von euch hat die geistige Führung an seiner Seite und kann mit ihrer Hilfe den Bewußtseinsprozeß beschleunigen, ihn vorantreiben, wie es euer Wunsch ist. Lernt, diese geistigen Hilfen immer deutlicher wahrzunehmen und die dargereichten Hände, die euch in Liebe entgegenkommen, zu ergreifen! Geht den Weg des Wissens und Erkennens, damit ihr die absolute

Unabhängigkeit und Freiheit und Stärke erlangt, die es euch möglich machen, euer Leben in Würde zu gestalten, wie es euch von Anbeginn an zugedacht ist!

Auf der Erde haben sich die Begebenheiten verdichtet, und in den kommenden Zeiten werden gar viele Dinge geschehen, deren Ausmaß ihr noch nicht ahnt. So ist dies die Gelegenheit für euch, vorbereitet zu werden und zu lernen, euch selbst zu helfen. In einem jeden von euch ist alles enthalten, was notwendig ist, um aus eigener Kraft und eigenem Bewußtsein alles zu erschaffen, dessen es bedarf, um ohne Kummer und Leid durch das Erdenleben zu gehen.

Alles, was in eurem Dasein nicht vollkommen und schön ist, resultiert aus euren falschen Gedanken und Gefühlen, die ihr aus Unwissenheit erzeugt habt. Die Qualität eurer Gedanken und Gefühle ist es, die für Leid und Krankheit auf eurem Planeten verantwortlich ist. So hofft denn nicht auf eine Verbesserung oder Hilfe von außen. Zuerst müßt ihr euch als das erkennen, was ihr in Wahrheit seid. Erschaffen ist der Mensch nach dem Bild des Vaters, der absolut vollkommen ist. Einem jeden von euch wurde die Schöpferkraft verliehen. Ihr habt euch jedoch vom Vaterhaus entfernt, und je weiter ihr von dannen gingt, desto größer wurde eure Unwissenheit.

So kehrt euch um zu Ihm! Mit jedem Schritt auf dem Weg nach Hause werdet ihr euch wieder stärker an den Ursprung, an euer wahres Sein erinnern und aus der eigenen Kraft, dem eigenen Selbst schöpfen können. Wo euch das Wissen hierüber fehlt, wendet euch aus der Tiefe eures Herzens direkt an die Quelle allen Seins und erbittet von ihr Weisheit und alles, was ihr aus dem Diesseits und dem Jenseits braucht, um die bedeutungsvolle kommende Zeit zu überstehen.

Ihr müßt lernen, absolut frei und unabhängig zu sein. Ihr müßt um die Funktionen der Prinzipien, um die Gesetzmäßigkeiten wissen, die in gleichbleibender Wirksamkeit Zeit und Raum durchziehen und uns allen gleichsam das unaufhörliche, ewige Leben garantieren. Die göttlichen Ordnungen sind zum Schutze und zur Erhaltung des ewigen Lebensstromes unveränderbar. Lernt, diese Gesetzmäßigkeiten wieder in euer Bewußtsein aufzunehmen, um dann für euch und andere zu wirken!

Es soll euch das Wissen gegeben werden, wie Körper, Seele

und Geist in ihrer Beschaffenheit zusammenwirken. Wenn ihr die Zusammensetzung eurer Körper und das Wirken der dazwischen befindlichen ätherischen Doppelkörper zur Kenntnis genommen habt, müßt ihr lernen, die euch umgebenden Energien zu identifizieren und dann bewußt in den Bereich eures Seins zu lenken, wo die Veränderung stattfinden soll.

Eure drei Körper sind aufgebaut wie die eurer Erde. Um den physischen Leib des Erdplaneten gibt es eine astrale Ebene, die ihr mit eurem astralen Seelenkörper vergleichen könnt. Über der astralen Ebene ist die geistige angesiedelt, die ihr mit eurem Geistkörper gleichsetzen könnt. So habt ihr für diese Daseinsebenen den jeweils entsprechenden Körper in euch. Wenn ihr nach dem physischen Tod die physische Ebene verlaßt und in die astrale Ebene überwechselt, ist euer feinstofflicher Astralleib bereits vorbereitet und gelangt in die ihm zugedachte Ebene. Die Seele wird die weitere Entwicklungsstufe, die geistige Ebene, erreichen, wenn sie den astralen Leib ablegt.

Gewisse astrale Ebenen sind eine Spiegelung der physischen Ebene, die Umkehrung in einer höheren Schwingungsfrequenz. Das heißt, alles, was ihr mit euren physischen Augen auf der Erde wahrnehmt, ist ebenso auf gewissen astralen Ebenen in der umgekehrten, gespiegelten Form vorhanden, jedoch in einer subtilen, feinen Substanz. Ihr würdet sie nach eurem Verständnis eine geistige Substanz nennen. Wir sprechen jedoch immer noch von Materie, wenn auch die astrale Erde nicht die Dichte eurer physischen Erde hat. Die dort befindlichen Seelen haben ebenso Städte, Häuser, Schulen, alles, was ihr aus dem Physischen kennt, und ihr Leben ist dem eurigen vergleichbar. Es gibt auch in den astralen Ebenen gute und ungute Sphären.

Glaubt nicht, daß mit dem Ablegen des physischen Leibes alle Aufgaben aufgehoben oder alle Probleme gelöst seien! Die Situationen, die ihr im Irdischen durchlebt, sind auch in den astralen Ebenen vorhanden, nur in anderer Form. So ihr also diese Ebene verlaßt, ändern sich euer Sein, euer Denken und Fühlen nicht. Es ist nur ein Hinüberwandern. Das Haus des Vaters ist gar groß, und viele, viele Wohnungen befinden sich darinnen.* So ihr euch vom Physischen trennt, geht ihr nur in

* Joh. 14,2

ein anderes Zimmer. Für jedes Zimmer ist der dafür notwendige Körper bereits vorhanden. All diese Entwicklungsstufen, dieses Wechseln von einem Zimmer zum anderen - von einer Ebene zur anderen -, entsprechen eurem Bewußtseinsgrad. Ihr erstellt aus eurem eigenen Selbst unbewußt den Plan, wann ihr geht, wann ihr kommt, mit welchem Körper ihr euch wo befindet.

So ihr all das gelernt habt, was unser Auftrag ist, euch zu lehren, werdet ihr in der Lage sein, nach eurem freien Willen, der euch vom Vater geschenkt wurde, in alle Zimmer Seines Hauses zu gehen und aus dem eigenen Bewußtsein und der eigenen Kraft die dafür notwendigen Körper zu erschaffen.

Lernt als ersten Schritt, den Körper, in dem ihr euch jetzt befindet, zu erkunden! Erforscht ihn in all seinen Gesetzmäßigkeiten, auch jene, die ihr noch nicht kennt und die euch unbewußt sind, und vor allen Dingen die Gesetzmäßigkeiten, die in euren unsichtbaren Körpern wirken! Lernt, sie zu sehen und zu fühlen! So wird es euch möglich, Krankheiten bereits im Ansatz zu erkennen, noch bevor die Energien sich verdichten und im physischen Körper sichtbar werden. Dann geht daran, euer Leben so zu gestalten, daß die ätherische Vitalität, die euer Leben erhält, sich immer in der Qualität befindet, die eurem höheren Wohle dient und nicht zu Krankheiten und Leiden führt. All dies liegt in eurer Macht. Einzig die Unwissenheit erschafft das Ungemach.

So wartet nicht darauf, daß einer euch Heilung und Erlösung bringt oder gar Wunder tut oder ein neues System einführt, das die Erde verändert, nein! Jeder muß bei sich beginnen, muß sein eigenes Sein erforschen und die Funktionen und Möglichkeiten der eigenen Kräfte erlernen. Dann werdet ihr in der Lage sein, Schritt für Schritt euch selbst zu verändern und dann den Raum, in dem ihr lebt, so zu gestalten, daß er nach und nach zu einem Paradies wird.

Jetzt wird euch aus der Liebe des Vaters Schritt für Schritt wieder das Wissen um euer wahres Selbst gegeben. Unser Wirken an euch geschieht in Seinem Auftrag und soll euch befähigen, die vor euch stehenden großen Veränderungen zu überstehen. Die ganze geistige Welt ist bemüht, euch die helfende Hand zu reichen. In den verschiedenen Teilen der Erde werden

Menschen befähigt und berufen, als Brücke zu dienen, über die unsere Informationen und Gaben auf die Erde gelangen. Es sollen die göttlichen Gesetze in ihrer ursprünglichen Form, das Wissen um alle existierenden Prinzipien, wieder vermittelt werden.

Diese göttlichen Gesetzmäßigkeiten sind in geschriebenen Worten festgehalten, und es gibt zwei Ausführungen davon auf eurer Erde. Sie wurden vor langer Zeit von Sternenbrüdern auf die Erde gebracht. Die beiden Schriften wurden zu treuen Händen an Menschen, an große Meister übergeben, die in völlig einsamen Gebieten in absoluter Stille leben. Und nur den ernsthaft Suchenden, die sich in absoluter Reinheit bemühen, die Wahrheit zu finden, und die aus Liebe sich und den anderen zu dienen wünschen, ist der Weg dorthin gestattet. Dies ist zum Schutze der Schriften so gestaltet. Alle diese - für euch nun erlernbaren - Prinzipien sind also festgehalten und wurden direkt von den geistigen Ebenen an die physische Welt übergeben.

Ein jeder wird die Informationen erhalten, die ihm dienlich sind. Euer Eifer ist es, der das Maß unserer Hilfestellung bestimmt. Mit seinem freien Willen vermag jeder die Bahn einzuschlagen, die seinem Wunsch entspricht. Ich habe den Auftrag, euch die Energien aus den höheren Ebenen zu vermitteln. Es ist der Wunsch der geistigen Welt, euch in jeder möglichen Form zu helfen. Die geistig Schlafenden werden nun erwachen, und die von den Menschen erbauten Grenzen werden abgebaut, so daß ihr nach und nach in alle Ebenen wandeln könnt und wir uns mit euch vereinen, wenn dies euer Wunsch ist. So gehe ein jeder seinen eigenen Weg, binde sich mit seinem Bewußtsein in die geistigen Ebenen ein und erbitte von der Quelle den Segen und den Schutz, die Weisheit und die Wahrheit!

Haltet diese Worte in Demut fest! Erforscht sie mit eurer Seele! Versucht, ihre Qualität zu ergründen, und dann nehmt davon auf, was euch nützlich erscheint! Laßt das andere, was ihr nicht anzunehmen vermögt, stehen! Es wird gewiß der Zeitpunkt kommen, wo ihr alles verstehen werdet. Segen über euch! In großer Liebe, ein Bote des Einen. Gott zum Gruße!

Eine Übung mit den Ätherenergien

11./25. Februar 1995 / 4. März 1995

Vor der nachfolgenden Übung mit den Ätherenergien möchten wir die Leser darauf hinweisen, daß die geistige Welt bei allen unseren Treffen immer und immer wieder die Notwendigkeit betont hat, sich regelmäßig, vor allem aber vor jeder Art der geistigen Arbeit, mit der weißen Lichtenergie zu reinigen und mit der violetten Lichtenergie zu schützen. Eine Reinigungs- und Schutzübung wird im letzten Teil dieses Buches wiedergegeben. Wir wurden stets angehalten, diese Übung vor jeder geistigen Arbeit auszuführen, ebenso vor jeder gemeinsamen Sitzung, in der geistige Wesenheiten sich uns mitteilen wollten, und vor jeder therapeutischen Arbeit, die an anderen Menschen im feinstofflichen Bereich durchgeführt wird. Je mehr sich die Energien in unserer Atmosphäre verdichten, desto wichtiger wird diese Schutzmaßnahme, die wir deshalb den Lesern nachdrücklich ans Herz legen.

Meine herzlich geliebten Seelenfreunde, ich begrüße euch in der Liebe aus dem Geiste und in innigster Verbundenheit. Gott zum Gruße! Ich bin aus den Ebenen Michaels zu euch gesandt, und an meiner Seite sind viele Freunde, Helfer und Boten aus den unterschiedlichen Sphären der astralen und geistigen Welten. Es soll euch heute wieder ein Teil des Wissens übermittelt werden über euren Körper und die verschiedenen Qualitäten der Ätherenergie, die ihr in Dienst nehmen könnt, um euch in Harmonie und vollkommene Gesundheit zu bringen. So ihr dies gelernt habt, seid ihr aufgerufen, mit diesem Wissen in Liebe eurem Nächsten zu dienen und das euch Gegebene weiterzureichen.

So bitte ich euch, konzentriert euch auf euren physischen Körper. Stellt eure Füße nebeneinander auf den Boden, schließt eure Augen und konzentriert euch auf eure Füße. Versucht, sie mit dem geistigen Auge zu sehen oder stellt sie euch vor. Nehmt die Zehen wahr. Ihr seht auch deutlich die Fußballen, die Fußgelenke und die Fersen. Wendet euch mit eurer Gedankenkraft an die *kinetische* Qualität des Äthers, der sich in dem euch umgebenden Lebensraum und im ganzen Universum befindet. Ihr wißt, sie ist verantwortlich für den Fluß des Lebens in eurer Physis, für die Körperfunktionen im mechanischen Bereich. Richtet euer Empfinden auf die kinetische Qualität, sprecht sie an, in Gedanken oder laut. Ruft sie zu euch, zieht sie mit eurer Gedankenkraft von der Fußsohle bis zum Fußgelenk hinauf und spürt, wie dieser Aspekt der Ätherenergie die Durchblutung eurer Füße fördert. Spürt nur die Füße und nehmt die Energie des Äthers in ihrer kinetischen Qualität im äußeren, im physischen Körper wahr und spürt, wie sie immer stärker den Fluß eures Blutes in den Füßen anregt.

Nun konzentriert euch auf die *sensible* Qualität der ätherischen Vitalität. Sie bewirkt, daß ihr Einströmungen von außen wahrnehmt, daß ihr empfindet und fühlt. Durch die sensible Kraft der Ätherenergie könnt ihr Wärme und Kälte, Entspannung und Anspannung, Wohlsein und Unwohlsein wahrnehmen. Stellt euch die sensible Energie als weißen Nebel vor. Konzentriert euch auf eure Fußsohlen und auf die sensible Qualität der Ätherenergie. Vielleicht spürt ihr sie, wie wenn warme Regentropfen euch leise berühren. Fühlt, wie der weiße Nebel eure Zehen umschließt und durchdringt, ebenso eure Fußballen, eure Fußgelenke und Fersen. Spürt, wie diese Energie von den Fußsohlen bis zu den Knöcheln aufsteigt und diesen Teil eures Körpers durchrieselt. Seht mit eurem geistigen Auge eure Füße umhüllt von weißem Nebel und nehmt die sensible Ätherqualität wahr als das Empfinden der Energie selbst, die die Füße wie ein warmer Regen durchrieselt.

Ihr könnt also mit Hilfe der kinetischen Ätherqualität die körperliche Materie des Fußes und seine Durchblutung spüren, und mit Hilfe der sensiblen Ätherqualität könnt ihr empfinden, wie die ätherische Energie aus dem Kosmos als weißer Nebel in euren Körper eindringt.

Schaut nun mit eurem geistigen Auge auf eure Beine, von den Knöcheln bis zu den Oberschenkeln im Lendenbereich. Nehmt diesen Teil eures stofflichen Körpers mit eurem Bewußtsein und mit eurem astralen Sehvermögen wahr. Konzentriert euch auf die *kinetische* Qualität der Ätherenergie. Fühlt und seht, wie das Blut von den Knöcheln bis zu den Oberschenkeln strömt. Spürt, wie das körperliche Geschehen in den Organen dieses Bereichs durch die kinetische Qualität der Ätherenergie gesteuert wird. Seht euch diesen Vorgang bewußt an. Spürt euren Körper von den Knöcheln bis zu den Oberschenkeln. Im Fließen des Blutes spürt ihr die Aktivität der Ätherenergie.

Richtet jetzt eure Konzentration wieder auf den weißen Nebel, durch den sich die *sensible* Qualität der Ätherenergie ausdrückt. Nehmt wahr, wie weißer Nebel von den Knöcheln durch die Beine aufsteigt bis hinauf zu euren Lenden. Spürt die Aktivität der sensiblen Qualität der Ätherenergie. Nehmt keine Energie von den Füßen weg, fügt vielmehr neue hinzu, so daß ihr, von den Fußsohlen angefangen, die sensible Ätherenergie überall spürt, im Fußgelenk, in den Waden, in den Knien bis hinauf zu den Lenden. Dieser ganze Bereich ist nun von weißem Nebel umschlossen und durchdrungen. Wünscht euch für diesen Teil eures Körpers von ganzem Herzen vollkommene Gesundheit, vollkommene Harmonie und vollkommenes Wohlbefinden. Mit diesem Wunsch sprecht ihr die *prägende* Qualität der ätherischen Vitalität an, die nun langsam zu wirken beginnt. Es ist eure Gedankenkraft, die die prägende Qualität des Äthers in die Aktivität ruft und dafür sorgt, daß diese Energie den von weißem Nebel umhüllten Bereich der Füße, Beine, Oberschenkel und Lenden durchströmt.

Nun richten wir unseren inneren Blick auf den Unterkörper und konzentrieren uns wieder auf die *kinetische* Qualität der ätherischen Energie, die uns umgibt und durchdringt. Deutlich nehmen wir das Arbeiten dieser Energiequalität in unserem Unterkörper wahr. Wir spüren, wie unser Beckenbereich von den Strömen des Blutes durchflutet wird. Wir werden uns des pulsierenden Lebens in diesem Körperbereich gewahr und wissen, es ist die kinetische Qualität der Ätherenergie, die hier wirksam ist und die wir spüren und sehen können.

Sodann konzentrieren wir uns auf die *sensible* Qualität der Ätherenergie. Vom Lendenbereich an aufwärts nimmt sie die Farbe eines weißlich-blauen Nebels an und durchdringt und umschließt unseren Unterkörper bis in den Nabelbereich. Mit unserem geistigen Auge sehen wir nun die Füße von weißem Licht umhüllt, und ebenso die Beine, die Oberschenkel und die Lenden. Unseren Beckenbereich sehen wir von weiß-blauem Nebel umhüllt.

Wir richten unsere Aufmerksamkeit wieder auf die *kinetische* Qualität der Ätherenergie und nehmen durch sie die Aktivitäten im Brustkorb wahr. Unser Oberkörper ohne die Arme wird nun von der kinetischen Qualität der Ätherenergie aktiviert, und wir spüren den Blutkreislauf bis hinauf zu unserem Halsbereich.

Wir wenden uns wieder der *sensiblen* Qualität der Ätherenergie zu und spüren die Energie, die den Brustkorb durchströmt. Mit unserem geistigen Auge sehen wir einen weißlich-rosafarbenen Nebel, der sich im Anschluß an den Nabelbereich um unseren Brustkorb zu legen beginnt und ihn langsam durchdringt. Wir beobachten diesen Vorgang und achten auf unsere Empfindungen. So sehen wir unsere Füße, Beine und Oberschenkel von weißem Licht umhüllt, wir sehen weißlich-blaues Licht in unserem Beckenbereich und weißlich-rosafarbenes Licht um unseren Brustkorb.

Wir richten unsere Aufmerksamkeit auf unsere Finger, Hände und Arme und erspüren diese Organe durch die *kinetische* Energiequalität des Äthers. Wir spüren das Zirkulieren des Blutes, wir nehmen das Fließen der Nervenbahnen und die Aktivität der Körperzellen wahr. Wir empfinden die belebende kinetische Qualität der Ätherenergie in unseren Händen und Armen.

Zurück zur *sensiblen* Qualität der Ätherenergie, die wir durch die Hände und Arme hindurchströmen lassen. Spürt die Bewegung im Inneren. Die sensible Ätherqualität beginnt, unsere Hände und Arme mit weißem, nebligen Licht zu umhüllen. Der weiße Nebel umhüllt die Finger, die Hände, die Unter- und Oberarme und beginnt, diese Organe sanft zu durchdringen. Wir spüren und sehen weißes Licht um unsere Füße, Beine und Oberschenkel sowie um unsere Finger, Hände, Unterarme und Oberarme. Es ist die Ätherenergie in ihrer sensiblen Qualität, die uns befähigt, alle Einströmungen wahrzunehmen, die sich als Gefühle über die Nervenbahnen mitteilen.

Wir richten unseren Blick auf den Bereich der Schilddrüse. Stellt sie euch in eurem geistigen Blickfeld vor. Konzentriert euch auf die *kinetische* Qualität der Ätherenergie und nehmt mit ihrer Hilfe diesen Bereich wahr. Es ist die kinetische Ätherenergie, die die Drüsenfunktion vollzieht.

Schaut euch in Ruhe den Vorgang an und konzentriert euch sodann auf die *sensible* Qualität der Ätherenergie. Füllt die Schilddrüse mit dieser Qualität auf. Sie umhüllt eiförmig diesen Bereich mit reinem weiß-orange-rosafarbenem Licht. Betrachtet das weiß-orangefarbene Licht, das eiförmig euren Schilddrüsenbereich umhüllt.

So seht ihr eure Füße, Beine, Oberschenkel, Lenden sowie die Hände und Arme in weißes Licht gehüllt. Um euren Unterkörper bis zum Nabel seht ihr weiß-blaues Licht. Euer Brustkorb wird durchdrungen und umhüllt von weiß-rosafarbenem Licht, und euer Schilddrüsenbereich ist eiförmig umgeben von weiß-orangefarbenem Licht.

Wendet euch nun mit eurer Gedankenkraft an die *prägende* Qualität der Ätherenergie. Wünscht euch in voller Konzentration für diese Bereiche eurer Physis, die in den genannten unterschiedlichen Lichtfarben leuchten, vollkommene Gesundheit und Funktionstüchtigkeit. Sprecht sehr bewußt die prägende Qualität der Ätherenergie an und wünscht von ganzem Herzen für diese Bereiche eures Körpers Kraft, Harmonie und vollkommenes Wohlbefinden.

Richtet sodann eure Aufmerksamkeit wieder auf die *kinetische* Qualität der Ätherenergie und erfühlt damit euren Kopf. Beobachtet aufmerksam die Aktivität und die Funktion dieser Qualität der Ätherenergie. Nehmt das Durchströmen des Blutes wahr, die Zellaktivität des Gehirns. All dies ist möglich, weil die Ätherenergie in ihrer kinetischen Qualität in euch wirkt. Sie ist es, die alle Körperfunktionen aufrechterhält.

Konzentriert euch nun auf die *sensible* Qualität der Ätherenergie und füllt damit euren Kopf auf. Allmählich könnt ihr ein weißlich-goldenes Licht wahrnehmen, das euren Kopf umschließt und durchdringt. Die Ätherenergie in ihrer sensiblen Qualität erscheint im Bereich des Kopfes in strahlendem, weißlichem Gold. Aktiviert sodann eure Gedankenkraft und euren Willen und umhüllt und durchströmt euren Kopf mit der prägenden Qualität der Ätherenergie. Versucht dabei zu empfinden, wie das weißlich-goldene Licht sich verstärkt und alle Bereiche des Kopfes mehr und mehr durchdringt. Seht vor eurem inneren Auge euren Kopf, wie er in Vollkommenheit und Harmonie seine Funktionen ausübt. Erbittet und wünscht von ganzem Herzen das richtige Sehen und Denken, wünscht Erkenntnis und Weisheit. Erbittet und wünscht es mit eurem ganzen Sein, während ihr vor eurem geistigen Auge das Bild eures Kopfes in weißlich-goldenem Licht erblickt.

Richtet dann eure Aufmerksamkeit auf den ganzen Körper und seht die Füße, Beine, Oberschenkel, Lenden sowie die Hände und Arme in weißem Licht, seht den Beckenbereich, den ganzen Unterkörper in weiß-blauem Licht, den Brustkorb in weiß-rosafarbenem Licht, den Schilddrüsenbereich in weiß-orangefarbenem Licht und den Kopf in strahlendem, weißlichem Gold. Diese Energien in den wunderschönen Farben sind ständig für euch wirksam. Indem sich eure Chakren harmonisch und gleichmäßig öffnen, strömen die Lichtenergien in ihrer sensiblen Qualität in euch hinein, durchdringen euren Körper und umschließen ihn gleichermaßen. Die Lichtenergie des Äthers strömt auch in ihrer kinetischen Qualität durch eure Chakren in euch hinein, durchflutet und umhüllt euch. So nehmt diese Energien wahr und seht gleichzeitig mit eurem konzentrierten Bewußtsein euer wahres Sein.

Wendet schließlich eure Gedankenkraft der *prägenden* Qualität der Ätherenergie zu, sprecht sie in Gedanken an, ruft sie und wünscht aus vollem Herzen Gesundheit für euren ganzen Körper, für eure Seele und für euren Geist. Während ihr die kinetische Qualität der Ätherenergie im Zirkulieren des Blutes und in der Belebung der Zellen spürt, seht deutlich alle Farben der sensiblen Energie und seid euch bewußt, daß in diesem Augenblick durch euer bewußtes Wünschen die prägende Qualität der Ätherenergie in euch wirkt und alle Körperfunktionen harmonisiert. Wünscht von ganzem Herzen vollkommene Gesundheit, während ihr euren Körper wahrnehmt.

Die prägenden Qualitäten der Ätherenergie haben ihre Arbeit vollendet. Haltet das Bild des farbenprächtigen ätherischen Energiefeldes um euren Körper deutlich in eurer Erinnerung. Bevor ihr die Übung beendet, erschafft um euch ein Energiefeld, das euren Körper umschließt und beschützt. Ruft die Macht des Lichtes aus der geistigen Urquelle und erbittet das weiße Licht der Wahrheit, das weiße Licht der Reinigung. Seht, wie die weißen Lichtsubstanzen aus dem Kosmos als weißer Nebel auf euch zuströmen. Formt mit eurer Gedankenkraft aus den weißen Lichtsubstanzen eine Hülle um euren Körper, die ihn wie eine Eierschale umschließt.

Programmiert diese Hülle aus weißem Licht mit dem Impuls, daß sie alle negativen und unguten Schwingungen, die von außen zu euch gelangen wollen, umwandelt. Alle Energien in jedwedem Bereich, die gegen euch auf der Lauer liegen, werden beim Auftreffen auf das weiße Energieei in Schwingungen der Liebe und des Lichtes, in positive Lebensenergien umgewandelt. So seid ihr in eurem Lebensbereich von den energetischen Widrigkeiten geschützt, die zur Zeit in starkem Maße auf euch einströmen.

So geht in diesem Schutz durch die Tage eures Seins. Bewahrt allezeit das Bewußtsein der eigenen Kraft, das Bewußtsein eurer Fähigkeit, für euch selbst schöpferisch tätig zu sein. Und dankt dem Vater, der euch die Schöpferkraft verlieh. Laßt euch nicht länger unterjochen von den von außen auf euch einströmenden Energien, sondern lebt als bewußte, liebende, verantwortungsvolle Schöpfer des eigenen Seins.

Nun atmet tief und bewußt aus, wendet euch eurem Tagesbewußtsein zu und öffnet die Augen.

Ich möchte euch bitten, diese Übung jeden Tag einmal durchzuführen. So erlernt ihr gleichzeitig, mit dem geistigen Auge zu schauen und die Ätherenergien bewußt einzusetzen. Übt euch täglich in dieser Arbeit, so wird euer Körper gänzlich regenerieren. Ihr werdet in den Zustand vollkommener Gesundheit und Harmonie gelangen. Nach einer gewissen Zeit werdet ihr die Energiekörper und die Farben in aller Deutlichkeit und Schönheit sehen. Wenn ihr diese Schritte gelernt habt, seid ihr Meister eurer Gesundheit. Schließlich könnt ihr auf diese Weise alle von außen eindringenden Gifte und andere ungute Energien in für euch lebenserneuernde Energien umwandeln.

Es ist ein Arbeiten auf mehreren Ebenen gleichzeitig. Ihr aktiviert eure körperlichen und feinstofflichen Funktionen, und ihr trainiert eure geistigen Gaben, die in jedem von euch vorhanden, jedoch nicht aktiv sind. So sind diese geistigen Fähigkeiten im Laufe der zurückgelegten Leben degeneriert. Mit dieser Übung werdet ihr eure geistigen Organe wieder in den ursprünglichen Zustand bringen. Sodann könnt ihr sie in der vollen Funktionstüchtigkeit benutzen, und ihr werdet fähig sein, die unsichtbaren astralen und geistigen Ebenen zu fühlen, wahrzunehmen und zu erschauen. Dann ist es euch möglich, den Kontakt mit euren geistigen Führern selbst aufzunehmen.

Wenn ihr euch in vollkommener Kraft und Gesundheit und in der Klarheit eures Geistes befindet, übt euch in den geistigen Eigenschaften, die es euch ermöglichen, euer erlerntes Wissen in den Dienst der Menschen zu stellen! Zu diesen geistigen Eigenschaften gehört, daß ihr den Egoismus ablegt. Wenn ihr für andere im heilerischen Sinne arbeiten wollt, dürft ihr nicht an das Ego denken. Nur im Zustand absoluter selbstloser Liebe ist es euch gestattet, andere Menschen zu heilen. Lernt, zuerst in diesen Zustand der «Heiligkeit» zu gelangen. Nun begreift das Wort «heilig»! Ihr müßt heil sein am Körper und heilig im Geist und in der Seele! Lernt die selbstlose Liebe zu üben, denn sie ist ein Universalschlüssel, der alle Türen öffnet. Sie ist ein Prinzip, das sich selbst schützt. Nur wenn ihr in der selbstlosen Liebe seid, wenn ihr euch in der Heiligkeit befindet, also im Heil-Sein des Körpers und im Heilig-Sein des Geistes, könnt ihr eine Stufe höher steigen und die Heilung an Menschen vollziehen, die unheilig sind.

So sind nicht allein das Wissen über den Einsatz der Ätherenergien und das eigene Heil-Sein vonnöten, sondern auch die Demut und der Glaube, um die Befähigung und die Befugnis zu erlangen, heilerisch tätig zu sein. Lernt, die selbstlose Liebe, die Demut und den Glauben mit jedem Atemzug zu leben und erneuert immer wieder eure Heiligkeit, indem ihr euch dieser Übung unterzieht! So ihr dies alles gelernt habt, wendet euch in selbstloser Liebe und mit demutsvollem, gläubigem Herzen an den Vater und bittet Ihn um die Erlaubnis, denen zu dienen, die unheil sind. Das Leid der Menschen auf der Erde hat unterschiedliche Gründe. Ihr müßt zuerst die Gewißheit haben, daß es euch erlaubt ist, denen, die eure Hilfe suchen, die Last von den Schultern zu nehmen. Bedenkt in der Vorherschau auch, daß ihr die erlernte Hilfe nur an jene Seelen weitergebt, die euch klar und eindeutig um diesen Dienst bitten.

Das Wort «unmöglich» gibt es in der geistigen Welt nicht. Alles vollzieht sich nach unumstößlichen Gesetzmäßigkeiten in natürlicher Reihenfolge. So ihr um diese Gesetzmäßigkeiten wißt und sie richtig anwendet, werdet ihr immer euer Ziel erreichen. Es wird euch alles gegeben werden, worum ihr bittet, sofern die Erfüllung eures Wunsches eurem höheren Wohle nicht im Wege steht.

Wir haben euch nun eine goldene Brücke geschlagen, eine Brücke der Weisheit. Es war der Wunsch des Vaters, daß ihr diese Übung erfahren solltet. Wir sind nur die Diener, die Überbringer. Dennoch wißt, daß unsere Liebe zu euch so groß ist, daß ihr nicht imstande seid, sie auch nur zu erahnen. Viele hilfreiche Hände strecken sich euch entgegen, und jeder von euch hat seine geistige Führung an seiner Seite, die wiederum weitere Helfer an ihrer Seite hat, um euch zu dienen und euch in die Ewigkeit, in das Unauslöschliche, in das Vollkommene, in die Liebe selbst zu tragen.

Der Abstand zwischen den Ebenen wird von Tag zu Tag geringer. Wenn die Zeit vollendet ist und alle Bedingungen erfüllt sind, werden wir voreinander stehen, und der Nebelvorhang wird weggezogen werden, und nichts wird mehr unsichtbar sein. Der Planet Erde ist in einer großen Umbruchphase, und der Mensch auf der Erde wird sich zu einem Wesen vollkommener Liebe wandeln, und kein Schmerz, keine Krankheit, kein Leid wird mehr sein. Und ihr, die ihr den physischen Tod noch fürchtet, wißt, auch dieser wird bald aufgehoben sein.

Geht hin und versucht sofort, in eurem Lebensbereich diesen Glauben zu leben! Wartet nicht, bis die Schriften sich erfüllen, die euch sagen, daß die Schwerter zu Pflugscharen umgeschmiedet werden.* Beginnt, das Neue zu leben! Lebt, als wäre der Tod nicht existent! Lebt, als sei die Krankheit aufgelöst! Lebt, als wäre die neue Erde da! Indem ihr so denkt und fühlt und handelt, erschafft ihr sie. Nur dies ist der Weg. Jedem von euch ist die Macht gegeben, in Liebe und Vollkommenheit die neue Erde mit zu erschaffen. So beginnt damit in diesem Augenblick, indem ihr es euch wünscht! Handelt und denkt, als wäre sie da! Indem ihr dies tut, zieht ihr alle Energien auf euch, die nach ihrer Gesetzmäßigkeit und kraft eures mächtigen Wunsches das Neue bewirken, sofern ihr euch in der Heiligkeit befindet.

Ich gebe euch nun den Segen des Vaters weiter. Bleibt auf dem Weg der Liebe und nehmt diese Worte als goldene Perlen mit in euer Sein! Bewahrt sie als eure Schätze, damit sie sich vermehren! Im Vaterhaus ist Reichtum und Fülle, wohin ihr auch seht.

---

* Jesaja 2,4

Leid, Krankheit und Tod stammen vom Menschen, nicht von Gott. So muß denn auch der Mensch Leid, Krankheit und Tod wieder auflösen. Dazu haben wir euch heute eine Brücke geschaffen. Weitere werden folgen, wenn ihr unsere Hilfen ernsthaft und bereitwillig annehmt. Seid gesegnet in der Liebe des Einen, der in großer Freude auf eure Heimkehr wartet. Segen, Segen, Segen! Bleibt in der Liebe, in der Demut, im Vertrauen und im Glauben! Gott mit euch! Ein Diener des Einen. Gott zum Gruße!

Nutzt die Zeit!

18. Februar 1995

In der folgenden Aussage erläuterte der Bote aus dem Strahl Michaels noch einmal die vier Qualitäten der ätherischen Vitalität. Wir geben hier jenen Teil wieder, in dem er erneut auf die Wichtigkeit hinweist, mit den Ätherenergien zu arbeiten, von denen es heißt, daß sie uns völlig kostenfrei, unbegrenzt und zu jeder Zeit zur Verfügung stünden. Sodann folgen einige Repetitorien: zum Wesen der Erde, zur Verantwortung des Menschen für sein Leben, zur Inanspruchnahme der Hilfen aus der geistigen Welt und zum Beginn der «gewaltigen Veränderungen».

In großem Maße sind Leid und Krankheit auf dem Erdball verbreitet, und die Energien des Ungemachs sind in der Überzahl. Ihr, die ihr den Wunsch nach dem Licht in eurem Herzen tragt, beginnt nun, diese Energien zu identifizieren und euch von ihnen abzusondern, damit sie nicht auf euch Einfluß nehmen.

Erkennt euch als die Schöpfer eures Seins und beginnt, indem ihr mit den Ätherqualitäten bewußt arbeitet, euch an die Fähigkeiten zu erinnern, die euch einst mitgegeben wurden, als ihr vom Vater in das Leben hinausgeschickt wurdet, um in den zu durchlaufenden Leben eure Kraft oder Unkraft zu erfahren, je nachdem, welchen Weg ihr wähltet. In großer Fülle und im Reichtum stehen euch die Energien des Universums zur Verfügung, völlig kostenfrei und unbegrenzt, und zu jeder Zeit. So ist es an euch, endlich die Augen zu erheben und die Macht zu erkennen, die in euch wohnt und mit der ihr euch dem Zustand der Vollkommenheit annähern könnt.

In dem Maße, wie ihr bemüht seid, zu eurem wahren Selbst zurückzufinden und bewußt und in der Liebe die Verantwortung für euer Leben zu übernehmen, wird euer geistiges Bewußtsein von Stufe zu Stufe höher steigen. Im selben Grade wird eure geistige Führung nach und nach den Schleier hinwegziehen, der über dem großen Schatz des Wissens liegt, der im unbewußten Teil eines jeden von euch verborgen ist. Und ihr werdet euch zur rechten Zeit an alle Gesetzmäßigkeiten und den bewußten Umgang mit ihnen erinnern.

Der Erdball ist in seinem physischen Zustand nach derselben Gesetzmäßigkeit geschaffen wie alles, was sich auf ihm befindet, sei es der Mensch, das Tier oder die Pflanze. So hat auch die Erde eine Seele. Es ist dies die unsichtbare feinstoffliche Ebene der Ätherenergien, die sich wie ein Gürtel um den Erdball legt. Wenn ihr dereinst euren physischen Körper ablegt, um weiterzugehen in eurer Entwicklung, werdet ihr euch in eurem Seelenkörper wiederfinden, und mit eurem Seelenkörper gelangt ihr auf die Seelenebene dieser Erde.

So ihr die Entwicklung auf dieser seelischen Ebene vollendet und euch vom Rad der vielfältigen Wiederkehr auf diese Erde abgelöst habt, ist es euch möglich, euren Seelenleib auf der Seelenebene der Erde, die ihr auch als die Astralebene kennt, abzulegen. Ihr legt also dort die äußere Hülle eures feinstofflichen Astralkörpers ab. Seine Energie zieht sich zu einem winzigen Bewußtseinsfeld zusammen, ähnlich einem Mikrofilm, und wird von eurem Geistkörper aufgenommen. Und ihr findet euch in eurem geistigen Körper auf der geistigen Ebene der Erde wieder. So ist in eurem Sein alles vorhanden für den Daseinszustand in der jeweiligen Entwicklungsebene, die ihr euch grundsätzlich selbst erwählt.

Aus Liebe wurden euch Freiheit und unbegrenzter Reichtum zuteil. Versucht, eure Gedanken so zu gestalten, daß ihre Materialisation euch Freude und Glück und Gesundheit und nicht Krankheit und Leid beschert! Wartet nicht auf eine äußere Instanz oder auf einen Messias, der euch vor der großen Veränderung des Erdballs rettet, nein. Ihr müßt in aller Deutlichkeit erkennen, daß in jedem von euch die Liebe und das Licht wohnen und daß es an euch ist, diese Energien so zu potenzieren, daß ihr fähig werdet, mit eurem Geist über alle Grenzen hinwegzufliegen. Denn nicht der Vater hat die Grenzen gesetzt. Es ist euer Fall in das Nichtwissen, der euch in den Zustand der scheinbaren Abhängigkeit und Handlungsunfähigkeit gebracht hat.

Seid euch allezeit bewußt: Ihr habt die Möglichkeit, eure Fähigkeiten und Qualitäten wieder zu aktivieren. Ihr braucht euch nicht vor den von außen auf euch einströmenden Ereignissen, Energien oder Wesenheiten zu fürchten. Ihr seid immer in der Lage, euch selbst zu helfen. Wo euch das Wissen darüber verlorengegangen ist, wendet euch im tiefen Glauben und mit der Kraft eurer Seele an die göttliche Allmacht und erbittet die Hilfe, das Wissen und die Kraft, deren ihr bedürft! Und seid euch gewiß, alles, worum ihr bittet, wird euch im selben Augenblick gegeben werden, wenn die Erfüllung eurer Bitte eurem höheren Wohle nicht im Wege steht.

Die geistigen Führer, die euch bei jedem Atemzug begleiten, sind an eure Seite gestellt. Mit eurem Herzen könnt ihr sie erreichen. Sprecht sie an! Sie sind euch vom Vater gesandt, und es ist ihr Wunsch und ihr Auftrag, euch auf allen Stufen eures Wachsens zu begleiten. Versucht, die Sprache des Geistes und des Herzens zu erlernen! Wenn ihr den brennenden Wunsch habt, ihnen zu begegnen, wird die unsichtbare Welt alle Möglichkeiten ausschöpfen, ihn zur rechten Zeit zu erfüllen. Ihr seid blind und taub geworden durch das laute Getöse dieser Welt und durch die vielen Systeme, die euch knechten und unterjochen und euch von eurem wahren Sein ablenken. Wißt, all dies ist ein Plan der Dunkelheit, die euch weiter in geistiger Unwissenheit halten will. So liegt die Rettung für euch darin, euch zu erheben und euch auf eure Kraft zu besinnen. Verbindet euch mit den Hilfen, die in den geistigen Bereichen bereitstehen!

Die Freunde, Helfer und Boten aus dem Lichte stehen in einer Vielzahl um den Erdball, und ein jeder kennt genau den Plan seines Wirkens. Sie warten und horchen auf das eine Wort vom Vater. Wenn dieses Wort ertönt, wird ein jeder auf seinen Platz gehen, um den Plan auszuführen. In diesem Plan ist alles vorherschauend vorbereitet, und zur gegebenen Zeit werden noch größere Hilfen zu euch gelangen. Die Energien des Lichtes und der Dunkelheit sind zum Kampf gegeneinander angetreten, und in der Vergangenheit konntet ihr die ersten Resultate sehen.

Von den gewaltigen Veränderungen auf eurem Erdball ist dies ein kleiner Anfang. Es werden noch mehr der großen Stürme über euer Land fegen. Wenn ihr die Stimme des Windes hört, wißt, es ist der Geist des Windes, der den Weg nach Hause sucht, zur Liebe selbst. An den vier Enden der Erde, im Norden und im Süden, im Westen und im Osten stehen vier Engel und halten mit ihren Händen die Winde, die voller Zorn sind und darauf warten, ihren Auftrag zu erfüllen, sobald das Wort des Herrn ertönt.* Es ist von großer Beschwerlichkeit für diese Engel, die Winde zu bändigen.

So seht, diese Zeit ist euch noch gegeben, euer wahres Selbst und eure Möglichkeiten zu erkennen, bevor der Wind und die anderen Elemente ihren Plan vollziehen. Lernt, lernt, und nehmt die Hilfen an, die euch aus Liebe gesendet werden! Es ist der Wunsch des Vaters und der geistigen Welt, daß ihr all dies unbeschadet überlebt. Erkennt nun, daß die Zeit begrenzt ist! Auch uns, die wir jetzt mit euch in brüderlicher Liebe verbunden sind, ist es nur für eine begrenzte Zeit gestattet, euch auf diese Weise zu begegnen. Wenn die Erde in die letzte Phase der Veränderung eintritt, werden die Schwingungen so dicht, so niedrig sein, daß es uns geistigen Wesenheiten nicht mehr möglich ist, hier zu verbleiben. Dann müssen wir diesen Ort verlassen, und die Dinge werden ihren Lauf nehmen. So ist es an euch, diese begrenzte Zeit zu nutzen.

Ich bin nicht gekommen, den Samen der Furcht in euch zu säen, nein. Ich bin gekommen, um euch in der Vorherschau das Kommende zu zeigen sowie den Weg, der euch durch all dies hindurchführt. So nutzt die Zeit in Weisheit!

Es sind, ich wiederhole mich, in diesem Augenblick viele Freunde aus dem unsichtbaren Bereich um euch, und ihre Liebe strömt unaufhörlich auf euch nieder. Ihre Hände sind euch hilfreich entgegengestreckt. Wir tun unseren Teil. Tut ihr den euren, und so werden wir uns zur rechten Zeit begegnen. Nach der großen Veränderung wird der Schleier hinweggenommen, der das Sichtbare vom Unsichtbaren trennt. So werden sich dereinst unsere Hände berühren, ihr werdet mit den Augen sehen und mit den Händen fühlen, und die Erde wird neu geboren werden, so wie ihr selbst auch.

So nehmt diese Worte auf und behandelt sie wie kostbare Perlen! Lernt, den Reichtum zu erkennen, der euch umgibt! Und lernt mit einem Herzen der Reinheit und der Liebe! Dann ist alles zu überwinden, was es zu überwinden gilt. Verbannt das Wort «unmöglich» aus eurem Wortschatz, denn glaubt mir, einer Seele, die liebt, ist nichts unmöglich. Und wo der Glaube sich zu einem festen Band verstärkt, seid ihr untrennbar mit dem Einen verbunden, der euch unabdingbar liebt und diesen Plan der Veränderung in Vollkommenheit ersonnen hat, um

---

* Offb. 7,1-3

euch eine neue Heimat zu bereiten und ein neues Sein zu ermöglichen.

Nun ziehe ich mich zurück und spende euch den Segen aus der geistigen Welt. Segen, Segen, Segen! Der Friede sei bei euch, der Friede bleibe bei euch! Ein Diener des Einen. Gott zum Gruße!

Alles hat einen Anbeginn und ein Beenden

25. Februar 1995

An diesem Tage wurde die Übung mit den Ätherenergien wiederholt. Anschließend ging der Bote aus dem Strahl Michaels ausführlich auf den schon einige Male erfolgten Hinweis ein, daß die Zeit dieser medialen Mitteilungen an die Erdenbewohner begrenzt sei. Wir möchten dem Leser diese Erläuterungen trotz einiger Wiederholungen nicht vorenthalten, weil es nicht nur um die Information, sondern auch um die übermittelten Schwingungen geht.

Diese deutliche Verbindung wird einst zum Abschluß kommen. Jetzt ist die Zeit, zu lernen, zu wachsen und zu wirken. Wißt, wir haben nun die Erlaubnis, euch immer näher zu begegnen, euch immer mehr der Hilfe zu unterbreiten.

Jedoch hat auch diese Phase einen Anbeginn und ein Beenden. So nutzt die Zeit wohl, die uns gegeben wurde für die gemeinsame Begegnung, für das gemeinsame Wirken, Wachsen und Lernen. Denn bald wird die Zeit kommen, wo wir nicht mehr befugt sind und auch nicht mehr die Möglichkeit haben, uns auf diese Weise euch zu nähern. Wenn sich die Erde in den letzten Phasen ihres Reinigungsprozesses befindet, wird diese Art der Hilfe [durch mediale Botschaften] hinweggenommen werden und nicht mehr möglich sein.

So nutzt die Zeit dazwischen, um das Wissen und die Fähigkeiten zu erwerben, mit Hilfe eurer geistigen Gaben und der euch gegebenen Werkzeuge aus dem eigenen Selbst heraus alles Notwendige zu vollziehen, zu verändern und zu gestalten. Nutzt die Zeit und geht eure Wege in dem Wunsch, zu wachsen und zu helfen! Laßt die Liebe euer Führer, euer Wegweiser sein!

Die, die euch lieben im unsichtbaren Bereich, bleiben euch unveränderlich verbunden. Jedoch ist dies ein Lernen für euch wie für uns gleichermaßen. So werdet ihr nun wie die Schüler in den Schulen auf der Erde vorbereitet. Und es wird der Tag der Prüfung kommen, wenn sich auf dem Erdball die äußeren Situationen so gestalten, daß ihr gänzlich auf euch selbst geworfen seid. So erlangt aus dem Erlernten die Befähigung, euch über das Leid zu erheben und über das, was auf den

Erdball in einer Größe und in einem Ausmaß zukommt, wie ihr es in euren Gedanken nicht zu erschauen und zu erahnen vermögt.

So geben wir euch nun das Wissen um unsere Liebe und unseren Beistand, der euch allezeit gewiß ist. Bedenkt jedoch, es gibt ein Anbeginn und ein Beenden. Einst werdet ihr das, was euch in dieser letzten Phase an Wissen und Können vermittelt wird, anwenden müssen, um das Kommende zu bestehen. Doch seid euch bewußt, daß unsere Distanz zu euch auch dann nicht ein Weniger an Liebe oder gar eine Trennung von euch bedeutet. Es ist ein Prozeß, der sich nach dem Plan des Vaters vollzieht. Die äußeren energetischen Gegebenheiten werden nicht mehr erlauben, daß wir uns euch nähern. Deshalb werdet ihr gänzlich auf euch selbst geworfen sein. Wir halten Abstand zur Erde, doch in unserer Seele sind wir euch in tiefer Liebe verbunden. So wünschen wir, die jetzige kostbare Zeit zu nutzen und euch alles Wissen zu vermitteln, damit ihr euch aus eigener Kraft erheben und mit den Flügeln des Geistes über alles Kommende hinwegfliegen könnt.

Habt keine Furcht, nein! Seid in der Freude! Es ist eine Entwicklung zum Besseren hin, aber die Geburt ist nicht ohne Schmerzen möglich. Und eure Erde steht am Beginn großer Geburtswehen. Ihr werdet die Neugeburt des Erdballs mit euren Augen erleben und dann die neue Erde mitgestalten. Auf den neuen Erdball sind nur jene Seelen zugelassen, die in der wahren, reinen Liebe sind. Denn die Erde wird im Inneren wie im Äußeren geläutert. Habt Freude, Mut und Hoffnung. Ihr wurdet, bevor ihr noch geboren wart, auf diese Stunden der Veränderung vorbereitet.

Freut euch, freut euch, und erhebt eure Augen! Die Erde hat ein solches Maß des Leidens erreicht, daß nun alles hinweggenommen werden soll, was nicht zum Lichte strebt. So haltet aus und denkt immer wieder daran: Die euch Liebenden im unsichtbaren Bereich sind allezeit bei euch, auch in den Stunden, wo uns diese deutliche Verbindung nicht mehr gewährt ist. Mit Freude im Herzen erwarten wir die Begegnung, wo unsere Hände sich berühren und ihr in aller Deutlichkeit seht, was euch jetzt noch zu glauben auferlegt ist. Was immer um euch geschieht, wißt, daß ihr eingebunden seid und nichts euch aus der Liebe, dem Segen und dem Schutz herauslösen kann, wenn ihr nicht selbst das Band durchschneidet.

Es gibt in den geistigen Gefilden einen Engel, dessen Name Sarahel ist. Ihm ist Gewalt verliehen, und er hat ein großes Heer von mächtigen Kämpfern hinter sich. Wenn ihr von den Mächten der Dunkelheit bedrängt werdet, ruft ihn! Ruft Sarahel! Er geht gegen diese Energien vor und trennt sie ab. Und wendet euch immer wieder mit reinem Herzen und in der Liebe an den Vater selbst. Geht nicht aus dieser Verbindung heraus! Dann kann die Welt wanken und sich teilen – ihr aber werdet über all dies hinweggehen und werdet bestehen.

Segen über euch! In großer Liebe. Einer aus dem Strahl Michaels. Gott zum Gruße!

Die Liebe ist die größte Macht

4. März 1995

Gott zum Gruße, ihr lieben Sucher nach der Weisheit, nach dem Verstehen! Ich bin aus dem Strahle Michaels gesandt. Über diesem Zusammensein sichtbarer und unsichtbarer Seelen ist in großem Maße Schutz und Segen ausgeschüttet. Ihr seid umgeben von einer Vielzahl der Schutzengel, die euch durch die Stunden eurer Tage begleiten. Sie sind uns, die wir aus den hohen geistigen Sphären zu euch gesandt sind, eine Unterstützung und bilden die Brücken für die Energien, die wir heute auf euch übertragen.

In den Minuten eurer soeben durchlebten Meditation ist von euren Köpfen ein goldenes Licht zu uns aufgestiegen und hat sich verwoben mit dem Ganzen. So habt ihr euch näher zu uns emporgehoben. Habt Dank für diese Vorarbeit, die uns das Wirken hier im Unsichtbaren um ein Vielfaches erleichtert.

Es ist der Wunsch des Vaters, daß wir, die wir uns hier im Geistigen befinden, euch die Wahrheiten in Erinnerung rufen, denn vor vielen Äonen war das Wissen in einem jeden von euch vorhanden. Nun soll es euch wieder aus der Einheit, aus der Quelle direkt, vermittelt werden, so daß ihr Mut schöpft, aus eurer eigenen Kraft die Gegebenheiten zum höheren Wohle zu verändern. Wißt, daß das Leid auf eurer Erde nicht von Gott kommt. Es sind die Resultate, die der Mensch erzielte - aus Unwissenheit, aus Lieblosigkeit, aus seinem Streben nach Ruhm, Macht und nach der Materie. Nun ist der Augenblick gekommen, wo die alten Systeme in ihrer Macht erschüttert und aufgelöst werden.

Als ihr euch einst vom Vaterhaus entferntet und eure Weisheit, euer Wissen um den Ursprung und um eure eigene Schöpferkraft verlort, kamen viele fremde Mächte von außerhalb, die euch verführten und benutzten. So seid ihr immer tiefer in das Vergessen hinabgesunken. Eure Seele erkrankte aus Heimweh nach der Vollkommenheit. Aus diesem Sehnen und aus dieser Pein entstand das Ungemach auf eurer Erde. Euer Gedächtnisverlust und eure Unwissenheit wurden von vielen fremden Mächten benutzt, die euch als Werkzeuge ihres Willens mißbrauchten. So ist es unsere Aufgabe, euch diesen Mächten zu entreißen und euch zu eurem Selbst, zu eurem Ursprung und zu eurem Schöpfer zurückzuführen.

Ihr seid Seelen, die aus dem Herzen Hilfe wünschen und zurück in die Freiheit streben. Fürchtet nichts, habt keine Angst vor der Dunkelheit, vor den scheinbar Mächtigen, die eure Selbsterkenntnis und eure Wiedergeburt verhindern wollen! In dem Augenblick, in dem ihr euer eigenes Sein erkennt, ist ihre Macht gebrochen.

So erhebt euch über jede Furcht! Begebt euch in den Bann der Liebe und in die Macht des Lichtes! Blickt nicht zurück und laßt die Drangsal hinter euch! Geht einfach weiter und bindet euch mit eurem Glauben und mit eurem Herzen an das höhere Wissen und an die höhere Macht! Hebt eure Hände hinauf, ergreift die Hilfen und laßt sie nicht wieder los! Wenn ihr in der Liebe seid und im Lichte wandelt, gibt es keine Macht im Diesseits und im Jenseits, die fähig wäre, das Band der Liebe und des Glaubens zu durchtrennen. Es ist euer Wunsch und euer Wille, die eure Unantastbarkeit, eure Vollkommenheit und die Schöpferkraft in euch ermöglichen.

Unzählige Scharen Unsichtbarer hier auf unserer Seite senden euch unablässig aus ihren Augen und aus ihren Herzen Liebe und Licht, die euch als Unterstützung dienen sollen, damit ihr eure Schritte tun könnt und im notwendigen Glauben bestärkt werdet. So geht voran und fürchtet nichts! Es ist das Maß des Glaubens, es ist das Maß der Liebe, das eure Lebensqualität bestimmt. So euer Glaube groß ist, seid ihr in großer Stärke. So euer Glaube klein ist, seid ihr in kleiner Stärke. Und so ihr in der Liebe wandelt, ist es euch möglich, über alle Grenzen hinwegzufliegen. Die Liebe ist die größte Macht im Diesseits wie im Jenseits, und alle Grenzen müssen weichen, wenn sie das Wort spricht. So wendet euch immer an die Macht und an den Geist der Liebe! Dient ihr und keinem anderen! So seid ihr frei und gelangt zu euch selbst und in die Freiheit und in die Liebe.

Es ist der Wunsch des Vaters, daß Seine Kinder in ihr eigenes Sein zurückkehren. Ihr natürliches Erbteil soll Fülle und Reichtum sein und nicht Leid. So geht, es ist die Zeit der Vorbereitung, die Zeit der Reinigung, die Zeit der Veränderung. Fürchtet nichts! Alles, was geschieht, ist notwendig und geschieht nach dem vollkommenen Plane dessen, der euch geschaffen und euch aus Liebe auf die Erde entsandt hat.

Versenkt diese Worte wie Samenkörner tief in eure Seelen! Und wenn eure Gedanken zu dieser Stunde zurückgehen, spürt ihr sofort die Verbundenheit mit uns, die wir in dem noch Unsichtbaren an eurer Seite sind. Wenn euch die weltlichen Dinge bedrängen, geht in Gedanken zurück zum Hier und Jetzt, und ihr fühlt sofort die Kraft, die Hilfe und die Liebe. Der Segen sei bei euch, der Friede begleite euch, und goldene Liebe sei ausgegossen über euch!

Bleibt in der Liebe zu euch selbst, zu den anderen, und bleibt vor allem in der Liebe zur Erde, die eure Heimat ist! Der Planet bereitet sich auf die Neugeburt vor, und seine Seele zittert. So zeigt der Erde durch eure Gedanken und Gefühle euer Verständnis, euer Mitgefühl und euren Dank! Sie braucht eure Liebe, so wie ihr die Luft zum Atmen braucht. Dankt ihr mit jedem Schritt, den ihr auf ihr geht, dankt ihr für die Heimat, die sie euch gab, dankt für die Nahrung, die sie euch gab!

Wenn ihr in diesem Sinne durch die kommenden Tage wandelt, seid ihr in Schutz und Segen eingehüllt. Denkt daran, die Äther-Übung, die euch aus Liebe gegeben wurde, ernsthaft zu vollziehen! Wiederholt sie täglich aufs neue, so werdet ihr unantastbar sein!

Segen über euch! In großer Liebe und herzlicher Dankbarkeit sprach der Bote aus dem Strahle Michaels.

Gott zum Gruße!

Der Satz «Versenkt diese Worte wie Samenkörner tief in eure Seelen!» erinnert daran, daß es nicht nur darum geht, die Worte mit dem Verstand aufzunehmen. Herakles sagte am 6. März 1996 im Rückblick auf die bis dahin erhaltenen Botschaften:

Seid eifrig und aktiv und lest dies in der Wiederholung, denn in die Informationen, die euch gegeben wurden, sind nicht nur die Worte und die Bedeutung der Ratschläge eingebunden, in einer jeden Silbe ist eine Energie von hoher Qualität enthalten. Jedesmal, wenn ihr euch mit diesen Botschaften verbindet, werden diese Energien erneut in eurem Sein aktiviert, und ihr nehmt ein Energiepotential in euch auf, das aus den Bereichen der Sternenwelt oder der geistigen Gefilde gesendet wurde. Bei jeder Wiederholung werden die zuvor aufgenommenen Energien aktiviert und potenziert. Es ist eine Art geistige Ernährung. So werdet ihr angereichert mit den Energien, die wir in unsere Botschaften gelegt haben. Dies wird schließlich bewirken, daß sich das geistige Bewußtsein mehr und mehr öffnet.

Der Kampf zwischen Schatten und Licht

18. März 1995

Während uns die bisherigen Botschaften «aus dem Strahl Michaels» erreichten, stammt die folgende Botschaft von einem der vierundzwanzig Ältesten, von denen es in der Offenbarung des Johannes (Kap. 4,4) heißt, daß sie um den Thron Gottes sitzen. Diese Wesenheit nennt sich selbst «eines der zwölf Augen, die den Thron der Einheit umringen und unablässig in das Universum blicken.»

In einer späteren Botschaft (3. 11. 1996) erläuterte Herakles, daß aus der göttlichen Einheit, die in sich ruht und vollkommen ist, zunächst die vierundzwanzig Ältesten erschaffen wurden, Meister, die gleichsam um den Thron, um die Einheit selbst, stehen. «Stellt euch also zum einen als innersten Kraftort und Urbeginn allen Seins die göttliche Einheit vor, und um diese Einheit herum den Bereich, den ihr als die Polarität kennt.» Dazwischen befinde sich eine Zone der Neutralität. «Die vierundzwanzig Ältesten oder, wie wir sie ebenso nennen, die Torwächter stehen im Raum der Neutralität. Zwölf haben ihre Gesichter zur Einheit gerichtet, zwölf zum Bereich der Polarität.» Gemäß der Erläuterung von Herakles stammen also die folgenden Worte von einem der zwölf Ältesten, dessen Gesicht der Polarität zugewandt ist.

Ihr lieben lichtsuchenden Menschen, seid begrüßt in großer Liebe und willkommen geheißen in der Verbundenheit! Gott zum Gruße! Hier spricht einer aus der Einheit, der um den Thron des Vaters steht. Meine Wesenheit ist unter euch bekannt als eines der zwölf Augen, die den Thron der Einheit umringen und unablässig in das Universum blicken.

Diese Zeit, ihr wißt dies wohl, ist von großer Bedeutung. Immer geringer wird das Maß der Zeit, das euch zur Verfügung steht, euch auf die kommenden Veränderungen vorzubereiten. Dieser Erdball ist ein Kind des Vaters, das nun den Glanz des Goldes bekommen soll.

In eurer Atmosphäre wirken vielerlei Schwingungen, Energien und Wesenheiten, vielerlei Gedankenkräfte und Emotionsstürme, die euer Schicksal und euren Werdegang in hohem Maße beeinflussen und von einer Minute zur anderen verändern. So will ich heute nicht über die Energieflüsse eurer Körper sprechen. Die Schulung, die ihr aus dem Geistigen erhaltet, ist nun aufgerufen, sich der Aktualität der Zeit zu widmen. Ihr werdet gebeten, das, was euch zu den Ätherqualitäten übermittelt worden ist, schriftlich untereinander auszutauschen. Die Zeit ist zu nutzen, und deshalb will ich sprechen über die Qualitäten und die Aktivität der Atmosphäre, in der ihr lebt, über den Fluß der Energien, über den Kampf zwischen Schatten und Licht.

Der Erdball ist ein Juwel im Universum, und unzählige Wesenheiten haben den Wunsch, die Herrschaft über ihn, der in Kürze vergoldet werden soll, zu besitzen. So möchte ich euch aufrufen, euch in den Zustand zu bringen, der notwendig ist, um auf der künftigen Erde leben und bestehen zu können. Auf eurer Erde gibt es Wesenheiten in menschlicher Gestalt, die sich vornehmlich in der östlichen Welt versammelt und vermehrt haben und in Verbindung stehen mit Energien, die sich im Inneren der Erde und in einem weit entfernten Sonnensystem befinden. An mehreren Stellen in der Erdinnenseite gibt es eine Art Konzentration dieser Energien, die von diesem fernen Sonnensystem aus dem Weltraum gesendet, im Erdinneren aufgefangen und sodann auf die Erdoberfläche geleitet werden. Die Wesenheiten in menschlicher Gestalt stehen in ständiger Verbindung mit diesen Energien, die eine Art Nahrung aus der Heimat für sie darstellt. Sie wurden mit dem Plan hierher entsendet, die Menschen dieses Planeten, denen von ihrem Ursprung her das Erbrecht auf ewiges Leben verbrieft ist, von ihrem Lebensplan abzulenken, sie zu verwirren und zu verführen.

Ihre Macht ist von einer Größe, die ihr euch nicht einmal in euren Träumen vorzustellen vermögt. Diese Wesen verfügen über ein hohes Wissen, über vielerlei Methoden und Waffen im unsichtbaren wie im sichtbaren Bereich. Sie planen, sich den Erdplaneten weiter verfügbar zu machen und ihre Rasse hierher zu bringen. Sie wollen die ursprüngliche Menschenrasse durch genetische Manipulation und durch Eingriffe über Bakterien, Viren und Krankheiten am Erwachen des Bewußtseins hindern, so daß sie degeneriert.

Der Planet Erde ist in diesem Universum von besonderer Kostbarkeit. Er ist begehrt, weil er tausendfältige Möglichkeiten zur Transformation, eine Vielfalt an Freiheiten und schöpferischen Möglichkeiten in sich birgt, ganz ohne den Zugriff und den Eingriff des Vaters. Denn dieser Erdball ist nach dem Gesetz und dem Willen des Vaters die Ebene des freien, unantastbaren Willens. Jedes hier lebende Individuum kann nach seiner Kraft und Möglichkeit seinen Wünschen und Plänen nachgehen. Die geistigen Wesenheiten, die im Lichte weilen und im Namen des Vaters dienen, sind nicht befugt und ermächtigt, in die dunklen Machenschaften der Menschen einzugreifen, die in Selbstherrlichkeit, voller Neid, Machtgier und Ruhmsucht leben. So ist das goldene Kind des Vaters, dieser Erdenplanet, der einst als Schule der Weisheit geschaffen wurde, beinahe in den Zustand der Vernichtung gekommen.

Nun seid ihr aufgerufen, einzugreifen, ihr, die ihr durch eure Seelenkraft, eure Gedankenqualität und eure emotionalen Schätze dazu befähigt seid, indem ihr mit eurem freien Willen diesem Plan der Wesenheiten von außerhalb entgegentretet. Ihr seid das Volk des Vaters. Ihr seid aufgerufen und gebeten, durch euer Sein, durch eure Lichtkraft und vor allem durch eure Gefühle der Liebe diese Erde zu erretten. Das Geschehen auf der Erde liegt auch in eurer Macht. Ihr seid die Kinder, die einst das unvergängliche Leben erbten, und die Erde ist der Heimatboden, der euren Seelen als ein vollkommener gegeben ward. Nun ist Mutter Erde ausgebeutet und vielfach geschändet. Die Kraft der Erde ist erschöpft, ist vergossen. So werdet ihr, die Kinder des Lichtes, vom Vater selbst gebeten, durch euer Sein, durch eure Liebe die verlorene, vergossene Kraft wieder einzusammeln, zu potenzieren und dann der Erde zurückzugeben.

Die Erde ist eine Wesenheit, so wie ihr selbst. Dieses Wissen haben wir viele Male in den verschiedenen Formen, in Worten und Schriften, auf die Erde gebracht. Sie haben jedoch mit ihrer Dunkelheit die Wahrheiten und Weisheiten vernebelt, und vieles, was in der Vergangenheit gesendet wurde, hat euch lange Zeit nicht erreicht. Ihr habt euch abgeschnitten und getrennt gefühlt, und es gibt viele unter euch, die unter Tränen den Vater um Hilfe angerufen haben. Ihr müßt wissen: Auch ein Vater weint Tränen.

Es ist der freie Wille, der euch dieses Los beschert hat. Erkennt nun das Gebet, das euch einst vom Sohn gegeben wurde: «*Dein* Wille geschehe!» Wenn ihr nach Seinem Willen handelt, muß die dunkle Macht weichen. Das Schicksal dieser Erde liegt in eurem Herzen.

Der Vater hat Seine Kinder niemals, nicht einen einzigen Augenblick, verlassen. Er weiß um eure Kriege, Er weiß um eure Krankheiten, Er weiß um das Morden. Die Schreie der Tiere und der Bäume, die da sterben, dringen unablässig an Sein Ohr. Der Vater weiß um alles, doch Er kann den freien Willen, den Er euch einst gab, nicht zurücknehmen. So wurde alles, was bis heute geschah, aus Liebe und in Weisheit geduldet und zugelassen. Ihr, die ihr auf diese Weise jetzt dieses Wissen erhaltet, werdet von den vielen Boten und Engeln und vom Vater selbst gebeten, euren Willen dem Seinen zu unterstellen. Bittet in Seinem Namen und stellt den Willen eures Selbst unter den höheren Willen des Vaters!

Dann beginnt zu lieben, in jedem Augenblick und bei jedem Atemzug! Liebt die Erde, liebt die Menschen und die Tiere, liebt die Wälder, die Wiesen, die Seen und die Bäche, und liebt das Firmament, das euch bedeckt! Liebt den Tag und liebt die Nacht! Und jeder Schritt, den euer Fuß auf dieser Erde tut, soll ein Dank an eure Heimat sein! Die Erde trägt euch tagein tagaus. Sie trägt nicht nur die Last eurer Körper, sie trägt eure Traurigkeit und eure Sorgen. Sie ist an dieser Traurigkeit nun selbst erkrankt und ist selbst kraftlos geworden. So wie die Erde euch das Leben und die Nahrung gab, gebt nun ihr der Erde in Demut euren Dank und segnet sie! Liebt die Erde über alles und dankt ihr! Sendet ihr Worte des Trostes, denn sie fühlt und versteht wie ihr.

Ihr Kreislauf ist wie der des Menschen, ihr seid im selben Zyklus eingebunden. Der Planet Erde, den ihr sehen und fühlen könnt, ist der stoffliche Körper, so wie auch ihr einen stofflichen Körper habt, und euer physischer Leib wandelt auf der physischen Erde. Diese hat eine Seele wie ihr. Die Seele ist der astrale Bereich, der wie ein Gürtel den Erdball umfängt. Darauf wiederum wandeln die Menschen im Seelenleib, wenn sie den physischen Leib verlassen. Über der astralen Seelenebene der Erde schließt sich der geistige Leib der Erde an. Und wenn ihr einst im Zyklus der Zeiten auch euren Seelenleib verlaßt, geht ihr mit eurem geistigen Körper hinauf in den geistigen Körper der Erde.

Lange, lange noch seid ihr nicht am Ziel. Von diesem Geistkörper der Erde aus ist es noch ein großes Stück des Weges bis zur Vollkommenheit, zur Einheit. Dennoch, nicht zufällig seid ihr berufen, diese Worte zu hören. Ein jeder von euch steht in seiner Entwicklung vor einer großen Vollendung. Vieles habt ihr in den durchlebten Leben bereits hinter euch gelassen. Vieles habt ihr angesammelt, habt ihr erkannt und gelernt, und für euch ist jetzt der Augenblick nahegerückt, wo ihr den Kreis beschließt. In Bälde werdet ihr vor eurem Hohen Selbst stehen, mit dem ihr euch soeben erst in der Meditation verbunden habt.

Aus diesem Grunde spreche ich heute diese Worte tief in eure Seele, und sie sollen die Samenkörner sein, die ich in eure Seele lege als ein Gut, das wachsen soll. Die Ernte aus diesen Samenkörnern wird von einem Reichtum und von einer Schönheit sein, die ihr bereits erschautet, noch bevor der Grundstein dieser Erde einst gelegt wurde. Ihr alle wart einst im Vaterhaus, in der Einheit, in der Vollkommenheit. Es wurde euch der Plan gezeigt, und ihr alle habt schon in jenen Zeiten die neue Erde, den Planeten nach seiner Wiedergeburt, gesehen. Ihr saht die Erde in vollkommener Schönheit, und sie zog ihre Bahn in einem anderen Sonnensystem. Es ist eurem Planeten bestimmt, zwei Sonnen und zwei Monde zu haben, und seine Umlaufbahn wird von Ewigkeit zu Ewigkeit gesichert sein. Die Erde wird in das goldene Zeitalter eintreten.

Auf der Erde der neuen Zeit werden nur Menschen zu finden sein, die ihr in ihrem Bewußtsein und in ihrer Daseinsform genau entsprechen. Wie ihr heute nach dem Bild der Erde geformt seid, werdet ihr auch künftig nach der neuen Erde geformt sein. So seid ihr aufgerufen, ein jeder für sich und doch im Verbund: Tretet euer Amt an und geht hinaus als das Licht der Welt!

Wartet nicht auf den, der euch als Heiland, als Messias angekündigt ist und der da kommen soll, denn dieser weilt längst unter euch, mitten in euren Herzen. Blickt euch mit wachen Augen um, und viele Male werdet ihr ihm begegnen! An seiner Liebe werdet ihr ihn erkennen. So wartet nicht und sucht nicht, sondern seid wachsam und aufmerksam! Dort, wo ihr dem Licht und der Liebe begegnet, dort begegnet ihr auch dem Sohne. Er ist bei euch, er ist allezeit mitten unter euch. Sprecht ihn an und ruft ihn, und er wird sich euch kundtun.

Er wird sich zeigen und bemerkbar machen. Er ist wieder unter euch, um mit euch die Neugeburt des Planeten Erde zu vollführen.

Denkt aber allezeit an die Worte, die ich zuvor gesprochen habe: Es ist ein dunkles Reich auf dieser Erde, und seine Macht und Kraft sind gar groß. Im Unsichtbaren versammeln sich diese dunklen Mächte und verbinden sich zu einem immer größer werdenden Heer. Sie sind unterwegs, um die zu verschlingen, die im Lichte sind und den Planeten Erde erretten sollen. Euer Dasein ist von allergrößter Wichtigkeit, und die Erde ist in allergrößter Not. Gewiß, ein jeglicher hat seinen Weg und seine Zeit. Wenn ihr jedoch den Tag in der Liebe und im Licht beginnt und ihn in der Liebe und im Licht beendet, habt ihr viel in dieser Welt bewegt. Es sind nicht die großen Kriege, nicht die großen Errungenschaften in der Technik oder in der Wissenschaft, die den Planeten verändern, nein. Es ist das Licht, das Licht, das hierher gelangen soll und das dies alles umkehren kann vom Unguten in das Gute.

Das Licht, die Weisheit, ist nun aus dem Vaterherzen direkt zu euch gesandt. Ihr seid die Empfänger, die Antennen, die das Licht aufnehmen sollen. Auch das Licht ist eine Wesenheit, die ein Bewußtsein in sich trägt, es ist das Wissen selbst, das sich in der reinsten Essenz vom Vater aus zu euch bewegt. Das Licht hat einen schweren Weg durch eine große, böse Dunkelheit. Sie haben die Heere der Dunkelheit an den vier Enden der Erde aufgerufen, von Norden und Süden und Osten und Westen. Dort versammeln sich die Heere, um sich zu verbinden mit den bereits auf der Erde weilenden Menschen, die von ihrer Herkunft keine Menschen sind. Sie haben sich versammelt, um einen Ring um diesen Planeten zu bilden, damit das Licht, das Wissen, nicht zu euch gelangen kann. So seid ihr die Lichtpunkte auf dem Planeten, die der Vater ruft, damit sie sich erheben und mit der Kraft der Liebe aus sich selbst heraus leuchten.

So steht auf und seid die Liebe selbst! Steht auf! Jeder Atemzug sei ein Dank an die Schöpfung, an den Gott, der euch auf diese Erde gesandt hat. Steht auf und leuchtet! Steht auf und liebt und denkt an diese Erde und dankt ihr! Ein jeder Gedanke, der aus liebendem Herzen zur Erde gesendet wird, ist ein Tropfen kühlen Taus, der die brennende Wunde lindert. So laßt denn viele Tropfen auf die Erde fallen, Tropfen der Liebe und des Dankes! So kann die Erde von ihrem Schmerz gesunden und die eigenen Kräfte wieder stabilisieren. Die Erde weiß um ihren Werdegang. Dennoch braucht sie euren Zuspruch und eure Verbundenheit. Die Erde atmet wie ihr, die Erde weint wie ihr, die Erde ißt, die Erde trinkt, die Erde schläft. Die Erde ist in großer Drangsal und in großer Traurigkeit. So reicht denn eure liebenden Hände dem Boden, der euch trägt, dem Boden, der euch Nahrung spendet!

Auf der Erde ist Nahrung in Reichtum und Fülle, doch die großen, dunklen Mächte verhindern ihre Verteilung. Die Erde ist in der Lage, zwölf Mal im Jahr die Früchte an die Menschen und die Tiere zu verteilen.* Hunger ist nicht notwendig, und es ist nicht notwendig, daß ein Tier das andere tötet. Dies ist ein Verhalten, das das Tier vom Menschen übernahm, der ihm dies als Oberhaupt vorlebte. Ursprünglich hat es nicht getötet, und es soll zu seinem Ursprung in der Vollkommenheit zurückkehren.

So denkt daran, legt ihr nicht Hand an die Tiere, die eure Brüder sind in anderer Form! Auch sie haben ein Empfinden, eine Seele und einen Geist. Es ist ein Miteinander, ein Füreinander, nicht ein Gegeneinander. So geht den Weg zum Ursprung der Schöpfung zurück!

Diese Zeit ist von allergrößter Bedeutung. Diese Stunde in der Lichtstation, die hier errichtet wurde, soll euch vermitteln, was ihr an Wissen und an Kräften und als Vorherschau braucht, damit ihr das Kommende übersteht. Vieles, vieles erwartet euch, und die Zeit bis dahin ist nur noch eine kleine Weile. Der Vater ist mit seinen Augen in jedem Augenblick bei euch, Er weiß um alles. Eure Tränen und eure Leiden sind Ihm nicht unbekannt. Ihr habt jedoch den freien Willen. Wenn ihr aber den Vater ruft und Ihn bittet, Seinen Willen über den euren zu stellen, wird Er mit Seiner machtvollen Hand eingreifen und den Planeten an Sein Vaterherz ziehen und ihn vergolden. Und er wird die Tränen abwischen von den Kindern, von den Tieren, von den Pflanzen und von der Erde.

---

* Offb. 22,2

So seid ihr denn die Berufenen, die Lichter, und es wird euch nun die Möglichkeit gegeben, das, was euch auf der Seele brennt, auf den Altar des Vaters zu legen. Diese Stunde ist dazu angetan, daß der Vater eure Bitten zu sich nehme in sein Herz und sie erhöre. So möchte ich euch um einige Minuten der Stille bitten. Geht in die Stille eures innersten Seins und legt eure Bitten in die Hände eurer geistigen Führer! Wenn ihr in der Stille wart, wird der Engel Michael für euch ein Gebet sprechen und die Anliegen eurer Seelen vor den Vater tragen.

In den kommenden Zeiten werdet ihr in immer kürzeren Abständen neues Wissen und neue Informationen erhalten. Tauscht euch untereinander aus, helft euch gegenseitig und lebt füreinander und miteinander! Eine große Dunkelheit und viele Stürme sind angesagt und kommen bald, und ihr werdet in der Tiefe eurer Seele gerüttelt werden. Habt acht, geliebte Kinder des Lichtes, daß ihr in der Treue bleibt und nicht fallt, denn es werden all jene, die auf das Gute sinnen, in Versuchung geführt.

Ich segne euch, und ich sende die Grüße des Vaters. Es sprach zu euch einer aus der Einheit des Vaters. Gott zum Gruße!

Der Erzengel Michael betet zum Vater

In der Liebe des Vaters, Gott zum Gruße! Mein Name ist Michael. Mir ist gegeben Gewalt im Himmel und auf der Erde, und es ist mein Auftrag, mit dem Schwert der Trennung über den Erdball zu gehen. So bin ich denn viele Male bei euch, auch wenn ihr mich nicht mit euren Augen zu sehen vermögt.

Mir ist Gewalt gegeben, zu trennen, was nicht zusammengehört, zu trennen das Dunkle vom Licht. Dies ist mein Amt im Diesseits wie im Jenseits. Nun bin ich auf diese Weise zu euch gesandt, um für alle in der Gemeinschaft und im Verbund der Liebe das Gebet zum Vater zu sprechen. So bitte ich euch um Konzentration, um die Reinheit eurer Herzen. Begleitet meine Worte mit eurer Liebe und legt in euer Amen all eure Wünsche nach Licht und Liebe! Wenn ihr euch in dieser tiefen Reinheit und Liebe in mein Gebet einbindet, wird der Vater, dies sei euch gewiß, euch erhören.

Vater der Liebe,

der Du bist und der Du warst in Ewigkeit,
der Du bist das Alpha und das Omega,
Dein Name werde geheiligt,
Dein Reich komme, Dein Wille geschehe.

Vater, hier stehe ich, Michael, der Deine,
mit dem Schwert der Liebe bei Deinen Kindern,
die Du in dieses Leben, auf diesen Erdball entsandt hast,
damit sie Deinen Plan ausführen
und Deinen Willen vollziehen.
So stellen wir nun unseren Willen unter den Deinen
und bitten Dich, segne und schütze alle,
die hier in großer Liebe zu Dir
und zu dieser Erde versammelt sind.
Segne einen jeglichen in ganz besonderer Weise
und gib ihnen ein jedes Wort der Dankbarkeit, der Demut
und der Liebe tausendfältig zurück.

Schütze sie auf ihren Schritten durch die Dunkelheit.
Gib einem jeden von ihnen ein Dutzend
Helfer des Lichtes mehr
mit dem Auftrag, sie zu schützen.
Gib einem jeden von ihnen die Weisheit,
die Kraft und die Demut,
die sie brauchen, um das Dunkle zu überstehen.

Sie sind in Deinem Namen hier versammelt, Vater.
Sieh Du in ihre Herzen, sieh ihren Kummer,
ihre Tränen und ihr Leid.
Nimm Du dies alles heute zu Dir
und wandle es um in Freude und Kraft.
Gib einem jeglichen nach seinem Bedürfnis
und füge aus Deinem Herzen der Großmut
und der Fülle ein Vielfaches hinzu.

Dies ist die Bitte von Michael, den Du
aus Deiner Liebe gesandt hast.

Dies ist die Bitte der geistigen Führung aller,
die hier versammelt sind
und in deren Namen ich spreche.
So nimm alles zu Dir, was die Herzen bedrückt
und wandle es in Licht, in Weisheit, um.
Lösche alle Dunkelheit.
Gib ihnen allen Deinen Geist in ihr Sein,
auf daß sie die Weisheit erkennen
und Deine Botschaften verstehen.

Du sendest Worte, die mit irdischen Ohren
oft nicht zu hören sind.
Und vieles sendest Du, was für die Menschen unsichtbar ist.
So lege ihnen auf ihren Geist,
daß sie sehen und hören, was Du sendest.
Befähige sie und begleite sie mit Deiner Macht,
mit Deiner Weisheit und mit Deiner Kraft.

Vater, sieh, in Demut, in Liebe und in Einigkeit
sind wir hier versammelt vor Deinem Thron.
Gehe nicht an unseren Bitten vorüber.
Geheiligt sei Dein Name.

Wir danken Dir im Namen Deines geliebten Sohnes Jesus.
Erhöre uns.

Amen.

Mein Auftrag ist nun an euch erfüllt. Ich danke euch. Segen über euch alle, Segen! Es sprach zu euch Michael, der mit dem Schwert auf eurer Erde unterwegs ist, um abzutrennen, abzulösen, was euch behindert auf eurem Weg zum Licht, zur Einheit.

Seid gesegnet, und denkt in den Stunden eurer Gebete auch einmal an mich! Ich danke euch. Ich danke euch. In großer Liebe gehe ich von euch. Gott zum Gruße!

Hatten bisher die Boten Michaels gesprochen, so tritt jetzt, da von den dunklen Mächten die Rede ist, der Erzengel Michael selbst auf. Hier wird er gerufen, um im Namen der Anwesenden zu beten und ihre Bitten und Sorgen vor den Thron des Vaters zu tragen. Bei einem weiteren Treffen wird er wieder in Erscheinung treten, dann als der Streiter für das Licht, der den Engel Sarahel beauftragt, die dunklen Wesen abzutrennen, die störend in die Gruppenarbeit eingreifen wollen (siehe die nachfolgende Botschaft «Es ist an euch, die Erde zu verwandeln»).

Die Bitte Michaels: «Denkt in den Stunden eurer Gebete auch einmal an mich!», läßt aufhorchen. Wir sind gewohnt, ihn anzurufen, damit er uns beistehe. Aber auch Engel bedürfen in ihren Ämtern der Unterstützung, und warum sollte in unserem Verhältnis zu ihnen das Gesetz der Gegenseitigkeit, des Ausgleichs von Empfangen und Geben, von Bitten und Danken nicht gelten? Wir können die Bemerkung Michaels aufgreifen, indem wir künftig die Engel nicht nur für uns in Anspruch nehmen, sondern ihnen auch unsere Liebe und unseren Dank senden und den Schöpfer um Kraft und Segen für sie bitten!

Obwohl die Botschaft aus dem Kreise der vierundzwanzig Ältesten sich der «Aktualität der Zeit» zuwendet, wird ausdrücklich dazu aufgefordert, die mehrfach erhaltenen Informationen über die Ätherenergien weiteren Menschen zugänglich zu machen. Dies wurde leider in der Vergangenheit versäumt, da uns die Möglichkeiten und Mittel fehlten, die Vielzahl der Botschaften, die uns über Susanne erreichten, schreiben zu lassen und zu vervielfältigen. So freuen wir uns, mit der Veröffentlichung von «Dein Wille geschehe jetzt» der aus so hoher Quelle ergangenen Aufforderung endlich, wenn auch sehr spät, in einem ersten Schritt zu entsprechen.

Wieder einmal wird die Verknüpfung des Schicksals der Erde mit dem der Menschen hervorgehoben. «Die Kraft der Erde ist erschöpft» – und sie braucht den Zuspruch der Menschen, ihre Gefühls- und Gedankenenergien der Liebe. Mit großer Eindringlichkeit wird den Zuhörern vor Augen gehalten, wie wichtig es für die Rettung der Erde ist, daß Lichtträger auf der Erde «ihr Amt antreten», damit das Licht, das aus der Einheit auf den Planeten strömt, hier eine Resonanz findet, denn sonst kann es sich nicht verankern. Es braucht «die Antennen, die das Licht aufnehmen», denn «die Erde ist in allergrößter Not».

Die Botschaft macht klar, daß der freie Wille ein unwiderrufliches Geschenk des Vaters an Seine Kinder ist. Er kann es nicht zurücknehmen. Die Menschen sind und bleiben frei, zu handeln, wie sie wollen. Die Folgen ihres Tuns allerdings müssen sie tragen. Solange der freie Wille im Sinne des vom Ganzen abgetrennten, nur auf sich bedachten Egos genutzt wird, mündet schließlich alle Entwicklung in Leid und Zerstörung. Deshalb wird an die Fürbitte erinnert, die der Sohn vor zweitausend Jahren den Menschen mit dem Vaterunser ans Herz legte: «Dein Wille geschehe.» Ein Handeln nach diesem Leitwort schließt alles andere ein, was der Mensch zu seinem eigenen Heil und zur Heilung der Erde tun kann. Die besondere Zeitqualität, von der in den Botschaften so oft die Rede ist, kommt in der Fassung der Fürbitte zum Ausdruck, wie sie von der geistigen Welt als Titel für dieses Buch vorgeschlagen wurde: «Dein Wille geschehe jetzt!».

Auf einen anderen wichtigen Aspekt des freien Willens wies Herakles in einer Botschaft vom 30. Juni 1997 hin, die wir auszugsweise hier anschließen, weil sie von höchster Aktualität ist. Es geht nicht nur darum, dem eigenen freien Willen die beste überhaupt mögliche Ausrichtung zu geben, indem man ihn mit dem Willen des Allwissenden synchronisiert. Herakles hebt darauf ab, daß es auch darum gehe, das Geschenk des freien Willens zu nutzen, denn dazu wurde es dem Menschen gegeben. Wir sind also aufgefordert, dem hohen Rang dieser Gabe gerecht zu werden, indem wir eindeutige Entscheidungen treffen, hier ein klares Ja und dort ein klares Nein. Und er greift in diesem Zusammenhang eines jener Bilder Jesu auf, die ebenso drastisch wie einprägsam sind.

Vor dem Hintergrund des inzwischen heißer tobenden Kampfes zwischen Schatten und Licht unterstreicht Herakles, daß jeder Erdenbewohner gezwungen ist, seinen freien Willen einzusetzen und eindeutige Positionen zu beziehen, weil er sonst zur Beute dunkler Kräfte wird, die in höchst unliebsamer Weise jeden lauen Willen an sich reißen und manipulativ steuern.

Ein weiteres ist, daß ihr noch die Größe und die Macht eures Willens erkennt. Viele sind vom Wege abgekommen, weil sie ihren freien Willen nicht in Anspruch nahmen. So möchte ich heute in aller Ernsthaftigkeit noch dieses wichtige Wort anfügen: Es ist der Vater, der euch als höchstes geistiges Gut, als Geschenk aus Seinem Liebesherzen den freien Willen gab. Es ist an euch, dieses Geschenk anzunehmen, es zu achten, zu ehren und zu lieben, aber es ebenso zu verteidigen, denn es ist ein begehrtes Gut.

Viele Male wurde darum gerungen, euch diesen Willen zu entreißen. Wenn der Mensch nicht lernt, seinen Willen klar einzusetzen wie ein Schwert, um die eigenen Ziele zu erreichen, wenn er nicht über seinen Willen verfügt und nicht das Ja und nicht das Nein spricht, sondern lau ist, wenn er im ständigen «Vielleicht» bleibt und keine Entscheidung treffen will, sind die Lichtwesen aus den geistigen Bereichen nicht bereit, in diesen

Willen einzugreifen, denn sie beachten immer das Gesetz der Unantastbarkeit des freien Willens.

Gebraucht der Mensch dieses geistige Geschenk des Vaters nicht, kommt jedoch die unlichte Seite, reißt dieses Machtinstrument an sich und benutzt es für ihre Belange. Ein willenloser Mensch wird den Machenschaften des Unlichts unterliegen.

So denkt daran, daß alles, was ihr tut, von Wichtigkeit ist! Gebt allem Bedeutung und seid nicht gleichgültig in euren Worten, in euren Gefühlen, in euren Taten! Erachtet nichts als zu gering und seid euch allezeit bewußt, daß der freie Wille ein mächtiges Instrument ist, das euch als Geschenk gegeben wurde! Laßt es euch nicht entreißen, denn ihr werdet in den kommenden Zeiten vieles beobachten können, was euch in hohem Maße erschrecken wird! Dies werden die Resultate jener Machtübergriffe sein, die aus dem Bereich des Unlichts an jenen Menschen stattfanden, die ihren freien Willen zur Verfügung stellten und gleichgültig waren.

Dies ist das Wort aus der Offenbarung des Johannes, das Jesus einst an eine der Gemeinden richtete: «Weil du aber weder warm noch kalt, sondern lau bist, werde ich dich aus meinem Munde ausspeien.»* Damit ist gemeint, daß ihr das Geschenk des Vaters achten und ehren und seinen Wert erkennen sollt, denn euer freier Wille ist der Universalschlüssel, der es euch ermöglicht, alle Räume aufzuschließen, in denen eure Wünsche und Pläne Erfüllung finden.

Wenn ihr diesen Schlüssel weggebt, wird ihn ein anderer benutzen, und ihr werdet mit leeren Händen dastehen. Ich bitte euch eindringlich, dieses Wort mit großem Ernst zu beachten, denn die kommenden Zeiten und die Aufgaben, die vor euch stehen, werden in hohem Maße euren klaren, konsequenten Willen erfordern.

---

* Offb. 3,14

Das höchste Heilungsprinzip

2. Januar 1996

In der voranstehenden Botschaft vom 18. März 1995 ist die Rede von genetischer Manipulation der Menschenrasse und von Eingriffen über Bakterien und Viren mit dem Ziel, die Menschen am Erwachen des Bewußtseins zu hindern. Dies wirft neues Licht auf die weltweite Vermehrung der durch Viren bedingten Erkrankungen. Viren, seien sie nun von außerhalb der Erde eingeschleust, in wissenschaftlichen Labors künstlich hergestellt oder auf natürliche Weise auf der Erde entstanden, sind deshalb besonders tückisch, weil sie sich unheimlich schnell vermehren, sich in kürzester Zeit neuen Umweltbedingungen anpassen und immer neue pathogene Formen ausbilden. Schon die (im Vergleich mit den sogenannten Killerviren harmlosen) Grippeviren des einen Jahres haben wenig gemein mit denen des Folgejahres.

Virologen stehen ratlos vor den über 30 unbekannten Viren, die in den letzten zwei Jahrzehnten entdeckt wurden und von denen manche binnen weniger Tage tödlich wirken. Sie mußten feststellen, daß mehr und mehr Erreger resistent werden, also auf kein Medikament mehr ansprechen. Manche – wie das Marburger und das Ebola-Virus – treten kurzzeitig als Krankheitserreger in Erscheinung und scheinen sich dann wieder zurückzuziehen.

Der Aktualität wegen fügen wir hier Teile einer Botschaft vom 2. Januar 1996 ein, die Herakles an den TerrAmor-Arbeitskreis der Heiler richtete und in der er auf die zu erwartende weitere Entwicklung einging. Herakles erläuterte, daß bei allen Krankheiten die herkömmlichen Heilmittel mehr und mehr ihre Wirkung verlören, und zwar aufgrund der Veränderung des Schwingungsrhythmus der Erdatmosphäre durch die Atomversuche.

Meine herzlich geliebten Schüler, die ihr euch wiederum im Kreise der Liebenden versammelt habt, seid begrüßt! In diesem Augenblick feierlicher Stille begrüßt euch Herakles, der euch als Lehrer und Meister vertraut ist. Gott zum Gruße! Die Boten der Weisheit sind hier in einer großen Zahl anwesend, ebenso Santus mit seinen vielfältigen Helfern und der euch vertraute Sartorius ...

Die Krankheiten auf dem Erdball wachsen ins Unüberschaubare. In nahen Zeiten werden mehr und mehr unbekannte Viren, Bakterien und Keime auftreten, die neue Krankheiten auf den Erdball bringen. Die euch vertrauten Heilmethoden werden immer offensichtlicher keine Hilfe und Heilung mehr bewirken können.

Der Grund für diese Unwirksamkeit liegt in den Unterwasser-Atomversuchen in den Tiefen eurer Erde. Sie bringen die Energie- und Schwingungsrhythmen in eurer Atmosphäre durcheinander. Erinnert euch an jenen Augenblick, als wir mit dieser Schulung begannen und ich euch als das höchste Heilungsprinzip das Gebot der Liebe nannte. So wißt, dies bedeutet die Befreiung von der Materie. Einst wurde euch die Möglichkeit des Helfens und Heilens aus dem Grobstofflichen gegeben. Angepaßt an das Erwachen eures Bewußtseins ist dann die Heilmöglichkeit aus dem feinstofflichen Bereich zu euch gelangt, die Homöopathie und die Weise des Heilens mit Düften und Farben. Dies wird nun ebenso unwirksam, denn auch hier sind die Prinzipien aus dem Schwingungsrhythmus herausgefallen, sind die Gesetzmäßigkeiten durcheinandergeworfen worden.

Dem großen Schwingungsrhythmus im Kosmos, den Gesetzmäßigkeiten von Beginn und Ende, von Ursache und Wirkung, ist jedes andere euch bekannte oder unbekannte Prinzip untergeordnet. Die atmosphärischen Bedingungen haben nun diesen natürlichen Rhythmus so weitgehend in der Schwingungsfrequenz verändert, daß die untergeordneten Gesetzmäßigkeiten aus ihrem Wirkungsbereich herausgefallen sind. So wißt, darin drückt sich der Beginn des für euch noch unsichtbaren Chaos aus. Wenn sich ein Prinzip aus der eigenen Gesetzmäßigkeit herauslöst, wird es unwirksam, und die hierin enthaltenen Informationen sind nicht mehr in der logischen Reihenfolge, so daß die Energien sich nach dem Prinzip des Zufalls formieren. So habt ihr nicht vorhersehbare, nicht berechenbare Energien und Gegebenheiten. Das ist es, was sich augenblicklich mit den Prinzipien der euch vertrauten Naturheilmittel vollzieht.

Aus diesem Grunde habe ich zu euch über die Liebe im Bereich des Heilens gesprochen, denn die Liebe ist eine Kraft, die niemals aus dem eigenen Gesetz fällt. Das Prinzip der Liebe und des Lichts, die Manifestation von Gottes Geist, ist unauflöslich, ist unendlich, ist auf diese Weise nicht beeinflußbar.

Seid nun bereit, die stofflichen und feinstofflichen Heilweisen abzulegen, denn ihr werdet die euch vertrauten Resultate immer weniger und gar nicht mehr erzielen können! Lernt aus dem Geiste zu schöpfen, aus dem ihr selbst gewoben seid!

Lernt mit den Energien zu arbeiten, die unveränderbar sind! Erforscht die Gedankenkraft, denn sie wird euch schnell und konkret Hilfe bringen! Es ist an euch zu lernen, konzentriert und bewußt zu denken und die Gedanken zu kanalisieren.

Die Menschen haben durch äußere Beeinflussung, vor allen Dingen durch Genußmittel, welche stoffliche Abhängigkeit erzeugen, die Fähigkeit des bewußten, konzentrierten Denkens verloren. Die Gehirnzellen sind von Generation zu Generation mehr und mehr degeneriert. Hier ist eine manipulierende Energie wirksam, die von einem fernen Sonnensystem, von dem euch bereits berichtet worden ist, bewußt auf diesen Erdball gelenkt wurde. Eure Rettung, eure Heilung liegt im Erlernen des bewußten, konzentrierten Denkens. So werdet ihr gebeten, in den nächsten Zusammenkünften konkret zu arbeiten, und ihr werdet bei euch selbst die Schwierigkeit spüren, eure Gedanken über einen längeren Zeitraum auf einen Punkt zu konzentrieren ...

Geht also frisch an die Arbeit! Geht mit Mut und voller Erwartung ans Forschen und wißt, keiner von euch wird diesen Vorgang an sich erfahren, solange nicht das Vertrauen und der Glaube an die Wirklichkeit des wahren eigenen Seins erschaffen und gefestigt sind. Habt also Mut und wißt, ihr seid in diesem Kreis als Forschende, als Lernende berufen, das Bewußtsein und das Verständnis jener Gesetzmäßigkeiten zu erwerben, die nicht den äußeren Einflüssen aus eurer Atmosphäre oder aus der Unvernunft menschlichen Handelns unterworfen sind.

Habt Mut! Vieles ist vorbereitet. Das geistige Labor ist vollständig. So ist Freude in uns, und wir sind voll der Hoffnung, daß ihr mit Eifer, mit Ernsthaftigkeit den begonnenen Weg weitergeht. Ihr habt an eurer Seite eine Vielzahl von Helfern, denkt allezeit daran! Lernt, euch von den physischen Mitteln zu trennen und wendet euch in Zukunft den Prinzipien des Geistes zu! Lernt sie erstens zu verstehen und versucht zweitens, sie anzuwenden, experimentierend, forschend und Erfahrungen sammelnd.

Wendet euch also den geistigen Prinzipien zu, wie wir von Beginn an geraten haben. Wißt, es ist das Prinzip der Liebe, das wirksam Krankheiten besiegen kann. Es sind die Geisteskraft, die Gedankenkraft, die Konzentration und die Meditation, die

Großes vollbringen können. Auch die Kraft der Emotion kann heilen, wenn sie bewußt und konzentriert ausgesendet und hingelenkt wird. Euer astraler Energiekörper unterliegt einer schnellen, ständigen Veränderung, der sich die vorhandenen Heilmittel nicht anzupassen vermögen. Laßt also ab von ihnen und sucht die Zeit zu nutzen! Sie ist bemessen und kostbar. Lernt schnell, mit der Kraft aus dem Geiste umzugehen! Sie ist groß und vermag alles umzukehren.

Die hier anwesenden geistigen Lehrer haben ihre Arme geöffnet. Sie sind bereit, euch zu überschütten mit der Weisheit über die Gesetzmäßigkeiten, die unveränderbar sind und im Vater selbst ruhen. Segen über euch, Segen! Viel liegt vor euch ... Tut nun euren Teil hinzu, indem ein jeder von euch sich um die Reife und das Verantwortungsbewußtsein bemüht, die Voraussetzung sind, damit ihr das Wissen und Verstehen dieser Gesetzmäßigkeiten erlangt. Diese Gesetzmäßigkeiten werden dann wirksam, wenn ihr die Resonanz dazu in euch erschaffen habt.

Diese Resonanz ist erschaffen, wenn ihr aus reinem Herzen wirkt, aus dem Bestreben, euer Bewußtsein mehr und mehr zu öffnen, und wenn ihr in dem Wunsch tätig seid, für das Leben selbst und für jedes lebende Individuum ein lebendiger Segen zu sein. Wenn euer Bewußtsein in diesen Qualitäten glänzt und diese Wesenszüge in euch verankert sind, habt ihr die notwendige Resonanz und sodann die Wirksamkeit der Prinzipien. Segen über euch! Es sprach zu euch Herakles.

Schon bald nach der Botschaft vom 18. März 1995, nämlich am 13. Mai 1995, wird konkret von einer neuen Seuche gesprochen, die durch Bakterien und Bazillen ausgelöst worden sei und sich nicht nur im physischen, sondern auch im Emotional- und im Geistkörper auswirke. «Wir hatten euch vor ihrem Eintreffen gewarnt.» Sie erzeuge Aggression und Haß und entzweie die Menschen. Aber dort heißt es auch, daß die Macht der Liebe gegen diese Seuche immun mache und daß die Macht der Liebe die Seuche besiegen könne, wenn sie bereits Menschen befallen habe.

Nachdem Herakles auf den Zusammenhang zwischen den Atomversuchen und dem Unwirksamwerden der Heilmittel aufmerksam gemacht hat, seien an dieser Stelle einige weitere Folgen der Atomtests genannt, die in verschiedenen Durchsagen angesprochen wurden. Eine davon ist die Magnetfeldverschiebung im Inneren der Erde. Die Magnetfelder weisen den großen

Meeressäugetieren den Weg. Durch die Veränderung des Magnetfeldes folgen sie falschen Fährten, und es mehren sich die Fälle, wo Pottwale und andere große Meeressäuger sich verirren und im Flachwasser verenden.

Eine andere Folge der Atomversuche ist die zunehmende Radioaktivität in unserer Atmosphäre. Das «Seeungeheuer», von dessen Fund die Medien berichteten, war eine Mutation aus dem Bereich der Walfamilie. Die Radioaktivität, so wurde uns mitgeteilt, hat in der genetischen Struktur dieses Tieres eine konkrete Degeneration ausgelöst, und die Reaktion darauf war die schnelle Mutation in eine unförmige Körpergestalt. Und dies wiederum ist eine Vorstufe der Fortpflanzungsunfähigkeit. Viele Meerestiere sind bereits nicht mehr fortpflanzungsfähig. Daran kann die Menschheit ablesen, wo sie selber steht. Durch die Radioaktivität werden auch immer mehr Menschen unfruchtbar, sowohl Frauen als auch Männer.

Im Jahre 1995 wies Herakles mehrfach auf die Gefahr vermehrter Flugunfälle als weitere Auswirkung der Atomtests hin. Inzwischen kann jeder die immer dichter werdende Abfolge von Flugzeugabstürzen in den Nachrichten verfolgen. Am 6. März 1996 sagte Herakles hierzu:

Ich habe den Auftrag, zusammengefaßt über das zu sprechen, was in Bälde vor euch steht. Ich habe euch bereits Aufschluß über die Rhythmusstörung der Schwingungsfrequenz in eurer Erdatmosphäre gegeben, und ihr wurdet über die Auswirkungen unterrichtet, daß dadurch auch die dem Rhythmus der Erdatmosphäre untergeordneten Prinzipien aus ihrer Gesetzmäßigkeit fallen werden. Diese Auswirkungen werden auf eurem Erdball nun bald konkret sichtbar.

In der kommenden Zeit wird sich die Wasserqualität mehr und mehr verschlechtern. Die Chemikalien, die ihr zur Reinigung und Aufbereitung des Wassers verwendet, befinden sich in der Auflösung. Sie fallen aus der besagten Gesetzmäßigkeit heraus, und ihr werdet bald nicht mehr fähig sein, eurem Wasser die vertraute Qualität zu geben. Es ist bereits in hohem Maße belastet, und seine Qualität wird sich künftig aus dem genannten Grunde weiter verschlechtern.

Es wird im Bereich der Technik zu vermehrten Unglücksfällen kommen, denn die technischen Gerätschaften reagieren ebenso auf die atmosphärische Einwirkung. Hier ist die Rhythmusstörung konkret wahrnehmbar. Die technischen Meßgeräte werden in vermehrtem Maße falsche Daten anzeigen. Nehmt diesen Faktor in euer Bewußtsein und beobachtet! Lenkt also bitte eure Aufmerksamkeit auf die Qualität des Wassers und auf die technischen Geräte, denn hier wird die Störung als Reaktion auf die Rhythmusstörung im Energiebereich der Erdatmosphäre bald offensichtlich werden.

Wenn sich also Flugzeugunfälle immer stärker häufen, handelt es sich nicht um einen unerklärbaren Schicksalsschlag und auch nicht um eine Strafe Gottes, sondern um eine normale physikalische Reaktion auf menschliches Handeln – so wie die sich steigernden Naturkatastrophen immer klarer als von Menschen verursachte Kulturkatastrophen erkannt werden. 1996 wurden vermehrt wieder Atomversuche aufgenommen. Welche Gefahren aus höherer geistiger Sicht darin für die gesamte Erde lagen, mögen die folgenden Zitate veranschaulichen. Sie bestätigen die Berechtigung des tief sitzenden Mißtrauens gegen die Atomspaltung und die Atomversuche, dem nicht nur die Naturvölker, sondern auch die Bevölkerungen in den Industrienationen immer wieder in Protestaktionen Ausdruck verliehen haben.

Die Elemente reagieren nun direkt auf die unterirdischen Atomversuche. Das Ausmaß der erzeugten Wellen ist unüberschaubar (10. Februar 1996).

Die Naturgewalten auf der Erdenwelt werden sich nun immer stärker aktivieren. Auch Deutschland wird direkt mit den Naturgewalten und den Gesetzen aus dem Bereich der Elemente konfrontiert werden (9. März 1996).

Die Erdenmenschen haben aus Unwissenheit über die nuklearen Energien und durch das leichtfertige Arbeiten in ihren Atomkraftwerken den von uns errichteten Schutzmantel um die Erde zerstört. Die freigesetzten Energien bedrohen die Nachbarplaneten (20. April 1996).

Der Erdball hat über viele Zeiten hinweg all die Leiden, Nöte, Krankheiten und Schmerzen getragen, die unablässig vom Tun des Menschen ausgehen. Nun kommt der direkte Angriff aus dem Ehrgeiz des menschlichen Verstandes, der um des Ruhmes und der Materie willen versucht, sich ein Reich des Wissens zu eröffnen. Und dennoch greift er in gänzlicher Unwissenheit tief in die Gesetze der Schöpfung ein. Was ihr als die Arbeit mit den atomaren Waffen kennt, hat dem Erdball Angst bereitet. Diese Angst wiederum hat die Kraft der Erde gelähmt, die Kraft, die benötigt wird, um das Leben zu erhalten, um all die Krankheiten und Leiden umzuwandeln (10. Mai 1996).

Die kommenden Veränderungen werden aus den Bereichen der Naturelemente eingeleitet werden als eine Reaktion auf das Gedankengut der Menschen im Verbund mit den Atomversuchen, die immer noch auf eurer Erde stattfinden. Wenn ihr das Wissen über die Essenz des Atoms habt, werdet ihr bestürzt und erschüttert sein über die Handlungsweise des unbewußten Menschen, der hier direkt in die Schöpfung Gottes eingegriffen hat (10. Mai 1996).

Ihr werdet die Kräfte und Auswirkungen der erhöhten Radioaktivität bestehen müssen, die in eurer Atmosphäre nun vorhanden ist. Eure atomaren Kraftwerke sind nicht stabil, sind nicht sicher. Aus den Rissen, die in den Fundamenten dieser Werke vorhanden sind, treten ständig radioaktive Strahlen aus, und diese verbinden sich in der Atmosphäre mit den freigesetzten radioaktiven Strömungen, die durch die Atomversuche erzeugt werden, die auf eurer Erde nun ständig stattfinden (22. Juni 1996).

Es ist an euch, die Erde zu verwandeln

25. März 1995

Ihr vielgeliebten Menschen, seid herzlich begrüßt zu diesem Zusammenfinden der Seelen aus den diesseitigen wie aus den jenseitigen Bereichen! Gott zum Gruße! Es spricht einer zu euch, der am Thron des Vaters in der Einheit als ein Auge der Wachsamkeit dient. Meine Wesenheit ist eins mit den vielen, die in diesen Ebenen in ewiger, unendlicher Vollkommenheit und Liebe miteinander verbunden sind. Ich bin einer von den Zwölfen, die unablässig in der Wachsamkeit den Thron der allerhöchsten Macht umringen.

Wir haben den Worten gelauscht, die ihr vor unserem Eintreffen ausgetauscht habt. Wir sind bemüht, unsere Worte nach eurem Verständnis zu formen. Doch besteht noch eine Kluft zwischen euch und uns. Unsere Worte kommen aus dem Ursprung der Liebe selbst. Wißt, die ihr die Worte nur unklar vernehmen könnt: Es ist der Abstand, den ihr zwischen euch und der Liebe geschaffen habt. Die Entfernung vom Vaterhaus hat einen Schleier über euer Bewußtsein und euer Verständnis gelegt. Es ist an euch, umzukehren. Mit jedem Schritt, mit dem ihr euch der Liebe und dem Licht nähert, werden die aus unseren Reihen gesendeten Worte für euer Verständnis klarer.

Es liegt in der Qualität dieser Erdenzeit, daß unablässig dunkle Schleier auf euer Bewußtsein gelegt werden. Dies, geliebte Kinder des Vaters, geschieht nach einem Plan derer, die in der Dunkelheit sind und sich vom Licht und der Liebe abgewendet haben. Die Mächtigen in diesem System sind bestrebt, ständig aufs neue Nebel auf eure Augen, auf eure Herzen und auf eure Gedanken zu legen. Deshalb ist es sehr beschwerlich für euch, den Weg zu erkennen, der zur Quelle zurückführt, der ihr alle einst entsprungen seid.

Es ist der Plan dieses Systems, welches das Weltgeschehen in großem Maße gestaltet, euch von eurer Quelle abzutrennen. Ihr werdet in vielen Bereichen eures Lebens fremdbestimmt. Hier vollzieht sich ein uralter Plan, dessen ihr euch nicht bewußt seid. Er ist geschickt und weise getarnt. Deshalb erkennt ihr nicht den Stachel der Gefahr, der euch jeden Tag aufs neue bedroht, euch und die, mit denen ihr lebt und wirkt. Euer Erdenplanet ist ein Juwel in diesem Sonnensystem und deshalb von vielerlei Lebewesen begehrt, die sich außerhalb und innerhalb eures Sonnensystems und auf der physischen, astralen und geistigen Ebene eures Planeten befinden.

Einst wurde dieser Erdball aus Licht erschaffen und dem Menschen als Heimstatt übergeben, damit er sich selbst erkenne in der Freiheit seines Willens, die ein Geschenk des Vaters selbst ist. Der Mensch hat kraft seiner Willensfreiheit den Planeten mit seinen Gedanken, seinem Bewußtsein und seinen Emotionen gestaltet. Der Mensch wurde von vielerlei Ebenen aus in seiner Entfaltung und in seinem Wachsen beobachtet. Wesen von außerhalb gelangten zu euch in der Absicht, sich die Schöpfung Mensch zur eigenen Verherrlichung dienstbar zu machen. Diese Wesen, die sich in einem Stadium zwischen Geist und Mensch befinden, haben mit Hilfe ihrer Intelligenz und ihrer Geisteskräfte auf die Gedankenprozesse des Menschen eingewirkt und ihn durch vielerlei Methoden irregeführt.

Es ist diesen Wesen möglich, aus ihren Daseinsebenen heraus Gedankeneinblendungen zu senden, die auf der Erde als Realität wahrgenommen werden. So wurden euch über viele Jahrhunderte hinweg in eurer Entwicklung immer wieder Bilder vermittelt, die euch verführten, nicht aus euch selbst heraus zu denken und zu handeln. Diese holographischen Einblendungen, die ihr euch wie Filme vorstellen könnt, die auf die Erde gesendet wurden, haben ganze Völker verführt. Es sind Trugbilder. In eurem Land ist vor eurer Zeit einer [Hitler] diesen Einblendungen in großem Maße erlegen. Diese Seele verweilt nun im astralen Schlaf. Sie hat während der Erdenlebenszeit Macht und Ansehen errungen und viele Menschen verführt und mißbraucht. Viele Jünger dieser schlafenden Seele sind erneut auf der Erde und versuchen, diese Macht weiter auszuüben und diesen Einblendungen auf der Erde Raum zu verschaffen.

Ihr seid hier zusammengekommen, um etwas über die künftigen Dinge zu erfahren. So sollt ihr in der Vorausschau wissen, daß in der kommenden Zeit weitere Einblendungen gesendet werden, die euch angebliche Tatsachen vor Augen führen.

Die Seele, durch die ich spreche, ist irritiert. So verweilt einen Augenblick!

(An dieser Stelle spürte Susanne als mediale Mittlerin, daß unreine Energien sich einmischen wollten, und brach deshalb die Durchsage sofort ab. Nach einer kleinen Pause meldete sich durch sie der Erzengel Michael, der das «Erlebnis» der ungewöhnlichen Unterbrechung der Botschaft näher erklärte.)

Auch ich begrüße euch im Namen der Liebe auf das herzlichste. Ich bin der, den ihr als Michael kennt. Ihr habt soeben die Worte aus der Einheit vernommen. Nehmt dieses Erlebnis als Warnung und erkennt daran die große Bedeutung der Zeit, in der ihr lebt. Ihr seid umgeben von denen, die euch im Geiste führen. Und in einem weiteren Umkreis seid ihr umgeben von den Mächten der Dunkelheit, die zu euch gelangen wollen. So bin ich zu euch entsandt und rufe im Namen dessen, der auch mich gesandt hat, den Boten des Schwertes: Sarahel.

Gehe Du, Sarahel, im Namen des Vaters durch diese Reihen und trenne alles ab, was nicht im Licht und in der Wahrheit ist! Gehe mit den Deinen durch alle Bereiche hindurch und befreie sie von den Verstrickungen des Unsichtbaren, das in den Bereich der Lichtsuchenden eindringen will! Wir übergeben alle störenden Einflüsse, alle Schwingungen, Energien und Wesenheiten, die dieser Arbeit, diesem Zusammensein nicht dienlich sind, in die Obhut und Verantwortung Sarahels.

So seid ihr gesegnet. In eurer Mitte befindet sich nun der Engel Sarahel, der befugt und beauftragt ist, mit seiner Kraft die Störungen und Blockaden zu entfernen. Verbindet euch untereinander durch Gedanken des Lichts, auf daß ihr in den eigenen Reihen stark werdet, denn seht, ihr, die ihr euch zusammengefunden habt, um zu hören, was in Bälde geschehen soll, werdet angegriffen. Wie vieles zuvor soll auch dies verhindert werden. So bitte ich euch: Verbindet euch in euren Herzen und in euren Gedanken und laßt das Licht und die Liebe mitten unter euch sein! Umringt den Teppich, auf dem das Wort des Lichtes zu euch gelangen kann! Der Bote ist zu euch unterwegs. Er hat den großen Wunsch, weiter zu euch zu sprechen. So gehe ich zurück in meinen Bereich. Der Friede sei mit euch! Seid gesegnet! Bleibt verbunden in der Liebe! Es sprach Michael. In großer Liebe, Gott zum Gruße!

Gott zum Gruße! Hier ist noch einmal eines der Augen, das in Wachsamkeit den Thron des Vaters umringt. So laßt uns von den künftigen Dingen sprechen! Der Vater ist dabei, Seinen Plan zu vollziehen, der bereits vor Anbeginn der Erde bestand. Und auch ihr wart als die Lichtpunkte, als die Boten der Wahrheit in diesen Plan eingebunden, noch bevor der Erde Grund gelegt wurde. Ihr habt euch hier eingefunden als die lebendigen Funken des Vaters, die sich zur Zeit der größten Dunkelheit auf dem Erdball manifestieren.

Eurer Erde steht eine große Verwandlung bevor. Ihr Innerstes wird sich nach außen stülpen. Alles wird vom Erdball hinweggenommen werden, was in seiner Daseinsform und Qualität nicht dem entspricht, was aus der Quelle selbst in Vollkommenheit, Reinheit und Schönheit gesendet wird. So wird zur gegebenen Zeit der Kampf zwischen Schatten und Licht auf eurem Erdball ausgetragen. Dieser Kampf wird sich nun immer deutlicher sichtbar zeigen. Ihr erlebt ihn in den Bereichen eures Seins. Es sind die Situationen an euren Arbeitsplätzen und in euren Familien, wo ihr täglich aufs neue einen Kampf zu bestehen habt. Er ist euch aus den Reihen der Dunkelheit auferlegt, denn die Dunkelheit will nicht von diesem Planeten weichen. Die Erde wird auf ihre Wiedergeburt und die Auferstehung des gänzlich Neuen vorbereitet. Und der Schatten will mitgeboren werden in dieses neue Lichtreich hinein.

So haftet sich der Schatten an eure Bereiche. Er versucht, eure Gedankenkräfte und Emotionen zu vernebeln und in eine falsche Bahn zu lenken. Hört, ihr Kinder des Lichtes, es ist heute nur mit großer Anstrengung möglich, auf diese Weise zu euch zu sprechen. So seid wachsam und nehmt die Worte wie kostbare Perlen, denn die Erde wird sich in den kommenden Zeiten in einer immer dichteren Energie befinden, die von der Dunkelheit manifestiert wird. Und mit jeder Manifestation der Dunkelheit wird es für uns, die wir uns in einer hohen, lichten Ebene bewegen, schwerer, zu euch durchzudringen. So seid ihr aufs neue aufgerufen: Findet zu eurem wahren Sein und werdet, was ihr vom Beginn eurer Erschaffung an seid! Seid Licht und werdet zu immer größerem Licht in der Dunkelheit der Geschehnisse auf der Erde! Der Kampf zwischen Schatten und Licht wird sich nun immer deutlicher abzeichnen. Der Kampf wird in dem Maße zum Siege führen, wie ihr bereit seid, als Licht in der Dunkelheit zu leben.

Einst hörtet ihr von einem Jerusalem. Ihr kennt es aus der Zeit, als der Sohn der Einheit auf der Erde wandelte. Jerusalem in seiner Pracht wurde hinweggenommen. In den Himmeln, in den höchsten geistigen Bereichen, wurde ein neues Jerusalem erschaffen, das neue himmlische Jerusalem. Dieses Jerusalem, das im Geiste lebt, ist das Vorbild der neuen Erde, die da kommen soll. Dieses heilige geistige Jerusalem soll auf euren Erdball gelangen.

So hat denn der Vater, der Schöpfer, das neue Sein der künftigen Erde im geistigen Bereich bereits geformt, so wie auch ihr in euren geistigen Bereichen durch Gedanken eure Welten formt. Das neue himmlische Jerusalem, das in den geistigen Gefilden schon existiert, wird durch die Lichtkraft, die ihr aufgerufen seid zu entfachen, die ihr aufgerufen und gebeten seid zu entzünden, auf den Erdball hinabgezogen. So ist es an euch, die Welt zu bewegen, daß sie sich verändert. Das Schicksal der Erde liegt in euren Händen. Ihr, die ihr die Lichtpunkte des Vaters seid, werdet gebeten, in der Dunkelheit zu leuchten und eure Herzen mit dem Feuer der Liebe zu entfachen.

Einst kam der Sohn der Einheit auf die Erde und zündete in den Herzen derer das Feuer an, die den Wunsch und die Sehnsucht hatten, zurückzugelangen zu ihrem Ursprung der Liebe, zu ihrem eigenen Sein. Die Mächte der Dunkelheit versuchten, mit aller Kraft das Feuer zu löschen. Und viele aus euren Reihen gingen aus ihrem Licht heraus und erlagen dem Joch, der Last. Nun sind in den geistigen Bereichen der Himmel die Engel und Boten und auch eure geistigen Führer versammelt und sehen voller Erwartung zur Erde hinab auf die Funken des Lichts, die aufgerufen sind, aus ihrem eigenen Sein zu wirken. Hier in den Himmeln ist alles vorbereitet, Jerusalem auf den Erdball hinabzubringen. So ist der Teil, den wir zu vollbringen haben, vollendet. Jetzt sendet der Vater die Boten, so auch mich. Ich bin aufgerufen, euch als die, die entsandt sind, zu bitten, nun in eurem ursprünglichen Auftrag tätig zu werden. Denn einst habt ihr den Himmel verlassen, um in die Dunkelheit zu gehen und die zu retten, die unwissend und kraftlos sind.

Die Dunkelheit ist gar mächtig und groß. Das Licht ist klein und dennoch unauslöschlich. Wenn ihr in der Liebe brennt, ein jeder für sich und doch im Geist und in der Liebe miteinander verbunden, seid ihr das Licht der Welt. Ihr wurdet, ein jeder, gesandt, die Nachfolge dessen anzutreten, der euch vorausgegangen ist. Es ist der Wunsch des Vaters und es ist der Wunsch des Sohnes, daß ihr euer Licht leuchten laßt in der Dunkelheit, bis diese angesichts der Liebe und des Lichtes von der Erde weichen muß. Sodann werden wir das neue Jerusalem, das der ganze Erdball sein wird, hinabbringen zu euch. Das neue Jerusalem, es ist vorbereitet, es ist erschaffen, es ist vollendet. Und an den vier Enden der Erde, im Norden und Süden und Osten und Westen, stehen die vier Engel, die die Elemente in ihren Händen halten. Sie warten auf das Wort des Vaters, und so Er es spricht, werden sich ihre Hände öffnen, und die Gewalt des Windes, des Feuers, des Wassers wird zur Erde hinabgelangen. Die Elemente werden ihren Teil vollziehen und den Plan des Vaters, der in der Vollkommenheit und in der Liebe ist, erfüllen. Dies ist das eine.

Eine große Heerschar ist bereitet, die euch im Geist und in der Liebe verbunden ist. Es sind die Brüder in den Sternen. Sie haben sich, ein jeder an seinem Platz, eingefunden und sind ebenso bereit, auf das Wort hin zu wirken. Die Sternenbrüder werden zur rechten Zeit kommen, wenn die Erde neu geboren wird. So werdet ihr in die Schiffe der Himmel genommen und von der physischen Erde weggebracht. Ihr werdet mit euren eigenen Augen von oben ihre Neugeburt sehen.

Der Planet Erde wird sich öffnen und alle, alle Kraft der Dunkelheit ausspeien, die in seinem Inneren manifestiert und mit einer Kraft weit außerhalb eurer Sterne verbunden ist. Die Wesenheiten, die die Gestalt von Menschen als Maske tragen und über euren Erdenplaneten gehen, erneuern sich ständig in dieser Kraft von außerhalb und von innerhalb der Erde. Ihr wißt, daß sie die Absicht verfolgen, euch daran zu hindern, als Licht zu wirken. So seid wachsam, ihr Geliebten, die ihr als Lichtboten auf dieser Erde wandelt! Das Weltgeschehen ist in euren Händen. Seid wachsam, seid beständig und treu!

Viele Augen aus vielerlei Ebenen sind auf euch gerichtet, und die Macht der Dunkelheit versucht, euer Licht zu löschen. Nicht die Vielzahl derer, die kämpfen, wird siegen, sondern es ist das Licht, das siegen wird. Und wenn ihr auch als meine kleine Herde in diese Dunkelheit kamt, werdet ihr dennoch die sein, die den Sieg erringen. Bleibt in der Liebe und in inniger Verbundenheit! Der Planet Erde ist die Heimat, die euch als euer rechtmäßiger Anteil vom Vater übergeben wurde. Sie soll nun in den Zustand der Vollkommenheit, der Liebe selbst, verwandelt werden. Und ihr werdet darauf leben nach euren Wünschen.

Ich wiederhole: Vollendet ist das geistige Jerusalem; der Geist des Windes, der Geist des Feuers und der Geist des Wassers sind vorbereitet, und auch der Geist der Erde ist in die Kräfte der Elemente eingebunden; und das Reich der Sternenbrüder steht ebenso bereit.

So ist nun die Zeit des Menschen. Es ist an euch, an euch, die Erde zu verwandeln! Wirkt als das Licht der Welt! Jetzt ist die Zeit der Vollendung, und alles, was euch verheißen ward, geschieht im Hier und Heute. Ihr seid die Lichter, die die Messer und die Speere, die Schwerter und die Gewehre sammeln sollen.* Sammelt sie, bringt sie an einen Ort und schmiedet daraus die neue Erde! Diese neue Zeit wurde euch verheißen. Euch wurde das neue Jerusalem verheißen.** Nun denn - es ist vollendet.

An euch ist es, den Teil zu vollbringen, den die Erde zu vollziehen hat. In den Himmeln sind alle Vorbereitungen beendet. Ein großes Fest ist vorbereitet, gleich einer Hochzeit. Danach wird sich der Himmel mit der Erde verbinden. Die Schleier der unsichtbaren Bereiche werden hinweggehoben, und der Tod wird nicht mehr sein, noch Trauer noch Geschrei noch Leid wird mehr sein.*** Es wird eine neue Erde und ein neuer Himmel sein. Zwischen allen Menschen werden Liebe, Eintracht und Frieden herrschen.

Jedoch ist es an euch, den letzten Teil zu vollbringen. Acht Neuntel sind vollendet, sind vollzogen. Ihr Boten des Lichtes,

---

* Jesaja 2,4
** Offb. 21
*** Offb. 21,4

leuchtet in der Liebe und zündet das Licht in jedem an, der euch auf eurem Weg begegnet! Gebt das Licht und die Liebe weiter und betet für das neue Jerusalem! Findet euch immer wieder im Geist der Liebe zusammen und gewährt euch gegenseitig Schutz und Halt, Verständnis und Hilfe! Denn seht euch um, ein jeder von euch, der bereit ist, dem Licht zu dienen, findet die Kräfte der unsichtbaren Dunkelheit hinter seinem Rücken. Viele Boten des Unlichts drängen sich zu euch mit langen Schwertern. Nehmt dies als Zeichen der Bedeutung dieser Zeit! Die Wesen sind voller Angst, denn sie kennen den Plan und sind sich bewußt, daß ihre Zeit in Kürze beendet ist. Sie versuchen mit Macht, sich an eurem Licht, an euren Kräften zu bereichern.

In den Himmeln ist das große Fest vorbereitet, die Trauer beendet. Die Engel reichen sich die Hände, und in einem Abstand umkreisen sie die Erde in ihrer Lichtigkeit. Auch ihr, die Lichtfunken, bildet einen Lichtkreis. Helft euch und gebt euch gegenseitig Kraft! Ein jeglicher gewähre dem Nächsten Schutz und Liebe! Wenn ihr den Lichtkreis ebenso vollendet habt wie wir hier in den unsichtbaren Bereichen, kann sich das Licht aus der Quelle in die Erde hinein transformieren. So liegt der Zeitpunkt der Veränderung, der Zeitpunkt des Umstülpens, in euren Händen. Fragt also nicht mit bangem Herzen: «Wie lange noch?» Fragt nicht nach Stunden, Tagen oder Jahren! In euren Händen liegt das Schicksal eurer Erde. Wenn ihr in der Lichtkraft seid, könnt ihr die Zeit verkürzen.

Geht also und leuchtet! Leuchtet mit Macht und laßt mit jedem Atemzug die Liebe in euch wachsen! Laßt die Liebe über eure Gedanken und Gefühle herrschen und achtet auf das, was euren Mund, was euren Kopf verläßt! Sprecht mit eurem Mund nur Worte der Liebe und der Wahrheit, und sendet aus eurem Kopf nur Gedanken der Liebe in das Universum, in das künftige Reich! Vergeßt nicht, die dunklen Wesenheiten, die sich auf der Erde und um die Erde formiert haben und euch vernichten wollen, verfügen über eine große Kraft und eine Vielzahl von Energien. Sie sind von großem Wissen und hoher Intelligenz. Sie haben jedoch keine Gefühle. So seid ihr mit den Waffen der Liebe unschlagbar. Sie versuchen, an eure Gefühle zu gelangen, indem sie sie abstumpfen, blockieren und vernebeln.

Die Liebe in eurem Herzen ist die größte Macht im Diesseits wie im Jenseits. Ergreift also das Schwert der Liebe und kämpft gegen diese Wesen, die sich auf der Erde vermehren wollen und sich an den Energien eurer Emotionen und Gedanken bereichern! Sie haben sich über viele Generationen hinweg mit ihrer Gedankenkraft an eurem Dasein bereichert, doch ihr habt die Ausbeutung eurer geistigen Potentiale nicht bemerkt. So seid ihr aufgerufen, das Licht, das ihr selbst seid, heller erstrahlen zu lassen. Je mehr ihr die Lichtigkeit in euch erhöht, desto mehr Weisheit und Verständnis eures eigenen Seins wird euch zuteil. Licht ist Weisheit, und je mehr ihr euch in das Licht begebt und selbst zum Licht werdet, desto mehr Wissen wächst euch zu, und ihr werdet verstehen, ohne daß es der gesprochenen oder geschriebenen Worte bedarf.

Im Anfang war das Wort. Und das Wort war Gott. Und das Wort, das Gott war, sprach: «Es werde!» Und es ward Licht. So wurde die Weisheit geboren, denn Licht ist Sehen und Erkennen, ist Wissen und Verstehen. Dunkelheit ist Unwissenheit und Kälte. Werdet immer mehr zum Licht, erlöst alle dunklen Aspekte in euren Gefühlen und Gedanken, in eurem Sein! Mit jedem Teil, den ihr aus der Dunkelheit erlöst und durch Lichtkraft ersetzt, erkennt und versteht ihr mehr von euch selbst und den Dingen, die euch umgeben und die waren, sind und sein werden. All dies ist dann in euch vorhanden.

Ihr braucht nicht die vielen Schulen zu durchlaufen, die ihr in eurem begrenzten Denken geschaffen habt. Ihr bedürft nicht der vielen geschriebenen Worte. Die Weisheit ist in einem jeglichen von euch verankert. Nur die Dunkelheit, die in kleinen Teilen in euch vorhanden ist, verhindert, daß ihr klar und deutlich erkennt. Jetzt ist nicht die Zeit, nach Beweisen zu suchen. Jetzt ist die Zeit, einfach zu leuchten, Licht zu sein und zu leben. Wenn ihr das Dunkle, die Unwissenheit, gänzlich in euch erlöst habt, werdet ihr selbst sehen. Ihr werdet nicht glauben, ihr werdet sehen und verstehen. Die Wahrheit, die Liebe und das Licht sind in euch gebunden, im Innersten eures Seins. Eure Grundsubstanz ist Licht. Ihr seid Licht. Ihr seid aus dem Licht geboren und in die Dunkelheit gefallen, und die Dunkelheit ist nichts anderes als Unwissenheit. So kehrt zu eurem Ursprung zurück!

So ihr aus eigener Kraft gänzlich zu Licht geworden seid, seid ihr in der Weisheit. Dann ist es euch möglich, die geistigen Augen zu öffnen, und ihr werdet klar und deutlich die Wahrheit erkennen, die da ist, die da war und die da allezeit sein wird. Ihr braucht nicht zu suchen, ihr braucht nicht zu beweisen, ihr werdet sehen. Ihr werdet sehen, ihr werdet hören, ihr werdet spüren, und ihr werdet verstehen. Und alles, was ihr seht, hört, spürt und versteht, ist euch von eurem Ursprung her bekannt. Sucht nicht im Äußeren Hilfe! Alle Macht, Befähigung und Hilfe liegen in euch. Wartet nicht auf jemanden, der kommt und die Waffen einsammelt! Nein, ihr seid aufgerufen. Von euch war in den alten Büchern die Rede. Die alten Schriften haben von euch Kunde gegeben. Also ist die Zeit vollendet. Das Wort ist an euch gerichtet. So seid mutig und bereitet die Erde vor, damit sie das neue Jerusalem empfangen kann!

Geht hin und tut euren Teil! Geht als lebendiges Licht über die Erde und entfacht das Feuer der Liebe! Wenn ihr die Welt mit eurer Liebe und eurer Leuchtkraft in Brand gesetzt habt, wird das neue Jerusalem zu euch gelangen.

Der Vater ist in großer Freude, euch den Schlüssel der Vollkommenheit zurückzugeben. In den kommenden Zeiten werdet ihr auf unterschiedlichste Weise mit dem Glanz der Materie und dem Glanz des Ruhmes in die Versuchung geführt werden. Seid wachsam, geliebte Kinder, seid wachsam! Geht hinaus aus dieser Welt, geht hinaus aus diesem System, denn bald wird es nicht mehr sein! Versammelt euch von Zeit zu Zeit außerhalb dieses Systems, reicht euch in Brüderlichkeit die Hände und schenkt euch Liebe und Verständnis!

Ich habe unter großen Schwierigkeiten zu euch gesprochen. Es ist so vieles an Weisheit und Information für euch vorbereitet. Die Kraft der Dunkelheit jedoch ist aktiv und versucht zu verhindern, daß dies zu euch gelangt. Dies ist eine große Stunde. Nehmt die gesprochenen Worte als Samenkörner für die Pflanzen, die allezeit in euch wachsen sollen! Ihr seid die Wegbereiter für das neue Jerusalem. Es ist eine Herrlichkeit bereitet, die zu erschauen euch noch nicht möglich ist, denn den Glanz und die Herrlichkeit des neuen Jerusalem könnt ihr in der jetzigen Form eures physischen Kleides noch nicht ertragen.

So wißt wohl, auch auf der Erde sind die Vorbereitungen im vollen Gange. Die energetischen Einwirkungen werden sich in den kommenden Zeiten um ein Vielfaches erhöhen. So seid nicht irritiert oder in Furcht, wenn ihr nachts aus dem Schlaf erwacht und ein Zittern am Körper spürt! Wenn ihr die Vibration eurer Nerven wahrnehmt, bleibt ruhig und voller Freude! Es ist das Licht, das auf diese Weise zu euch gelangt und euch vorbereitet für eine neue Dimension des Seins. So werdet ihr durch die energetischen Einflüsse, die euch unablässig gesendet werden, mit jedem Atemzug in eine größere Lichtigkeit eingeschwungen. So seid voll der Freude, voll der Dankbarkeit!

Ihr seid im Schutz, ihr seid im Segen, und ihr seid in der unendlichen Liebe des Vaters. Alles, was im Dienst der Liebe geschehen ist, soll dem Vater zur Ehre gereichen und der Erde zur Befreiung. Ihr seid die Wegbereiter für die neue Erde und die neue Zeit. Erachtet euch nicht als zu gering! Ihr seid vom Vater gesandt und habt euch selbst berufen. Ihr habt den Plan geschmiedet, lange bevor ihr den Erdball betratet. Und etliche außerhalb dieses Raumes, die jetzt auf der ganzen Erde verteilt leben, gehören ebenso zu euch und stehen in der Kraft des Lichtes.

Euer Erdball ist eingehüllt wie ein Kind, das von der fürsorglichen Mutter mit einer Decke vor der Kälte geschützt wird. So seid auch ihr in diesen Schutz und in diese Liebe eingebunden. Geht also in die Dunkelheit hinaus und fürchtet nichts!

Wenn sich die Wogen der Dunkelheit wider euch erheben, geht mit einem Lächeln darüber hinweg und wißt, die Dunkelheit kann das Licht nicht löschen, doch das Licht löscht wohl die Dunkelheit. So leuchtet und leuchtet und fürchtet die Dunkelheit nicht, denn ihre Zeit ist bald beendet! In den himmlischen Bereichen ist alles vorbereitet. Die Tafel ist gedeckt, die Gäste werden erwartet.

Nun denn, geliebtes kleines Volk, gehe hinaus aus diesem System und bereite die Erde auf das neue Jerusalem vor! Ihr seid die Gäste, die zum großen Mahle geladen sind. Die Chöre sind in einer großen Pracht bereitgestellt, und es stimmen die ersten ihre Psalmen an. Ein großes Hallelujah ertönt in den unsichtbaren Bereichen. So geht hin und leuchtet in der Dunkelheit, damit der Schleier hinweggezogen und euer geistiges

Ohr geöffnet wird! So ist es auch euch möglich, das himmlische Hallelujah zu hören.

Geht hin und leuchtet und bereitet die Erde auf das neue Jerusalem vor! Bald wird das Hallelujah an eure Ohren gelangen. Geht mutig voran und habt nichts anderes im Sinn, als das Licht dieser Erde zu sein!

Segen über euch, Segen! Du vielgeliebte Herde, Volk des Vaters! Seid Licht, seid Liebe! Gott zum Gruße! Einer, der wacht am Throne des Vaters.

Das neue Vaterunser

1. April 1995

Ihr über alles geliebte Erdenseelen, wir begrüßen euch in großer Freude und mit Dank ob des Empfangs. Wir sind in einer Vielzahl um euch versammelt und kommen aus der Einheit zu euch. Der eine, der nun auf diese Weise zu euch spricht, ist tief verbunden mit dem Bewußtsein eines jeglichen von euch. So hört denn und nehmt die Stimme wahr, die ihr einst schon einmal vernommen habt! So sei dies der erste Schritt in diesem Zusammensein des Lernens: Erkennt den, der zu euch spricht!

Geht nun zuerst in die bewußte Bereitschaft und in das bewußte Öffnen von Seele und Geist, so daß die Kraft des Ursprungs zu euch gelangen kann, die da die Liebe selbst ist! Ihr habt erfahren, daß euer Körper, eure Seele und euer Geist sich in immer schneller werdenden Schritten in einen anderen Seinszustand hinein entwickeln. So werdet ihr bereits der künftigen Erdatmosphäre angepaßt. Der Erdball verändert sich in derselben Weise wie ihr. So wird in den kommenden Zeiten nur der lebensfähig sein, der mitwächst, sich mitentwickelt und versteht, was in seinem Leben geschieht.

Ihr wurdet schon lange für diesen Augenblick vorbereitet, und ihr seid nicht zufällig zusammengekommen, nein. Hinter all dem steht ein seit langem ersonnener Plan der Weisheit. Ihr habt einst alle ja dazu gesagt, ihn zu verwirklichen. Doch ihr werdet, jeder für sich, im Bereich seines Wirkens von vielerlei Gegebenheiten, Energien und Einflüssen angefochten, und so will ich heute zu euch von den Bäumen sprechen.

Die Bäume sind euch in ihrer Wesenheit ein Vorbild, durch diese Zeit zu gehen. Sie stehen da in der Kraft, in der Beständigkeit und in der Treue, und ihr Bestreben ist es, durch ihr Dasein der Welt zu geben, was das Leben auf ihr erhält. Sie dienen dem Leben, und sie dienen euch, damit ihr atmen könnt. Ein jeder Baum weiß um seinen Ursprung und seinen Werdegang. Der Geist im Baum ist sich seiner selbst bewußt. Es war sein Plan und Wille, durch sein Dasein dem Einen, dem Höchsten, und auch dem Menschen und aller Erdenkreatur zu dienen.

Der Baum hat seine Äste nach oben gerichtet. Er weiß, daß ihm die Kraft und das Licht von oben zuströmen. So tut es den Bäumen gleich, euren Brüdern in anderer Gestalt! Erhebt eure Hände und schaut mit euren Augen nach oben und haltet an dem Licht und an der Liebe fest, die zu euch gelangen wollen, und wirkt, damit das Kommende beschleunigt wird! Das Schicksal ist in euren Händen. Ein jeder Gedanke und ein jedes Gefühl, die ihr in das Universum sendet, ziehen das Kommende an oder stoßen es ab. So seid denn weise in eurem Sein und wißt, euer Tun ist von großer Bedeutung! So überprüft euch, ein jeder für sich, beständig in allen Gefühlen, die in euch geboren werden! Eure Gedanken und Gefühle sind es, die das Neue in dieser Welt erschaffen. Tut es euren Brüdern, den Bäumen, gleich, die sich für das Leben und für den Bruder hingegeben haben.

Das Atmen des Baumes bewirkt die Umwandlung der Luft und macht es möglich, in dieser Atmosphäre zu leben. Seid ihr diejenigen, die durch ihr Denken, Fühlen und Handeln das Leben der neuen Welt ermöglichen! Durch die Kraft der vielen Lichtenergien, die ständig euren Erdball erreichen, wird die Qualität alles Vorhandenen aktiviert, und so entstand der Kampf zwischen Schatten und Licht. Ihr zählt zu denen, die im Lichte stehen, und der Schatten geht immer mehr zurück. Seid wie die Bäume: Lebt und atmet nicht für euch selbst! Lebt und atmet, denkt und fühlt für die, die um euch sind!

Seht, ihr seid in diese Zeit hineingeboren, nicht um den Weg allein zu gehen, sondern um euch immer inniger zu verbinden und in der Begegnung mit den anderen eure Kräfte zu verdoppeln. So laßt eure Liebe zu einem Kreis zusammenwachsen, der das ganze Erdenrund umfängt! Wenn ihr den Kreis geschlossen und den Erdball umfangen habt, ist es möglich, das neue Jerusalem in die Materie hinabzubringen. Die Stadt der Herrlichkeit ist aus der Liebe selbst erbaut. Es gibt dort keine Nacht, nur den Tag, und es gibt dort nur den Frieden. Noch seid ihr einzelne Punkte, die verteilt aus sich heraus leuchten. Verbindet euch, auf daß euer Leuchten sich verstärke!

Zieht das Licht von oben in die Dunkelheit hinab, denn sie bedeutet Unwissenheit, Leid, Ungemach, Krankheit, Haß und Krieg. Viele sind auf die Erde entsandt, euch zu verwirren und euch von eurem Plan abzulenken. So seid wachsam, ihr Geliebten, ihr Wertvollen, in deren Händen die Möglichkeit der Veränderung und der Hilfe liegt. Nehmt immer wieder Zuflucht zum Gebet! Es ist die Brücke zur Heimat des Lichtes, aus der ihr einst kamt.

So will ich euch heute eine neue Brücke bauen, wie einst vor langer Zeit.* Ich gebe euch ein neues Gebet, mit dem ihr die Herrlichkeit des Kommenden herbeirufen sollt. Begebt euch in die Kraft dieses Gebetes und wißt, daß es das Neue mit Mächtigkeit zur Erde ziehen wird!

Unser Vater

der Du bist in uns, um uns und überall,
Dein Name, der da ist Weisheit, Unendlichkeit und Liebe,
werde geheiligt.
Dein uns verheißenes Reich komme jetzt.
Dein Wille geschehe in allen Universen.
Gib uns das neue Brot für unseren neuen Leib.
Verwandle all unsere angesammelte Schuld
durch die Kraft Deiner Gnade,
und führe uns durch die Versuchung der Dunkelheit
mit Deinem Licht.
Denn Dein ist und Dein bleibt
das Reich, die Kraft und die Herrlichkeit
von Ewigkeit zu Ewigkeit.

Amen.

Das Amen ist das Ja des Herzens, und das Herz ist die Wohnung der Seele. Wenn ihr gemeinsam betet, ruft ihr mit Macht, und die Verwandlung wird um ein Vielfaches schneller geschehen. Geht mit diesem neuen Gebet durch eure Tage! In seinen Worten ist Kraft. Ihr werdet spüren und sehen, wie dieses Gebet das Leben und die Menschen verändert. Diese Worte des Gebets wurden euch gegeben, die ihr befugt und befähigt seid, das Licht in die Welt zu bringen. Erhellt die Dunkelheit der

---

* Matt. 6,9-13; Luk. 11,2-4

Erde und laßt eure Liebe leuchten! Das Licht ist Wissen und Verstehen. Die Liebe ist die Kraft, die alles trägt.

Haltet euch nicht für zu klein und zu gering, denn die großen Dinge sind den Kleinen gegeben, und im Einfachen liegt das Gelingen. Denkt immer wieder an eure Brüder, die Bäume, die auf nichts anderes sinnen, als aus Liebe der ganzen Welt zu dienen! Seid die Bäume der Erde, die ihre Hände hinaufstrecken und um Kraft und Hilfe rufen. So wißt, wenn ihr dieses Gebet in eurem Herzen bewegt, wird im Diesseits und im Jenseits die Unendlichkeit bewegt, und der Wille des Vaters wird sich mit Macht und Schnelligkeit vollziehen. Wenn ihr also in eurem Herzen die neue Erde wünscht, sprecht dieses Gebet! Stellt euren Willen unter den des Vaters, dann kann der Vater in das Geschehen auf der Erde eingreifen. Er wird eingreifen und Einhalt gebieten, Er wird trennen und säubern, und Er wird auferstehen lassen.

Das, was ihr im Augenblick vollzieht, ist nichts anderes als eure Wiedergeburt. Die Geburt geschieht nicht in einem Augenblick, sie ist ein Prozeß in vielen Zügen. Ihr seid diejenigen, die neu geboren werden, zusammen mit der Erde. Legt eure Hände um den Erdball und schickt dem Heimatboden, der euch trägt und nährt, aus eurem Herzen Liebe! In vielen Zeiten hat die Erde euch getragen. Nun wendet euch mit eurer Liebe ihren Schmerzen zu! Wartet nicht auf solche, die durch schlaue Reden und vermeintlich vollkommene Errungenschaften die Wende bringen, nein. Den Einfachen und den Kleinen, den Reinen und den Ehrlichen ist es gegeben. Seid das Licht der Welt, so wie es euch einst gezeigt und gesagt wurde!*

Von weit her seid ihr gekommen und habt in eurem Herzen meine Stimme wohl erkannt. So geht und wirkt, wirkt aus eurem eigenen Selbst, bindet euch immer wieder aufs neue an die Quelle an, die euch unermüdlich, unablässig in alle Ewigkeit speist. Es ist an euch, die Brücken zu schlagen, die Schritte zu gehen. Erwacht und erkennt immer mehr eure Mächtigkeit! Ihr seid die Werkzeuge, die gesandt sind. Alles ist in euch, was ihr braucht, um zu bestehen, um wachsen und verändern zu können, und vieles wird euch in Bälde wiedergegeben werden.

---

* Matt. 5,14

So bereitet euch vor, damit ihr die großen geistigen Geschenke empfangen könnt, denn sie sind von einer Herrlichkeit, die ihr in diesem Augenblick noch nicht verstehen und ertragen könntet.

So wacht auf, geliebte Erdenseelen, damit euch das einstmals Verheißene zuteil werden kann! Verbindet euch untereinander und immer wieder aufs neue mit der Quelle, dem Ursprung, dem Licht! Und seid ganz ohne Furcht, denn alle scheinbare Macht wird in einem Nu, in einem Augenblick hinweggenommen werden. Bald wird vieles durch die Elemente und durch des Menschen Hand geschehen. Viele von außerhalb greifen nach dem Erdball und begehren die Macht über ihn. Habt keine Furcht! Ihr seid eingebunden in Segen, Schutz und Geborgenheit, und von einem Augenblick zum anderen wird die Kraft in euch erhöht. Seid wie die Bäume! Steht mit euren Füßen fest auf dieser Welt und sagt mit jedem Schritt dem Erdball Dank, schenkt ihm eure Liebe und laßt ihn wissen, daß ihr ihn ehrt und achtet!

Ihr seid die, die unablässig wachsen, und niemand vermag wider euch anzutreten, denn eure Kraft hat sich verselbständigt und geht unaufhaltsam durch Zeit und Raum geradewegs zum Ziel, zum Sieg. So fürchtet nichts, erhebt vielmehr eure Augen und blickt in den kommenden Morgen, denn alles, was wider euch, was wider das Licht und die Liebe streitet, wird bald gehen.

Ihr seid die Kinder des Lichts. Sie werden versuchen, euch mit vielerlei Dingen zu verführen. Bleibt immer treu und wißt, Glanz und Ruhm und Geld dieser Erde sind vergänglich und verfaulen! Laßt euch nicht hinabziehen in die dichte Materie! Die Erde schwingt sich in ein höheres Sein, und alles, was tief und materiell schwingt, wird einen anderen Weg gehen. Seid wachsam, denn im Diesseits wie im Jenseits sind viele Völker und Heerscharen versammelt, die die kleine Weile, die noch bleibt, nutzen wollen, euch mit hinabzuziehen in die tiefe Dichte der Materie, in die Dunkelheit. Sie versuchen, auf allen Ebenen zu euch zu gelangen, um sich von eurem Licht, von eurer Liebe zu ernähren und die gewonnene Kraft für ihre eigenen Pläne zu benutzen. Und so werden sie euch unter vielen Masken und mit großen Tarnungen in die Versuchung führen.

Etliche unter euch sind auf dem Weg des Lernens und Suchens. Sie sollen verführt werden durch die scheinbaren Wissenschaften, die Desinformationen in vielerlei Hinsicht darstellen und euren Geist ablenken, verwirren und aushöhlen. So prüft alles mit eurem Herzen! Es ist die Wohnung der Seele, und die Seele ist vollkommen. Prüft, was zu euch gelangen will, auf allen Ebenen! Wenn ihr in eurem Herzen auch nur einen kleinen Funken des Unbehagens spürt, weist es weit von euch! Licht ist Wahrheit und Weisheit, und die Wahrheit ist einfach und für jeden verständlich. Prüft, ob ihr das euch Gegebene versteht, und sonst trennt euch davon!

So wie wir das neue Jerusalem im Geistigen erbaut haben, sollt ihr es nun im Irdischen erbauen. Wenn die Pläne vollendet sind, wird der Baumeister erscheinen. Geht durch die Dunkelheit mit dem Bewußtsein, daß ihr das Licht seid, das gesandt ist, das Licht der anderen anzuzünden! Vieles wird euch gegeben, das ihr denen weitergeben sollt, die schwach und unwissend sind. Behaltet es nicht für euch!

In diesem Augenblick sind viele Boten um euch, die euch umfangen und segnen. Geht in die Stille und betrachtet mit eurem geistigen Auge euer jetziges Sein. Ihr seht die noch unerlösten Aspekte und die Dunkelheiten in euch! Übergebt sie den Boten des Lichts, die sie zum Thron des Vaters tragen. Dort werden sie umgewandelt werden. Dann erhaltet ihr sie zurück, und so gelangt ihr nach und nach in die Vollkommenheit. Trachtet nach der Liebe! Ihr allein sollt ihr dienen! Dann werden wir uns dereinst wieder begegnen.

Ich umarme euch alle in der Unendlichkeit der Liebe. Seid gesegnet! Gott zum Gruße! Die Stimme, die ihr kennt.

Zu Beginn der Botschaft wurden die Zuhörer aufgefordert: «Erkennt den, der zu euch spricht!» So wurden sie sanft an die zunächst unfaßbare Tatsache herangeführt, daß der sein Wort an sie richtete, der bereits vor zweitausend Jahren auf der Erde das Vaterunser gelehrt hatte. Inzwischen hat er viele Male die Herzen der Seminarteilnehmer eingenommen, und viele Male flossen Tränen der Rührung und der Freude. Die Anwesenden spürten häufig bereits nach den allerersten Worten seine unverkennbare besondere Liebesausstrahlung. Ja, zunehmend häufiger nahmen die Menschen, bevor er überhaupt durch Susanne zu sprechen begonnen hatte, seine Energie im Raum wahr und wußten, wer das Wort an sie richten würde.

Mit dem neuen Vaterunser und seiner besonderen Bedeutung wurden in einzelnen Fällen die Menschen auch in Schutzgeistsitzungen bekanntgemacht. So hieß es einmal in einer Sitzung im Juli 1996:

Dieses Gebet manifestiert sich als eine große Kraft in den Seelenbewußtseinsebenen der Menschen. Diese Kraft ist ein Schlüssel, der ihre Energiekörper in höhere Frequenzen einschwingen wird. Und in dem Augenblick, da sie höher schwingen, haben sie direkten Zugang zu ihren geistigen Führern und werden sodann von ihnen weitere Hilfe erfahren.

Bittet um das *neue* Brot für den *neuen* Leib! Die Körper der Menschen, die überleben werden, haben eine andere Konsistenz. Die physische Materie wird nicht mehr in derselben Dichte sein. So bittet also um das *neue* Brot, damit dieser *neue* Leib sich gestalten kann.

Bittet, daß das verheißene Reich *jetzt* komme, und die Tage der Tränen werden sich verkürzen.

Das Wasser des Lebens

8. April 1995

Nachdem der Sohn der Einheit Anfang April 1995 zum ersten Mal das Wort an die Seminarteilnehmer gerichtet hatte, blieb sein Erscheinen, wann immer er erneut sprach, stets der bewegende Höhepunkt eines Seminars. Seine besondere Liebesenergie war in ihrer Einzigartigkeit für alle Anwesenden stets unverkennbar, und niemand blieb von ihr unberührt. Sowohl die Weise, wie er sich vorstellte, als auch die Inhalte seiner Botschaften waren immer auf die Aufnahmebereitschaft der Zuhörer abgestimmt. Der Sohn der Einheit meldete sich später auch als «der, den ihr als Jesus von Nazareth kennt», oder als das fleischgewordene Wort oder unter dem Namen Jeschua (Jehoschua bzw. Jeschua oder Josua ist sein hebräischer Name, der unter griechischem Einfluß die Kurzfassung Jesus erhielt).

Bei der Fürbitte «Gib uns das neue Brot für den neuen Leib» geht es um die Lichtnahrung, die nach und nach an die Stelle der physischen Nahrung treten soll. Das neue Brot, so wird hier deutlich, ist ein geistiges Getränk, ist das, was in den alten Schriften auch das Wasser des Lebens genannt wurde.

Gott zum Gruße, ihr geliebten Seelenfreunde! Ich bin eine Wesenheit, die die Worte aus der Einheit des Vaters zu euch sendet. Ich rufe euch auf: Lauscht in die Tiefen eures Seins hinein und versucht, den zu erkennen, der zu euch spricht! Es ist nicht einer unter euch, der mich nicht kennt. In weit zurückgelegener Zeit wart ihr alle in meiner Gegenwart. So spreche ich nun den Teil in der Tiefe eures Seins und eures Wissens an, der mich kennt. Hört mit diesem Teil von euch die Worte, die mir vom Vater gegeben sind, damit ich sie zu euch in die Dunkelheit der Erde sende!

Es ist der Plan des Vaters, daß die Seinen, die im Lichte sind, nicht berührt werden von der großen Veränderung auf eurem Erdball. Nehmt meine Worte als ein Werkzeug, das euch dazu dient, die Kämpfe, die immer größer und heftiger werden, zu überstehen. Geht durch diese Kämpfe mit den Schwertern eurer Liebe, mit den Kräften eures Glaubens und mit dem Vertrauen auf den, der dies alles weiß, sieht und in Seinem Herzen trägt!

In der Vergangenheit wurden die Kinder des Vaters auf vielerlei Art und Weise verführt und mißbraucht. Es sind Mächte unter euch auf der Erde, die euch durch die Verführungen über viele Generationen hinweg unterjocht und geknechtet haben. So habt ihr den klaren Blick verloren, der euch den Weg zurück ins Licht gewiesen hätte. Sie haben euch in großem Maße abgelenkt, eure Kräfte für sich benutzt und sich an eurem Licht bereichert. Indem ihr euch vom Vater und von eurem wahren Sein entferntet, verlort ihr das Wissen und legtet den Grund für all die Krankheiten und Leiden, für die Not, den Haß und die vielen Kriege auf eurem Erdball.

All dies hat nun ein Maß erreicht, das die Erde nicht länger tragen kann. Es sind nicht die materiellen Belastungen, die Giftstoffe, die das Leben der Erde wirklich bedrohen. Es ist die geistige und seelische Erkrankung, die eure Erde kraftlos und in den Zustand des Sterbens gebracht hat. So ist es nun an euch, in das Geschehen einzugreifen. Der Vater sendet euch aus Seinem Reich die Kraft und das Wissen, der Erde zu helfen, sich gegen alle Widrigkeiten zu erheben, um neu geboren zu werden. Erinnert euch an euren eigenen Plan! Als ihr euch noch im Zustand der Körperlosigkeit befandet, damals als Seelenlichter in den geistigen Sphären, faßtet ihr den Entschluß, in die tiefer schwingende Materie hinabzusteigen, um den Verführten und Unterjochten zu Hilfe zu eilen.

In den zurückliegenden Zeiten habt ihr, ein jeglicher für sich, auf euren Lebenswegen die notwendigen Erfahrungen und Kräfte gesammelt, um bei den künftigen Ereignissen als Licht in dieser Welt zu wirken. Noch denkt ihr zu gering von euch. Dies ist das, was ihr an erster Stelle verändern müßt. Wischt den Staub aus euren Augen, den jene hineinstreuten, die nicht wünschen, daß ihr erwacht! Erkennt eure Herkunft und beginnt, euch von eurer vermeintlichen Kleinheit zu erheben! Geht durch eure Tage im Bewußtsein, daß ihr Licht seid!

Es sind wahrlich viele Mächte vereinigt, die um die Herrschaft dieser Welt kämpfen, und sie werden euch immer häufiger und immer intensiver belangen. Schenkt ihren Stimmen kein Gehör! Tut so, als wären sie nicht existent! So haben sie nicht die Macht, zu euch zu gelangen. Orientiert euch nach vorn und nach oben! Am Ende des Kampfes winkt der Lohn, der euch verheißen wurde, noch ehe der Grundstein dieser Erde gelegt war. Ihr seid Berufene, und die Zeit ist gekommen, die Masken abzulegen. Steht für euch selbst, steht gerade und fürchtet nichts!

Bindet euch jeden Tag aufs neue an die Quelle des Lichtes, an die Kraft des Vaters selbst an! Und wißt in der Tiefe eures Herzens, daß jeder, der für das Licht des Vaters kämpft, ein Heer unsichtbarer Begleiter um sich hat, die mit ihm streiten und ihn beschützen! Beginnt, sie wahrzunehmen! Seid gewiß, wenn ihr sie mit reinem Herzen sucht, werden sie sich finden lassen. Um euch sind viele Lichtboten versammelt. Ihr seid ermächtigt, noch mehr hinzuzubitten, wenn ihr durch die Dunkelheit zum Licht gehen wollt. Bittet um die Gabe, sie mit eurem geistigen Auge zu sehen, bittet um die Weisheit, sie zu verstehen, und stellt euch unter den Willen des Vaters!

Die Veränderung der Erde ist nicht mehr abwendbar. Die Elemente werden mit Mächtigkeit über den Erdball gehen. So lernt, mit dem Geist der Elemente Kontakt aufzunehmen, damit ihr verschont bleibt! Wenn ihr den Wind in seiner Macht hört, wißt, er ist eine Energie, die die Liebe sucht, aber die Liebe nicht finden kann. Es ist das Maß der Verzweiflung, aus der dann die Kraft des Sturmes erwächst.

Das Luftelement wird alles hinwegfegen, was nicht dem Prinzip der Liebe entspricht. Wenn ihr dem Geist des Windes begegnet, öffnet eure Herzen weit, denn er ist ein Freund, kein Feind! Verbindet euren Geist mit dem Geist des Windes und sendet ihm Licht zu! Sprecht den Geist des Windes an, zeigt ihm euer Verständnis für seinen Zorn und sendet ihm die Liebe, nach der er sucht! So wird er euch als Bruder, als Schwester erkennen. Er wird euch von seiner Kraft geben, so daß ihr behende euren eigenen stürmischen Weg fortsetzen könnt.

Verfahrt so auch mit den anderen Elementen! Sprecht sie in Gedanken an und wendet euch an den Geist, der in ihnen wohnt und nach demselben Plan vom Vater gesandt ist, wie ihr vom Vater in diese Zeit, auf diese Erde gesandt seid. Verbündet euch mit ihnen und wißt, sie sind Mitstreiter, die euch zur Seite stehen werden. Nehmt ihre Kraft in euren Dienst! Versucht, die Sprache der Elemente zu verstehen, denn tief in eurem innersten Sein ist das Wissen um alle ihre Gesetzmäßigkeiten und Prinzipien und deren Wirksamkeit verankert. Erinnert euch an eure wahre Identität und fürchtet nichts!

Beachtet die Dunkelheit nicht! Ihr seid Wesen, die der Gefühle fähig sind. Die Intelligenzen, die von außerhalb auf diesen Erdball kommen mit dem Plan, sich ihn mit den Waffen der Bakterien und mit Gedankenenergien untertan zu machen, haben nicht die Fähigkeit zu fühlen. Diese Wesenheiten, die über und durch Menschen auf eure Welt einwirken, sind völlig emotionslos. Ihr müßt wissen, daß die Emotionen, die Gefühle, vor allen Dingen die Liebe, die stärksten Kräfte im Diesseits wie im Jenseits sind. So seid ihr es, die die besseren Waffen bei sich tragen. Sie kennen nur das Denken. Sie ersinnen mit ihrer Intelligenz vielerlei komplizierte Pläne und benutzen jene Menschen, die schwach sind und aus Egoismus nach Ruhm oder materiellem Reichtum streben. So ihr aber den Intelligenzen in der Liebe und im Glauben entgegentretet, sind sie kümmerliche Wesen.

Seid mutig und beachtet sie nicht! Geht in Gleichmut an ihnen vorüber, mit einem Lächeln auf den Lippen, mit dem Licht in euren Augen, mit der Liebe in eurem Herzen und mit dem Wissen in eurem Geist! So seid ihr unantastbar in eurem Sein, und unantastbar im Kampf. Was um euch herum geschieht, soll euch nur ablenken und der Macht der Materie unterwerfen. Seid wachsam, ihr geliebten Seelenfreunde, die ihr die Hoffnung und das Licht dieser Welt seid!

Alles hat einen Anbeginn, und alles hat ein Vollenden. Das neue Jerusalem, die Stadt des Vaters, ist gebaut und will herniederkommen. Die ganze Erde soll eine Stadt des Lichtes und der Liebe werden. Der Erdenplanet soll vergoldet werden, und alles wird hinweggenommen, was des Lichtes nicht würdig ist.

Alles, was es im Geistigen zu tun gab, ist vollendet. Nun ist es an euch, die ihr die Erdenbürger mit dem Recht auf ewiges Leben seid, das Erdenrund so vorzubereiten, daß Jerusalem zu euch gelangen kann. Ihr seid durch viele Tränentäler gegangen und habt vieles durchlebt. So seid ihr gewachsen und geläutert für das, was kommen wird. Ihr seid das Licht der Welt.* Wenn ihr in eurem gegenwärtigen Bewußtsein nicht wißt, welche Schritte ihr gehen sollt, nehmt eure Hände und tut es den Bäumen gleich, die unablässig ihre Äste nach oben strecken, und

* Matt. 5,14

ruft den Vater um Hilfe! Bindet euch immer wieder aufs neue an die Kraft der Liebe an und laßt sie mehr und mehr in euch wachsen! Fürchtet nichts, denn die Engel gehen mit ihren Waffen des Geistes über die Erde und trennen, was nicht zusammengehört. Sie trennen und selektieren auf allen Ebenen.

Aus dem Universum, dem Vaterhaus, wurde ein Licht zu euch gesandt [das Christusbewußtsein, der Photonenring]. Dies ist die Kraft, die euch zuteil wird, damit ihr täglich aufs neue euch daran stärkt. Ruft dieses Licht und sprecht es direkt an und wißt, dies sind die Liebesgrüße aus dem Vaterhaus, die euch befähigen sollen, als Streiter des Lichtes aufzustehen und zu wirken. So seid ihr nicht allein. Ihr seid ständig von Hilfen im Irdischen wie im Geistigen umgeben.

Einst gab ich euch ein Gebet, das Gebet des Vaters. Dieses Gebet war der Anbeginn dessen, was in dieser Zeit vollendet wird. Heute gebe ich euch ein neues Gebet, damit vollendet werden kann, was ich einst mit euch begann. Ich war bei euch, ich bin bei euch, und ich bleibe bei euch allezeit. Einst kam ich, um das Feuer auf die Erde zu bringen. So denn: Das Feuer ist gelegt, und ihr seid die Lichtträger, die dieses Feuer, das Licht, in die Dunkelheit der Erde bringen.

So spreche ich heute wieder das neue Gebet, damit vollendet werden kann, was euch einst verheißen ward. Ihr werdet wachsen an Kräften des Körpers, der Seele und des Geistes. Richtet das neue Gebet direkt aus eurem Herzen an den Vater und legt euer ganzes Wünschen, euer ganzes Sein hinein! So ruft ihr mit Mächtigkeit das geistige Jerusalem zur Erde herab! Dieses Gebet hat die Fähigkeit, die Erde zu verwandeln, und wenn ihr es beständig wiederholt, verkürzt sich von Mal zu Mal die Zeit bis zur Verwandlung.

Jedesmal, wenn ihr mit dem Gebet nach der neuen Erde und dem goldenen Zeitalter ruft, wird sich die Struktur eurer feinstofflichen Körper verwandeln. Und wenn eure Energiekörper die neue Struktur erreicht haben, wird sich die Auswirkung der neuen Schwingungsfrequenz auch im grobstofflichen Körper zeigen. So wird er die künftige Form annehmen. Auch die künftige Erde wird von einer hohen Lichtigkeit und von einer durchlässigeren Substanz sein. So werdet ihr bereits jetzt durch euer Hinzutun neu geboren.

Das neue Brot, um das ihr in dem Gebet bittet, ist ein geistiges Getränk. Es wird eure Zellstrukturen verändern. Je öfter ihr von diesem neuen Brot genießt, desto schneller gelangt ihr in einen Zustand höheren Lichtseins. So werdet ihr euch nach und nach in die künftigen Ebenen hinein transformieren, und alles, was nicht den neuen Gesetzmäßigkeiten und Lebensprinzipien entspricht, wird auf dieser Erde nicht bestehen können. Ihr werdet also vorbereitet, euch selbst zu erneuern, und dazu werden euch alle Hilfen gewährt, die ihr aus eurem Herzen erbittet. Keiner wird empfangen, der nicht bittet. Ihr müßt mit eurem Bewußtsein kundtun, daß ihr empfangen wollt. So wendet euch also mit eurem Herzen an den Vater und bittet. Bittet mit diesem neuen Gebet, denn dieses Gebet wird schnelle Veränderungen bewirken.

Heute sollt ihr das neue Brot empfangen, und viele Male noch wird es euch dargereicht werden, bis ihr den Zustand gänzlicher Erneuerung erreicht habt. Um einen jeden von euch haben sich jetzt drei der geistigen Helfer geschart. Ihr werdet gebeten, euch tief zu versenken und mit eurem Blick nach innen zu schauen. Öffnet eure Wahrnehmung, öffnet sie weit! Nun werden goldene Becher mit Lichtsubstanzen in ihrer reinsten Essenz ausgeteilt. Es ist das Wasser des Lebens, von dem ihr viele Male selbst gesprochen habt. Oft hörtet ihr von diesem Wasser, und viele Worte wurden darüber geschrieben. Nun denn, dies ist der Augenblick, wo ihr das Wasser des Lebens empfangen sollt.

Die Becher sind mit Licht gefüllt, das ihr nun trinken werdet. Die Substanz dieses Lichtes in ihrer Ursprungsessenz ist hoch potenziert. Dieses Licht wird euch nun gereicht. Zwei Helfer, an jeder Seite einer, bringen euch und eure Nervenbahnen in eine erhöhte Schwingungsfrequenz, denn sonst könntet ihr das Licht in dieser Reinheit, in dieser Intensität nicht genießen, ohne daß eure Nerven Schaden nähmen. Der dritte Helfer steht vor euch. Er wird den Becher mit dem Licht an eure Lippen ansetzen.

So bitte ich euch nun, geht in die Stille! Ich werde die Worte des neuen Gebetes noch einmal sprechen, und ihr sollt mich mit eurem Herzen, mit eurem Willen und mit euren Gedanken begleiten, damit es an Mächtigkeit gewinnt. Wenn ihr sodann das Amen sprecht, wird der Becher mit dem Wasser des Lebens an eure Lippen geführt. Dann schließt die Augen, trinkt und zieht die Kraft in euch hinein!

Dies ist ein geistiges Geschenk des Vaters, das euch die Kraft geben soll, mit den Waffen der Liebe, des Mutes, des Vertrauens und des Glaubens zu kämpfen. So bitte ich euch: Begleitet mich mit eurem Herzen, verbindet euch mit mir! Sodann wird euch das Getränk gereicht, und danach werdet ihr eine neue Kraft in euch spüren. Ihr werdet wachsen an Kräften des Körpers, der Seele und des Geistes. So begleitet meine Worte!

Unser Vater

der Du bist in uns, um uns und überall,
Dein Name, der da ist Weisheit, Unendlichkeit und Liebe,
werde geheiligt.
Dein uns verheißenes Reich komme jetzt.
Dein Wille geschehe in allen Universen.
Gib uns das neue Brot für unseren neuen Leib.
Verwandle all unsere angesammelte Schuld
durch die Kraft Deiner Gnade,
und führe uns durch die Versuchung der Dunkelheit mit Deinem Licht.
Denn Dein ist und Dein bleibt
das Reich, die Kraft und die Herrlichkeit
von Ewigkeit zu Ewigkeit.

Amen.

Und nun, ihr Geliebten, trinkt das Wasser des Lebens, welches das Licht selbst ist! Es ist das Wasser der Erkenntnis und der Weisheit. Wenn ihr euch durch dieses Gebet mit dem Vater verbindet, werdet ihr dieses Getränk immer wieder aufs neue erhalten. Tut dies, so oft es euch möglich ist, und ihr werdet wachsen, und ihr werdet Licht sein, und ihr werdet stark sein. Und die Liebe selbst wird in euch wohnen.

Erschafft so das neue Jerusalem zuerst in euch selbst, und sodann tragt es nach außen, in die Bereiche, in denen ihr wirkt und lebt! So wird das himmlische Jerusalem auf der Erde entstehen. Und es wird keinen Hunger, keine Not, keinen Krieg und auch kein Kriegsgeschrei mehr geben. Nie wieder soll der Tod seinen Fuß auf diesen Planeten setzen. All dies wird bald vergangen sein. Ihr werdet die Weisheit erkennen, und ihr werdet sehen und wissen, daß es den Tod nicht gibt. So seid ihr die Wegbereiter und das Licht der Welt.

Ich habe das Licht einstmals angezündet und habe auf diesen Augenblick gewartet und gehofft, habe ihn herbeigesehnt. So denn: bald wird es vollendet sein. Vieles ist geschehen in den geistigen Bereichen. Ein Kleines ist noch zu vollenden, der Teil, den zu tun an euch ist. Geht, es ist der Mühe wert, denn es wartet das neue Jerusalem als neue Heimstatt für euer neues Sein. So nehmt das Wasser des Lebens und bereitet eure Geburt für diese neue Welt! Beginnt mit der Veränderung, und wenn ein jeglicher für sich in seinem Bereich wirkt, wird die Kraft des Lichtes zu einer großen Macht zusammenwachsen.

Verbindet euch gedanklich und mit eurem Herzen drei Mal am Tage zu den von euch gewählten Stunden und schließt euch an die Quelle des Lichtes an! Wenn ihr dies immer wieder aufs neue im Verbund der Liebe, im Zusammenschluß der Gemeinschaft vollführt, wird das Licht in immer größerem Maße auf das Erdenrund hinabgezogen. So wird die Macht der Dunkelheit ausgelöscht und der Planet durch euer Wirken vom Licht durchdrungen. Dies ist der Kampf, den ihr mit den Waffen der Liebe und des Glaubens führen werdet.

In den kommenden Zeiten werden besonders im Norden eures Landes die Elemente des Windes und des Wassers ihren Auftrag erfüllen. Gedenkt meiner Worte und fürchtet nichts! Die Erde wird sich von innen nach außen stülpen, und nichts wird bleiben, wie es einst war. Der Erdball wird gänzlich neu erstehen. Die Ozeane werden über alle Ufer treten und Kontinente verschlingen. Der Grund des Meeres wird sich heben und der Boden für neue Saaten sein. Die Gifte, die eure Erde durchdringen, werden von den Fluten hinweggeschwemmt. Was zuunterst ist, wird zuoberst sein, und das Oberste wird zuunterst gekehrt. Die kommenden Zeiten werden das nach unten Gekehrte mit der neuen Kraft des Lichtes reinigen.

Das wilde Toben der Elemente wird euch bedrängen und

manches Mal in die Versuchung führen, vom Glauben abzufallen. Auch wird aufs neue alles darangesetzt werden, euch zu verwirren. Seid wachsam, geliebte Seelenfreunde, und bleibt treu! Bleibt in der Liebe und laßt alles mit Gleichmut, mit einem Lächeln an euch vorüberziehen! Laßt euch nicht ablenken! Geht mutig voran und blickt nicht zurück! Und wenn ihr der Macht der Dunkelheit begegnet, seht darüber hinweg, tut so, als gäbe es sie nicht. So kann sie euch nichts anhaben.

Noch haben der Wind und auch das Wasser ihre Atempause. Es ist die Ruhe vor dem Sturm. Aber wißt, die Elemente sinnen darauf, auf das Wort des Vaters hin zu wirken. Sie sind aufgerufen, ihren Teil des Planes zu erfüllen, so wie heute an euch das Wort ergeht, aufzustehen und als das Licht der Welt zu wirken. Großes wird über die Erde gehen. Ihr aber sollt das Licht und die Hoffnung sein. Ihr seid jene, die schon in der Vergangenheit den Weg des Neuen beschritten haben. In der Tiefe eures Wesens seid ihr Wissende, seid ihr vorbereitet. Blickt in euch selbst hinein! Alles, was ich euch durch diesen Mund als Worte sende, sind die alten Wahrheiten, die ihr tief in eurem Innern kennt. Ihr wurdet geprüft und habt gelitten. Ihr habt vieles durchlebt und wurdet durch das Leiden geläutert. Ihr habt die neuen Qualitäten erworben und werdet dereinst in der neuen Welt die Priester und Könige sein.

Durch die Erfahrungen der durchlebten Vergangenheit werdet ihr den Vorsatz in euch gefaßt haben, die Liebe und das Licht zu bewahren. Ihr werdet eure schöpferische Fähigkeit zurückgewinnen und aus eigener Kraft eure Wünsche realisieren. Es wird nicht mehr notwendig sein, daß der eine dem anderen dient, noch daß ihr die Waren mit Geld bezahlt. Ihr werdet um die Prinzipien und Gesetzmäßigkeiten wissen, die es anzuwenden gilt, um den Frieden zu erhalten, so daß die Liebe unter euch wohnen und wachsen kann. Ihr werdet die Möglichkeit haben, ohne die Mittel der Materie zu reisen. Ihr werdet mit den Tieren sprechen und die Worte der Pflanzen verstehen. Ihr werdet die Töne aus weit entfernten Universen hören, und ihr werdet die Herrlichkeit dessen sehen, der euch erschaffen hat. Und jeder Tag wird ein Amen sein.

Dies wird das verheißene Paradies sein. Der Vater selbst wird mit Seinem Auge bei euch wohnen, denn die Erde ist Sein Kind, das er besonders liebt. Er hat beschlossen, die Erde zu sich zu nehmen und gänzlich zu erneuern. Ihr seid die Werkzeuge, die Er erkoren hat, damit sie Seinen Plan verwirklichen, so wie wir Seine Werkzeuge im Geistigen sind. So sind wir miteinander verwoben, und die Zeit der vermeintlichen Trennung ist nur noch kurz. Viele Seelen, die einst in der Körperlichkeit unter euch weilten, sehnen sich danach, in eure Mitte zurückzukehren. Wenn alles vollendet ist, wird der Schleier weggezogen, und es wird keine Trennung mehr geben.

So nun, ihr geliebten Seelenfreunde, empfangt den Segen und die Grüße des Vaters! Ihr seid die kostbare kleine Herde, die mit ihrem Licht die Dunkelheit besiegen wird. Auf euch ist die Hoffnung dieser Welt und die Hoffnung der unsichtbaren Welt gerichtet.

Dies ist es, was ich beauftragt war, euch zu geben. Es waren die Botschaften vom Vater selbst. Bedenkt meine Worte wohl, denn sie sind in ihrer Tiefe und Wirksamkeit von großer Macht. So ergreift diese Macht und wirkt! Ich bin allezeit in eurem Herzen. Sucht mich nicht außerhalb von euch! Ich bin bei euch. Segen, Segen, Segen! Der Friede sei bei euch, der Friede bleibe bei euch! Es sprach der Sohn der Einheit. Gott zum Gruße!

In einem TerrAmor-Seminar im Juni 1996 hat eine Teilnehmerin um eine Erklärung des Begriffes «Sohn der Einheit» und erhielt die folgende Antwort:

Die Einheit ist das Gegenteil von Polarität. So ist Vater-Mutter-Gott die Einheit. Hier sind die Kräfte des Aktiven und des Passiven, des männlichen und des weiblichen Aspektes vereint. Hier ist alles vereint, was ihr im Getrenntsein kennt. So wißt also, die Einheit ist der Vater in Seinem Ganzsein. Und der Vater hat die Möglichkeit, sich auszusenden im Aspekt des Weiblichen, den ihr als ELOHIM kennt, oder aber im Aspekt des Männlichen, den ihr als JAHWE kennt. Die Verbindung von ELOHIM und JAHWE ist die Einheit. Einheit ist die Überwindung der Polarität, das Sich-Einfinden in dem gänzlichen Einen. Dies ist die göttliche Allmacht, dies ist der Vater, der Schöpfer in Seiner Kraft. Und ich bin der eingeborene Sohn, der Sohn aus dieser Einheit.

In dieser Erklärung wird für die Einheit, für Gott, der Begriff «Vater-Mutter-Gott» gebraucht. Gleichzeitig heißt es, daß die Einheit «der Vater in Seinem Ganzsein» sei. Der Begriff «Vater» umschließt also den männlichen wie den weiblichen Aspekt Gottes, auch wenn er den männlichen besonders betont. Warum dies (noch) so ist, dazu erhielt Susanne in einer Meditation eine Erläuterung, die hier wie folgt zusammengefaßt wird:

Der Gottvater-Aspekt ist die Liebe, das aktive Prinzip. Der Gottmutter- Aspekt ist die Weisheit, das passive Prinzip. Der Gottsohn-Aspekt ist die Vereinigung der beiden Prinzipien Liebe und Weisheit und drückt sich durch das Christusbewußtsein aus. Das Christusbewußtsein überwindet und vereint alle Gegensätze durch Weisheit und Liebe. In der gegenwärtigen Zeitepoche und insbesondere in der jetzigen Phase der Umwandlung ist der Gottvater-Aspekt vorherrschend, weil allein das aktive Prinzip der Liebe die Menschen in jenes Bewußtsein befördern kann, das sie benötigen, um reif und empfangsbereit für die göttliche Weisheit zu sein.

Die Qualität der gegenwärtigen Zeit ist von Aktivität geprägt, weil große Veränderungen nicht nur im Bewußtsein, sondern auch im Äußeren, im Materiellen vonnöten sind, Veränderungen, die nur durch die Kraft der Liebe, durch den aktiven, den männlichen Aspekt erreicht werden können. Erst dadurch werden die Voraussetzungen geschaffen, daß das Prinzip der göttlichen Weisheit, der Gottmutter, für die Menschen annehmbar und verständlich wird.

Jetzt kann das Bewußtsein der Erdenmenschen dieses Prinzip noch nicht aufnehmen. Sie sind noch darauf angewiesen, das, was sie noch nicht verstehen, durch die Liebe zu bewältigen. Die Macht der Liebe gibt ihnen die Möglichkeit, aus der Intuition heraus das Richtige zu tun, auch wenn sie noch nicht den Sinn dahinter erkennen und weitgehend unbewußt agieren. Das kollektive Bewußtsein hat sich für die aktive Liebe geöffnet. Dieses Prinzip können die Menschen annehmen. Sie versuchen auch, es zu leben. Doch sie sind immer noch sehr mit sich selber beschäftigt und tun sich sogar mit der Liebe noch schwer. Bis zur Weisheit ist es noch ein weiterer Schritt.

Wenn durch das aktive Liebesprinzip Gottvaters der Lebensraum und die Atmosphäre gereinigt sind und der Planet in einer höheren Dimension schwingt, schwingt auch das Bewußtsein der Menschen höher und öffnet sich für die Weisheit. Dann erst kann sich das passive Prinzip stärker auswirken. Veränderung und Wachstum werden dann weniger durch Aktivität bewirkt als durch höhere Erkenntnis, durch Einsicht und Verstehen. Intuitiv werden sich die Menschen in der neuen Zeit an die richtige Energie anschließen und viel häufiger den göttlichen Aspekt Gottmutter anrufen. Dann werden sie darauf bedacht sein, nicht mehr die alten Fehler zu wiederholen und sich vorher zu überlegen, was sie tun. Damit sie nicht wie in der Vergangenheit aus dem fehlbaren Menschenverstand, aus den Emotionen heraus handeln, werden sie sich auf die göttliche Weisheit besinnen.

In den Durchsagen der Jahre 1996 und 1997 häuften sich die Hinweise auf die Notwendigkeit, die Ernährung umzustellen und sie den steigenden Frequenzen der feinstofflichen Schwingungsfelder anzupassen. Die Teilnehmer der Arbeitskreise von TerrAmor berichteten 1997 zunehmend von veränderten Eßbedürfnissen und von körperlichen Beschwerden durch die herkömmliche Weise der Ernährung. Gewiß empfiehlt es sich mehr als je zuvor, die Reaktionen unseres Körpers auf die einzelnen Speisen genau zu beobachten und individuell die entsprechenden Folgerungen zu ziehen.

Darüber hinaus wird jeder seine eigenen Erfahrungen sammeln, wie er am besten in seinen Meditationen «Lichtnahrung» aufnehmen kann, und ob und inwieweit er durch diese geistige Nahrung die physischen Lebensmittel zu reduzieren in der Lage ist. Wir fassen in Teil II Teil dieses Buches die Anregungen, die wir in den Botschaften zu Fragen der physischen und der geistigen Ernährung erhielten, zusammen.

Eine meditative Übung zu geistiger Nahrungsaufnahme wurde als Vorbereitung auf die drei dunklen Tage und Nächte in einem der Großen Arbeitskreise, einem gemeinsamen Treffen aller Arbeitskreise von TerrAmor, im Februar 1996 mitgeteilt. Diese überlebenswichtige Übung wird auszugsweise in Teil II und in Gänze in einem der weiteren Bücher wiedergegeben. Die weltweite 72-stündige Finsternis, eine der häufigsten Visionen der Seher und Propheten durch die Jahrhunderte, wurde als ein bevorstehendes Ereignis bestätigt, das in dem Augenblick eintrifft, wo die Erde ihre Umlaufbahn um die Sonne verläßt (zu Letzterem siehe auch die Schlußseiten von Teil II dieses Buches).

In der Botschaft vom 8. April 1995 wurde eine der bevorstehenden «Bewegungen in der Natur» konkret angesprochen. Die Vorhersage, daß im Norden Deutschlands die Elemente des Windes und des Wassers «ihren Auftrag erfüllen» werden, wurde in der Folge mehrere Male wiederholt, und deshalb weisen wir hier auf sie noch einmal besonders hin. Daß der gesamten Nordseeküste bis hinein in die norddeutsche Tiefebene durch Sturmfluten und flächendeckende Überschwemmungen außergewöhnlich große Gefahren drohen, wird auch von Naturwissenschaftlern vertreten. Allerdings gehen sie eher von einem klimatisch bedingten «langfristigen» Anstieg des Meeresspiegels aus, der flache Küstengebiete und Tiefebenen besonders bedrohe, während die Botschaften aus der geistigen Welt ein solches Geschehen als Teil der Kataklysmen sehen, die die «große Reinigung der Erde» ausmachen, und von denen es bei Matthäus (24,21) heißt:

Dann wird eine große Bedrängnis sein, wie sie bisher vom Anfang der Welt an nie gewesen ist und wie sie auch nie wieder kommen wird.

Ich zünde aufs neue das Feuer in euch an

19. April 1995

Dies ist in Folge die dritte der empfangenen Botschaften Jesu, die für jeweils wechselnde Gruppen eine Belehrung und Aufklärung im großen Überblick boten, bevor er und viele andere Lichtwesen in späteren Kundgaben detaillierter auf einzelne Themen eingingen. Wir geben hier auch die in einer solchen globalen Schau enthaltenen Wiederholungen wieder, weil gerade durch sie deutlich wird, welche Mitteilungen uns besonders ans Herz gelegt werden sollen. Es geht aber nicht nur um den Informationsgehalt, denn die Worte sind nicht nur Worte. Sie sind vor allem auch Energien, die sich auf den Leser übertragen, wenn er sein Herz öffnet. Und deshalb war es wichtig, den Energiefluß im Ganzen zu erhalten.

Belassen sind ebenso die Passagen, in denen das neue Vaterunser ein weiteres Mal gebetet und erklärt wird und in denen das Wasser des Lebens erneut gereicht wird. Es sind nicht nur Dokumente, auf die die damals Anwesenden in Gänze zurückgreifen möchten. Auch der Nachwelt sollen die Nuancen der verschiedenen Ansprachen Jesu nicht vorenthalten werden. Schließlich mag vielleicht mancher Leser den Empfang der geistigen Geschenke für sich nachvollziehen, eingedenk der Einladung: «Wenn ihr euch durch dieses Gebet mit dem Vater verbindet, werdet ihr dieses Getränk immer wieder aufs neue erhalten.»

Seid begrüßt aus dem Licht und aus der Liebe! Gott zum Gruße! Die Meinen erkennen die Stimme, die spricht. So hört nicht mit den Ohren, hört mit eurer Seele! Und seid gewiß, die Stimme, die ihr vernehmt, ist euch wohlvertraut von alters her.

Es ist die Bedeutung der Zeitverhältnisse eures Erdenplaneten, die mich auf den Plan gerufen hat, auf diese Weise zu euch zu sprechen. Alle, die ihr hier versammelt seid, wart einst unter dem Volk, in dessen Mitte ich wandelte. Und abermals vor dieser Zeit wart ihr in geistigen Gefilden und erhieltet über alles Geschehen in Vergangenheit, Gegenwart und Zukunft eure Unterweisung und eine Vorherschau. Und ihr faßtet aus freiem Willen den Entschluß, euch zur gegebenen Zeit auf diesem Erdball einzufinden, auf daß ein jeglicher mit seinen Gaben und Kräften und mit seiner Weisheit der Erde und ihren Menschen, dem Leben und der Liebe diene.

Euer Erdenplanet wurde viele Jahrhunderte nicht nur in den materiellen Ebenen mißbraucht und ausgebeutet. Auch in den sphärischen Ringen um die Erde, in den atmosphärischen Bereichen, haben sich Energien und Wesenheiten vom Leben der Menschen ernährt, von ihren Gedanken und vor allen Dingen von ihren Gefühlen. Die Machtübergriffe von außerhalb haben sich in einer Art und Weise potenziert, daß der Erdball selbst in große Gefahr geraten ist. Ihr seid diejenigen, die gemäß dem Plan aus der Vergangenheit gesandt wurden, um die Energien, die von außerhalb kommen und sich hier betätigen, abzutrennen und umzuwandeln, damit der Mensch und auch die Erde eine Neugeburt erfahren. Ihr kamt heute hier zusammen, um durch die Begegnung mit der Stimme, die zu euch spricht, die Erinnerung an euer wahres Sein zurückzugewinnen.

Nun seid ihr all den atmosphärischen Einflüssen ausgesetzt, in denen ihr lebt, und diese Energien haben sich wie ein grauer Schleier auf euer Bewußtsein gelegt, haben euer Wachsen behindert und blockiert. Ihr seid aus dem Licht gekommen mit dem Plan, das Licht auf dieser Welt zu sein und als diejenigen zu dienen, die das Licht aus der Quelle selbst auffangen und an die Erde weitergeben können. Mit diesem Wunsch wurdet ihr in diese Welt geboren. Doch wart und seid ihr auch dem materiellen Körper verhaftet und dementsprechend all den Energien und Einflüssen ausgesetzt, die sich hier seit Jahrhunderten in der Atmosphäre manifestieren. So habt ihr zunächst darauf reagiert und seid bis zu einem gewissen Grade durch diese von außen einströmenden Einwirkungen degeneriert.

Langsam, langsam habt ihr euch wieder erinnert, euch aus dem verdunkelten Zustand erhoben und euch wiedergefunden. Ihr wurdet dabei von den geistigen Helfern geführt, die euch in das Dunkel des Erdentals begleiteten. Sie lenkten euch nach und nach in Situationen und an Orte, wo ihr Menschen begegnetet, die euch durch ihre energetische Ausstrahlung, durch ihr Sein halfen, euch daran zu erinnern, wer ihr in Wahrheit seid und warum ihr den Erdball betratet. So ist in eurem Geist die Dämmerung angebrochen, und mehr und mehr wird es Tag, wird es licht und hell. Der Zeitpunkt ist gekommen, da die Erde in eine so große Bedrängnis geraten ist, daß euer Schlaf nicht länger dauern darf. Ich komme im Segen, um die letzten Schleier von eurem Sein zu lüften, damit ihr eure Möglichkeit und eure Kraft erkennt und euch an euer wahres Sein erinnert.

Ihr alle hier seid Brüder und Schwestern von einstmals und Brüder und Schwestern auch von Morgen. Wir sind in inniger Liebe verbunden, und die Zukunft dieser Erde liegt in euren Händen. Ihr seid die Gesandten, die gesegnet und befähigt sind. Es ist meine Aufgabe, euch das Wissen zu vermitteln über euer wahres Selbst und auch die Botschaft, daß die geistige Welt, die jetzt für euch noch unsichtbar ist, euch ganz direkt zur Seite steht. Ihr seid umgeben von den geistigen Helfern, und diese wiederum werden von einer Vielzahl von Lichtboten und geistigen Freunden und Helfern unterstützt. Alle sind bereit, den Plan gemeinsam mit euch zu vollziehen und euch das Wissen zu vermitteln, wie er verwirklicht werden kann.

Ihr besitzt einen freien Willen, und ein jeder von euch hat die Möglichkeit, mit seinem Willen als geistigem Schwert und mit der Kraft des Herzens in das Dunkel dieser Welt zu gehen und es vom Licht zu trennen. Tut dies zuerst in euch und dann in eurem Lebens- und Arbeitsbereich! Wenn ihr beginnt, auf diese Weise in euch und um euch Licht zu erschaffen, seid ihr bereit, im Sinne eures Planes zu handeln. Mutter Erde, die Tiere, die Bäume, alle Unterdrückten, sie setzen ihre Hoffnung auf euch. Viele Seelen im Naturreich, im Tierreich und auch unter den Menschen sind in großer Drangsal und leiden unter einem schweren Joch. Sie haben sich in das Innerste ihrer Seele zurückgezogen und hoffen auf eine Umkehr, eine Befreiung, eine Erlösung. Ihr seid die Brücken, über die die Hilfe und die Erlösung kommen sollen.

Einem jeden, der bereit ist, seinen Willen für den Plan einzusetzen, soll alle notwendige Hilfe zuteil werden. Habt keine Furcht vor der Dunkelheit und auch nicht vor dem alten System eurer Welt! Denn seht, bald wird es vergangen sein. Es ist ein Letztes, ein Kleines noch, das sich erfüllen wird. Dann wird sich der große Streit zwischen dem Dunkel und dem Licht erheben. Ihr aber, die ihr aus dem Licht gesandt seid, die ihr selbst das Licht seid, sollt das Kommende nicht fürchten. Ihr sollt eure Augen auf das Morgen richten. Ihr seid nicht allein. Beginnt, mit eurem geistigen Auge zu sehen, und ihr werdet die Vielzahl der Hilfen im Unsichtbaren erkennen.

Fürchtet auch die großen Veränderungen auf dem Erdball nicht! Es sind vor allen Dingen die Naturelemente, die sie einleiten werden. Wenn sich alles in konkreter Weise neu gestaltet, erhebt eure Augen, frohlockt in eurem Herzen und laßt den Mut in euch wachsen! Einst sprach ich davon, daß ich gekommen bin, ein Feuer auf Erden anzuzünden.* Ihr seid das Feuer, ihr seid die Flammen, das Licht. Das Feuer, das ich einst in eurem Herzen entzündete, ist durch all eure Inkarnationen gewachsen. Von Leben zu Leben, von Schulung zu Schulung ist das Feuer, das Licht, in euch größer geworden. Ihr habt gelernt für diesen einen Augenblick, der nun in Bälde kommen soll.

Beginnt mit der Verwandlung jetzt, und beginnt bei euch selbst! Tut alles aus euch hinaus, was nicht im Lichte, was nicht im Mute, nicht in der Kraft und in der Liebe ist! Dies alles verwandelt mit dem Licht, das in euch ist! Sprecht die dunklen Aspekte in euch an, als wären sie Menschen! Wißt, daß in allem ein Bewußtsein ist. In allem ist ein Denken und ein Fühlen! Sprecht sie an als die Schöpfer, die ihr seid! Ihr habt das Leben um euch erschaffen. Ihr habt euch selbst zu dem erschaffen, was ihr seid. Einst kamt ihr aus dem Licht, und der Vater gab euch den freien Willen. Ihr lerntet, schöpferisch tätig zu sein und mit Macht zu gestalten. Doch dann begannt ihr, euch gegenseitig zu beobachten. Einer wollte besser als der andere sein. Und so fielt ihr in die Dunkelheit hinab.

Jedoch habt ihr euch wieder eingefunden auf dem Weg zurück in das Licht. Als ihr dem Licht begegnet seid, als es selbst auf der Erde war, als Mensch im Fleische, habt ihr euch noch einmal in eurem Herzen zum Licht bekehrt. Ich habe aufs neue das Feuer in eurem Herzen angezündet. Von diesem Augenblick an wart ihr berufen und bereit, und ihr habt die geistigen Schulen besucht, um alles Notwendige für den Plan zu erlernen. So spreche ich heute wiederum zu euch und begrüße euch in meinem Herzen der Liebe und der übergroßen Freude. Die Gegebenheiten auf der Erde werden sich in der kommenden Zeit in einer ständigen Weise verändern, und viele, viele Menschenseelen werden den Planeten verlassen müssen. Ihr aber, ihr sollt keine Furcht in euch tragen. Ihr seid gesegnet, ihr seid beschützt, und ihr seid gesandt. Beruft euch nur immer wieder auf das Licht und auf die Liebe! Denkt allezeit daran! Ihr selbst

---

* Lukas 12,49

seid das Licht, und es gibt keine Macht, die dieses Licht auslöschen kann.

Wenn ihr in Trübsal und Traurigkeit geratet, verbindet euch brüderlich und spendet einander Hilfe, Trost und Beistand! Und stehe der eine für den anderen, und richte der eine den anderen auf! Haltet zusammen und stützt euch, tragt euch immer höher, von einer Stufe zur nächsten, und seid füreinander da! Ihr seid mir vertraut in meiner Seele, und ihr seid mir, der eine wie der andere, kostbarer als aller Glanz und aller Wert der Welt. Ihr seid die Manifestation der Liebe, gesandt auf die Erde, um mit dem Schwert der Liebe den Kampf zwischen Licht und Schatten zu gewinnen.

Ihr habt an eurer Seite den Engel Michael, der als der Trennende mit seinem Schwerte auf der Erde kämpft. Er ist seit geraumer Zeit mitten unter euch. Er geht in die Leben der Menschen hinein und trennt, was nicht zusammengehört, im Irdischen wie im Geistigen. Beobachtet die vielen Zweisamkeiten, die durch das Schwert Michaels nun durchtrennt werden! Viele Ebenen in den politischen und wirtschaftlichen Bereichen werden getrennt. Ihr könnt auch dort das Schwert Michaels wahrnehmen. Schaut mit offenen Augen und hört mit den Ohren eurer Seele! Die Hilfe ist bei euch, sie ist um euch. Bittet um das, was ihr braucht, und es wird euch zur rechten Stunde gegeben werden.

Einst gab ich euch ein Gebet. Nun, die Zeit ist erfüllt. So gebe ich euch ein neues Gebet. Sprecht es mit eurem ganzen Herzen! Und wenn ihr dies tut, wißt, mit jedem Wort, mit jeder Silbe wird das neue Jerusalem auf die Erde hinabgezogen. Tretet mit reinem Herzen, mit reiner Seele vor den Vater und sprecht mit den Lippen der Sehnsucht:

Unser Vater

der Du bist in uns, um uns und überall,
Dein Name, der da ist Weisheit, Unendlichkeit und Liebe,
werde geheiligt.
Dein uns verheißenes Reich komme jetzt.
Dein Wille geschehe in allen Universen.
Gib uns das neue Brot für unseren neuen Leib.

Verwandle all unsere angesammelte Schuld
durch die Kraft Deiner Gnade,
und führe uns durch die Versuchung der Dunkelheit
mit Deinem Licht.
Denn Dein ist und Dein bleibt
das Reich, die Kraft und die Herrlichkeit
von Ewigkeit zu Ewigkeit.

Amen.

Der Vater hat das Rufen Seiner Kinder immer vernommen. Es ist nicht ein Wort verloren gegangen von den Bitten, die zum Throne des Vaters getragen wurden. Es waren die Auswirkungen des freien Willens, die das Eingreifen des Vaters nicht möglich machten. So stellt euren Willen immer unter den Seinen! Dann kann der Vater eingreifen. So wendet euch an Ihn! Geht mit dem neuen Gebet durch die Tage eures Seins! Gebraucht diese Worte, es ist Kraft in ihnen! Ihr werdet spüren und sehen, dieses Gebet verändert die Tage, das Leben, die Menschen und euer Sein. Beobachtet, wirkt, und beginnt zuerst bei euch selbst!

Beginnt, euch als das zu erkennen, was ihr in Wahrheit seid! Erkennt euch und begreift, daß ihr die Kinder des Vaters seid, die geschaffen wurden aus Liebe und in absoluter Vollkommenheit. Nur euer Denken darüber ist unvollkommen. Tut dieses falsche Denken hinweg, da es euch nur Kraft und Mut nimmt. Erhebt eure Augen in Klarheit und wischt den Staub aus euren Augen, und mit jedem Mal werdet ihr deutlicher die erkennen, die im Unsichtbaren um euch sind. Das Unsichtbare wird nicht unsichtbar bleiben. Euer Sehnen und euer Rufen werden nach und nach die Schleier heben, und die Wolken werden sich lichten. Und ihr werdet jene sehen, die euch im Geiste begleiten, die alle Tage eures Lebens um euch sind, die mit euch das Lachen und Weinen teilen und die euch durch die Dunkelheit dieser Welt tragen.

Beginnt, euch als das wahre, vollkommene Selbst zu erkennen, als das Licht, als das ihr geboren, als das ihr gesandt seid! Ihr seid Licht, und als solches geht hin und wirkt!

An euren Seiten ist nun der geistige Führer, der bei sich den

Becher mit dem Wasser des Lebens trägt. In diesem Augenblick sollt ihr das geistige Getränk zu euch nehmen, welches das Wasser des Lebens ist. Es ist fähig, euch in eine höhere Lichtkraft zu bringen. Es wird euch befähigen, euch noch tiefer an die Vergangenheit in euch zu erinnern. Ich bitte euch, setzt euch mit geradem Rücken aufrecht hin und öffnet eure Seelen! Ein jeder der geistigen Führer an eurer Seite hält den goldenen Becher mit dem Wasser des Lebens, dem Wasser der Erkenntnis und der Weisheit. Es ist dies das Geschenk des Vaters an Seine Kinder, damit die Brücken des Lichts noch mehr der Kraft und der Weisheit erlangen.

Nehmt nun den Becher und öffnet eure Seelen! Euer geistiger Führer reicht euch den Becher zum Mund. Und nun trinkt! Trinkt und spürt das Licht! Trinkt das Licht, das heißt die Weisheit! Hineingemischt ist die Liebe des Vaters. Das Wasser des Lebens, trinkt es! (Pause)

Habt Dank für euer Vertrauen! Seid gesegnet und geht auf diese Weise euren Weg weiter! Haltet nichts für unmöglich! Ihr seid die, die aus dem Licht gekommen sind. Euch ist nichts unmöglich, wenn ihr selbst an eure Kraft glaubt. Verbindet euch immer wieder aufs neue in eurem Herzen mit denen, die euch im Geistigen als Hilfe und Unterstützung dienen! Und betet dieses neue Gebet! Ihr werdet erfahren, daß ihr in schnellen und großen Schritten wachst. Helft denen, die gefallen sind, sprecht für die, die keine Stimme haben, und streitet für die, die das Schwert der Liebe verloren haben! Nehmt sie mit auf eurem Weg ins Licht! Glaubt an euch selbst, glaubt an die Macht des Lichtes, und glaubt an die Macht der Liebe!

Bindet euch selbst immer wieder in dieses Licht ein! Ruft es, ruft es zu euch! Auch das Licht hat ein Bewußtsein. Es hat das Wissen: ICH BIN. So sprecht mit dem Licht und sprecht mit dem Feuer und mit dem Wasser und mit dem Wind und mit der Erde! Und wenn ihr krank seid, sprecht mit den Zellen, die in Disharmonie sind! Geht hin und sprecht mit eurer Geisteskraft alles an, was ihr zu verändern wünscht! Beginnt, schöpferisch tätig zu sein und als Licht zu wirken!

Die Erde hofft auf euch. So sprecht auch sie an! Sendet ihr eure Liebe und eure guten Gedanken! Dann wird sie sich dank dieser Liebesenergie erholen und ihre Kräfte reaktivieren.

Ihr seid die Kinder des Schöpfers. Ihr seid die Kinder des Lichtes. Schreitet also in Würde und mit erhobenem Haupt! Wenn ihr euer Haupt senkt, tut es aus Demut vor dem Vater und vor keinem sonst! Ihr seid die, die sich nicht bücken sollen, die sich nicht unterjochen lassen sollen. Ihr seid die Kinder des Königs und besitzt das Erbrecht auf ewiges Leben. Und ein jeder von euch hat einen Schlüssel im Herzen. Dieser Schlüssel ist das Wissen um die Macht der Liebe und des Lichts. Ihr habt, noch einmal betone ich es, an eurer Seite die liebenden Helfer in den unsichtbaren Bereichen. Ihre Hände sind in ewiger Liebe, in ewiger Bereitschaft geöffnet, mit euch zu teilen, mit euch zu gehen und euch zu helfen.

Wißt, daß auf dem ganzen Erdball weitere Brüder und Schwestern als Lichtbrücken arbeiten wie ihr. Verbindet euch geistig mit ihnen und sendet ihnen Liebe aus eurem Herzen, und die Liebe wird zu euch zurückkehren. Baut ein geistiges Netz, das die ganze Erde umspannt, und seid Licht! Jedes Wort, das euren Mund verläßt, soll von der Liebe geboren sein. Dann seid ihr unanfechtbar, unantastbar, und es müssen weichen die Dunkelheit und alle mächtigen Energien und Wesenheiten, die auf euch lauern. Achtet auf eure Gefühle! Sie sind Energien von gewaltiger Macht, und die Gedanken ebenso. Doch die Gefühle übertreffen an Macht die Gedankenenergien.

Wenn ihr dem Unrecht begegnet, ruft die Wächter der Gerechtigkeit! Und dann beobachtet! Die Boten und Helfer aus der Ebene der Gerechtigkeit werden euch zu Hilfe eilen. Wenn ihr von dunklen Energien aus den geistigen Bereichen angefochten werdet, ruft den Engel Sarahel! Er ist befugt und befähigt, aktiv mit seinem Schwert die negativen Energien der Dunkelheit zu bekämpfen. Und bittet auch Raffael um Hilfe! Alle sind auf eure Bitten ausgerichtet und haben vom Vater selbst den Auftrag einzugreifen, sobald ein Ruf aus eurem Herzen ertönt. Wenn verbunden ist, was nicht zusammengehört, ruft den Engel Michael! Er wird die Trennung vornehmen.

Auch das neue Gebet ist ein Werkzeug und ein Schwert in eurer Hand. Ihr habt das Wasser des Lebens erhalten. Es wird euch in kommenden Zeiten wieder gereicht werden, wenn ihr euch schwach fühlt. Bittet dann euren geistigen Führer, euch den goldenen Becher mit dem Wasser des ewigen Lebens zu reichen! Er wird euch geben, wonach ihr verlangt, und ihr werdet neue Kraft verspüren. Nehmt all dies in euren Dienst! Es ist euch vom Throne des Vaters gewährt und soll euch helfen, in euren Kräften und in eurer Weisheit zu wachsen.

Nun seid gesegnet! Um mich ist eine Vielzahl von Boten und Mitstreitern vom Fuße des Thrones versammelt. Und um euch erstrahlt in diesem Augenblick ein großer Lichtkreis in hellem Glanz. Nehmt von dieser Kraft, soviel ihr könnt, und baut sie in eure Herzen ein! Füllt euch auf und geht mit dieser Kraft durch die kommenden Tage! Wenn ihr spürt, daß sie nachläßt, bittet um neues Licht, um neues Wasser des Lebens!

Habt Dank! Wir sind hier mit einer Herrlichkeit der Liebe empfangen worden. Die im Unsichtbaren sind, haben all dies gesehen. Es grüßen euch die Boten, es grüßen euch die Engel, und es grüßen euch eure persönlichen geistigen Führer. Sie warten auf ein Wort von euch. Sprecht zu ihnen! Fühlt sie, spürt sie, wachst zu ihnen hin! Nehmt ihre Hilfe in Anspruch! Alles ist im Überfluß, in Reichtum und Fülle vorhanden.

So habe ich gesagt, was mir geheißen war, weiterzugeben. Seid gesegnet, seid voll frohen Mutes! Seht, alles, was ihr braucht, wird euch gegeben werden. Fürchtet nicht die Dunkelheit, fürchtet nicht die Krankheit, nicht das Ungemach und nicht den Tod! All dies ist bald Vergangenheit. Und ihr seid diejenigen, die voranschreiten, um das Beenden all dieser Dinge zu erfahren.

So kämpft mit dem, was euch gegeben wurde, und wißt, daß ihr die Sieger seid, noch bevor ihr euren Kampf begonnen habt. Dies schreibe ich in eure Herzen. Laßt dies zu eurer Gewißheit werden, und so wird euch alle Kraft zuwachsen, die ihr braucht. Noch einmal breite ich meine Hände über euch aus, die ihr mir Brüder und Schwestern wart, die ihr mir Brüder und Schwestern seid in alle Ewigkeit.

Seid gesegnet! Auf bald! Es sprach zu euch der Sohn der Einheit in großer Liebe und Verbundenheit. Gott zum Gruße!

Das schöpferische Wort

22. April 1995

Einleitend führte der Sohn der Einheit aus, daß die Anwesenden ihm einst begegnet seien und von ihm «den Schlüssel, den Plan, die Kraft und das Wissen» erhalten hätten, daß aber die Schätze der inneren Weisheit durch äußere energetische und atmosphärische Einflüsse ins Vergessen gesunken seien. Jetzt aber würden Energien in den Lebensraum der Menschen gesendet, die den Auftrag hätten, die Schleier, die den inneren Schatz verbergen, zu heben. Sodann fuhr er fort:

Die Erde ist zum einen von Menschen bewohnt, die berufen sind, in dieser Zeit zu erwachen, um sich selbst zu erkennen und dann nach dem eigenen und dem gemeinsamen großen Plan zu wirken. Diese Menschen sind die Suchenden, die das Sehnen nach der Heimat der Seele in sich tragen. Sie, die im Licht sind und hierher kamen, um durch ihr Sein das Licht auf die Erde zu bringen, sind ein kleiner Teil. Ihr seid ein Teil des kleinen Teils, und ich habe den Auftrag, euch in den Stand der Erkenntnis und der Weisheit zu erheben.

Der andere Teil sind die Unwissenden, die nach ihrem Willen nun geprüft werden und sich sodann zu den geistigen Seelenverbänden gesellen, die ihrer Identität und Qualität entsprechen. Noch ein anderer Teil sind die Lebewesen unter euch, die aus weit entfernten Regionen des Kosmos zu euch gelangt sind, um die hohen geistigen Schätze und die wertvollen Energien, die einmalig für diese Zeit geschaffen wurden, für sich in Anspruch zu nehmen. Unter ihnen sind etliche, die aus dem Streben nach Herrschaft selbstsüchtige Pläne verwirklichen wollen. Auch diese sind den Erdenmenschen beigemengt und fungieren als Werkzeuge der Dunkelheit, die nichts anderes als Nichtwissen ist.

Ihr, die Kinder des Vaters, seid berufen, durch euer Sein und mit unserer Hilfe den Erdengrund vorzubereiten, damit das himmlische Jerusalem aus den unsichtbaren Bereichen zu euch hinabgelangen kann. Die zwölf Perlentore sind weit geöffnet.* Der große Festsaal ist in aller Herrlichkeit geschmückt, und die

* Offb. 21,21

Tafel ist reich gedeckt. Die ganze Erde soll eine einzige Stadt sein, in der der Vater wohnt und die Liebe und das Licht regieren. Nach dem Fest wird ein jeder in sein neues Leben gehen, an den von ihm gewählten Ort, und zu den Menschen, die er liebt und mit denen er verabredet ist. Ihr werdet im neuen irdischen und zugleich geistigen Jerusalem leben, und nichts wird euch unmöglich sein. Die Vergangenheit des Planeten Erde wird euch eine beständige Mahnung sein, euch nicht mehr von der Liebe und vom Licht abzukehren, sondern die Erde im Glanz des Goldes zu erhalten.

In den Köpfen der Menschen an euren Universitäten werden Pläne geschmiedet, deren Realisierung einen großen Eingriff in das gesamte Menschengeschlecht darstellen würde. Nach diesen Plänen der scheinbar Klugen sollen die Menschen nach ihrer körperlichen Beschaffenheit selektiert werden. Die Schwachen, die Alten und Kranken sollen geopfert werden und sterben, damit ihre Organe für diejenigen bereitstehen, die körperlich gesund und kräftig sind, so daß nur die Leistungsfähigen, die scheinbar Starken die Erde bewohnen. Über diese Pläne gibt es viele Diskussionen unter denen, die mit ihrem genetischen Wissen in das Schicksal der Menschen eingreifen wollen. Sie ahnen nicht, daß ein solcher Eingriff weit über das irdische Schicksal hinausgeht und die karmischen Ablaufpläne beeinflußt.

Meßt daran die Zeit, die euch noch verbleibt, um als Licht in der Welt zu wirken und das Dunkle in Licht zu verwandeln! Seid nicht furchtsam und beugt nicht demütig euer Haupt vor denen, die euch mit Hilfe ihrer scheinbaren Macht aufs neue unterjochen wollen. Fürchtet nicht die Ungerechtigkeiten, die euch noch begegnen werden! Ihr seid im Licht, und es werden euch immer mehr Möglichkeiten und Kräfte zuteil werden, euch von den Zugriffen dieses Systems zu befreien. Verzweifelt nicht, wenn sie euch in vielerlei Art durch doppelbödige Gesetze belangen wollen! Geht in eure Mitte und ruft den Vater und die Wächter der Gerechtigkeit um Hilfe!

Ihr sollt beginnen, in eurem Leben wider alle Ungerechtigkeit, die euch begegnet oder euch selbst widerfährt, aktiv zu werden. Ihr dürft nicht länger aus falscher Demut oder Bescheidenheit oder aus Mutlosigkeit das Unrecht in der Welt hinnehmen. Ihr müßt aufstehen und mit den Waffen des Geistes kämpfen.

Wenn ihr dem Unrecht begegnet, wißt, habt ihr die Aufgabe, es umzuwandeln. Laßt nicht zu, daß es seinen Lauf nimmt, denn sonst wird es sich vermehren! Geht im stillen Kampf vorwärts, betet und ruft die Hilfen aus dem Geistigen! Bittet die Wächter der Gerechtigkeit, daß sie sich an eure Seite stellen, und beauftragt sie, für euch zu streiten nach der Weise der Liebe!

Wenn ihr der Krankheit begegnet, erinnert euch, daß ihr einstmals in eurem ganzen Sein vollkommen wart! Vollkommenheit ist der Zustand, der euch gebührt und der in euch ist. Krankheiten existieren nur in eurer äußeren Daseinsform. Bittet den Vater, Er möge euch das Wissen auf den Geist legen und euch zu den notwendigen Begegnungen führen, so daß ihr euch selbst von den Krankheiten befreien könnt. Wenn ihr kranken Menschen begegnet, schaut ihnen mit euren Augen der Liebe und des Wissens tief ins Herz, sendet ihnen die Kraft des Geistes und bittet den Vater im Namen des Sohnes, daß Er ihnen über eure Augen Heilung schicke. Ruft die Engel der Vollkommenheit und bittet um Genesung!

Erinnert euch an die Kraft der Worte und an die Gewalt der Gedanken! Bedenkt bei allem, was ihr tut: Der Ursprung und das wahre Sein sind im Geist und kommen aus dem Geist; das Feinstoffliche und die Materie sind Stufen nach dem Geiste, sind die äußeren Manifestationen, die sichtbar sind, jedoch aus dem Geist geboren wurden. Wenn ihr also in eurem Leben in Situationen geratet, die ihr nicht ertragen, nicht erleben wollt, geht immer auf die geistige Schöpferebene eures Selbst und beginnt, von dort aus durch die Macht des Wortes zu wirken! Seid euch immer bewußt, daß ihr Kinder des Lichtes seid und daß euch Wissen und Kraft verliehen wurden. Schließt mit dem Schlüssel der Liebe das Tor zum schöpferischen Tätigsein auf!

Beginnt, mit der Macht des Wortes in euch und um euch zu wirken! Bevor ihr euch in diesen geistigen Schöpfungsakt begebt, geht mit eurer Seele zum Vater und sprecht das neue Gebet! So will ich noch einmal das neue Gebet sprechen, und danach laßt uns gemeinsam schöpferisch tätig sein! Begleitet mich in meinen Worten mit eurem Herzen. Das neue Gebet soll euch ein Schwert sein zur Veränderung. Sprecht also aus der Tiefe eures Seins:

Unser Vater

der Du bist in uns, um uns und überall,
Dein Name, der da ist Weisheit, Unendlichkeit und Liebe,
werde geheiligt.
Dein uns verheißenes Reich komme jetzt.
Dein Wille geschehe in allen Universen.
Gib uns das neue Brot für unseren neuen Leib.
Verwandle all unsere angesammelte Schuld
durch die Kraft Deiner Gnade,
und führe uns durch die Versuchung der Dunkelheit
mit Deinem Licht.
Denn Dein ist und Dein bleibt
das Reich, die Kraft und die Herrlichkeit
von Ewigkeit zu Ewigkeit.

Amen.

Das Wort «Amen» ist das «Ja» eures Herzens. Es ist die Umwandlung des ursprünglichen «Om» oder «Aum», das «So sei es» bedeutet. Das ganze Universum ist Leben mittels Schwingung. Auch ihr schwingt in eurem Sein. Wenn ihr das «Amen» sprecht, schließt ihr euch mit eurer Schwingung energetisch an die Schwingung der Quelle, an die Schwingung des Vaters selbst, an. Das Amen ist die direkte Verbindung eures Geistes mit dem Geist des Vaters. In diesem hohen Bereich ist es euch möglich, kraft eurer Gedanken, eurer Liebe und eures Glaubens schöpferisch tätig zu sein. Achtet die Worte «Amen» und «Es werde!», denn sie ermöglichen euch, eure geistigen Pläne in die sichtbare, die materielle Ebene hinein zu realisieren!

Im Anfang war das Wort. Und das Wort war bei Gott. Und Gott sprach: «Es werde!» Und es ward. Das Wort ist Fleisch geworden und zu euch auf die Erde hinabgekommen. Das Wort zeigte euch den Weg, aus dem Geistigen schöpferisch tätig zu sein und die Materie zu überwinden. So laßt den Weg des Wortes nicht umsonst gewesen sein! Es war der Wunsch des fleischgewordenen Wortes, daß die Seinen ihm nachfolgen und mit der Macht des Wortes alles Leid, alle Abhängigkeit und alle Unterjochung überwinden.

Sprecht zuerst das «Unser Vater», und aktiviert nach dem «Amen» die Geisteskraft eurer Gedanken und sprecht laut euren Wunsch in das Universum hinein! Dann wiederholt das «Amen» und sprecht in eurem Herzen mit der Kraft eures Glaubens, dem Sehnen eurer Seele und mit aller Liebe, der ihr fähig seid: «Es werde!»

Ihr sollt auf alles achten, was euren Mund verläßt, und auf alles, was in euren Geist fließen will, denn all dies bestimmt euer Sein und Werden! Was ihr an den Tagen eures Lebens redet, ist unbewußtes schöpferisches Tun. So erkennt also die Bedeutung eurer Worte! Beobachtet: Wenn ihr Worte sprecht, werden sie sich gewißlich realisieren. Mit diesem Bewußtsein sende ich euch in das Leben hinaus. Ihr sollt beginnen, mit euren Worten die Erde zu verändern! Wählt Worte der Weisheit und der Liebe! Wenn aggressive, verletzende Worte oder Worte der Bitterkeit und Wehmut aus eurem Mund gelangten, sendet ihnen Liebe hinterher, um sie umzuwandeln! Denn wißt: Je höher ihr im Licht aufsteigt und je mehr eure Fähigkeiten wachsen, aus ihm zu wirken, um so schneller und intensiver wird alles, was ihr ausgesendet habt, auf euch zurückkommen. So ist ein jedes Wort wie ein Same, den ihr auf den Erdball sät. Nehmt also die Worte als Samen aus dem Geiste und gebt sie in den Boden der Erde hinein! So wird auf ihr das Neue wachsen.

Um euch sind nun die Helfer aus dem Geistigen versammelt, und eure Schutzgeister stehen an eurer Seite. Sie haben den Auftrag, euch das Wasser des Lebens zu reichen, welches Licht ist. Trinkt dieses Licht, und so wird euch Weisheit in immer klarerem Maße zuteil. Und wenn ihr die Weisheit getrunken habt, werden wir in der Gemeinschaft kreativ tätig sein. Es soll euch als ein Beispiel dienen, wie ihr in eurem Lebensbereich schöpferisch wirken könnt.

Setzt euch mit geradem Rücken hin, öffnet eure Hände, eure Seele und euren Geist! Nun wird euch der goldene Becher mit dem Wasser des Lebens gereicht, und euer geistiger Führer flößt euch in diesem Augenblick das Elixier ein. So trinkt denn, ihr geliebten Menschenseelen, die ihr das Licht und die Hoffnung der Welt seid! Seid gesegnet in Reichtum und Fülle!

Nun legt eure rechte Hand auf das Herz und sprecht mir im Geiste die folgenden Worte nach:

Ich bin Geist, ich bin Licht, und ich bin Liebe.
Ich werde durch mein Sein alle Dunkelheit erhellen
und durch meine Liebe alles umwandeln,
was mir in Unliebe begegnet.
Alles, was unfrei ist, soll durch meine Gedanken,
durch meinen Wunsch in die Freiheit gelangen.
Alles, was disharmonisch und krank ist,
soll durch die Kraft meines Glaubens
in die Vollkommenheit gelangen.
Die Erde soll gesegnet sein,
und ich selbst bin ein Segen für alles, was mir begegnet.

So sei es. Amen.

Legt ihr in diese Worte euer ganzes Sein, so streben sie kraft ihrer Gesetzmäßigkeit aus sich heraus danach, sich zu erfüllen. Die Worte werden zu euch zurückkehren und euch die Ernte der ausgestreuten Saat bringen. Eure Gedanken, eure Gefühle, eure Wünsche, all dies sind geistige Waffen. Achtet stets auf eure Wünsche, denn weil sie den Willen haben zu leben, werden sie sich verwirklichen. Es bedarf keiner großen und gewichtigen Pläne, um eure Erde zu verändern. Es bedarf der Liebe und des Lichtes. Denkt allezeit daran: Das neue Jerusalem ist vollendet, die Perlentore sind geöffnet. Durch die Perlentore werden die eingehen, die dies verstanden haben, die treu geblieben sind und sich selbst erkannt haben.

Die Erde ist dabei, sich in immer höhere Frequenzen einzuschwingen, und auch eure Frequenzen werden ständig erhöht. Bald werde ich euch weitere Möglichkeiten zeigen, wie ihr euch über Behinderungen und Grenzen erheben könnt. Ihr werdet lernen, alles aus der Kraft eures Geistes zu überwinden. Ihr werdet lernen, euch ohne materielle Vehikel von einem Ort zum anderen zu begeben. Ihr werdet lernen, eure Krankheiten in Freude und Kraft umzuwandeln.

Ihr werdet lernen, euch aus dem Geist zu ernähren. So beobachtet eure physischen Körper! Sie werden sich in der kommenden Zeit in ihren Bedürfnissen und in ihrer Beschaffenheit verändern. Eure Seele wird euch deutlich und immer deutlicher kundtun, was ihr an geistiger und was ihr an stofflicher Nahrung zu euch nehmen sollt. Ihr werdet immer deutlicher die Veränderung in euch und an euch verspüren. Wenn ihr dies bemerkt, hebt eure Augen im Glanz, freut euch und wißt: Das geistige Jerusalem ist euch nähergerückt. Jerusalem wird zu euch gelangen, wenn ihr vorbereitet und fähig seid, es zu empfangen.

Wißt wohl, es werden sich die Gegebenheiten auf eurer Erde in immer stärkerem Maße verändern. Die Mächtigen der Erde ersinnen viele Pläne und bedienen sich aller Möglichkeiten und aller Waffen, deren sie habhaft werden können, da sie unter dem Einfluß der Wesenheiten stehen, die von außerhalb auf die Erde gelangt sind. Es wird eine Zeit noch größerer Dunkelheit kommen. Ihr aber, denkt an euer wahres, vollkommenes Sein, an euren Ursprung! Wenn ihr Hilfe braucht, so legt eure Hand aufs Herz, erhebt eure Augen und bittet! Dann sagt: «Es werde!», legt euer ganzes Selbst in diese Worte! Und dann beobachtet: Es wird geschehen. Dies ist ein Versprechen des Vaters. Der Vater ist allezeit bei euch und um euch, und der Sohn des Vaters ist allezeit in euch und mit euch.

Seht euch in die Augen, seht tief durch das Äußere hindurch, und ihr werdet den Blick des Sohnes sehen. Er ist mitten unter euch. Wartet nicht auf ihn! Er weilt bei euch allezeit. Seid gesegnet! Helft euch gegenseitig und bringt Verständnis füreinander auf! Tragt euch in euren Schwachheiten, und wenn einer fällt, hebt ihn auf und tragt ihn hoch ins Licht!

So gehe ich aus dieser Stimme und reihe mich in die neben mir Stehenden ein, die in einer Vielzahl hier bei euch vertreten sind. Viele geistige Hände sind über euch ausgebreitet. Segen, Licht und Weisheit strömen auf eure Häupter herab. Seid getrost und voll der Freude, denn es ist Auferstehung, es ist Auferstehung an allen Enden des Universums. Der Saal ist geschmückt, die Perlentore sind geöffnet, und Jerusalem erstrahlt in seinem Glanz. Bald, bald soll auch dieser Erdball erstrahlen. Gott zum Gruße! Es sprach der Sohn der Einheit. Seid gesegnet, ihr Vielgeliebten!

Hier ist in aller Klarheit davon die Rede, daß die Zeit kommt, wo wir uns «vom Geist» ernähren werden. Bereits 1997, also zwei Jahre später, waren die

Anzeichen einer beginnenden Umstellung nicht mehr zu übersehen. Nicht nur Teilnehmer der TerrAmor-Seminare berichteten, wie erwähnt, von veränderten Eßbedürfnissen, vor allem, daß schwere Lebensmittel nicht mehr vertragen werden. Inzwischen macht weltweit, ausgehend von Australien, eine Bewegung spiritueller Menschen auf sich aufmerksam, die sich bereits ausschließlich von Licht ernähren. Sie sprechen von flüssigem Licht, von Prana oder von der Lebenskraft, die im Äther enthalten ist, in jener feinsten Substanz, die allüberall und unbegrenzt zur Verfügung steht.

Seit eh und je ist bekannt, daß einzelne Yogis des Ostens die Fähigkeit besitzen, sich dieser Kraft zu bedienen und ohne physische Nahrung auszukommen. In Europa verbindet sich mit dem Gedanken der Unabhängigkeit von physischer Ernährung vor allem der Name des Schweizer Einsiedlers und Mystikers Nikolaus von der Flüe, bekannt als Bruder Klaus (1417-1487). In diesem Jahrhundert war es Therese von Konnersreuth, mit bürgerlichem Namen Therese Neumann (1898-1962), die sich Jahrzehnte bis zu ihrem Tod von «Gottes Licht» ernährte und weit über Deutschland hinaus bekannt wurde. (Sogar Paramahansa Yogananda besuchte sie.)

Wünsche realisieren

2. Juni 1994

Nachfolgend fügen wir eine Botschaft aus dem Jahre 1994 ein, in der ebenfalls auf die schöpferische Tätigkeit des Menschen eingegangen wurde, und zwar in bezug auf die Erfüllung von Wünschen.

Ihr Kinder des Lichtes, ich komme im Frieden zu euch, ich, ein Bote des Lichtes, ein Bote des Einen. Friede sei mit euch! Mein Name ist Mahel. Ich bin der Hüter der Energien aus den irdischen Regionen. Mir sind viele Boten unterstellt, und es ist mein Auftrag, alle Energien, die in eurer Sphäre erschaffen werden, zu kontrollieren und danach umzuwandeln und in die richtigen Bahnen weiterzuleiten.

Ihr habt die Bereitschaft bekundet, künftig für euer Denken und Tun die Kontrolle und die Verantwortung zu übernehmen. So bringe ich euch heute eine Botschaft über die Realisierung von Wünschen und über die Erzeugung von Energien, auch jener Energie, die auf eurer Erde so viel Macht hat: Geld.

Vieles ist im Laufe der Menschheitsgeschichte auf der Erde geschehen. Nun aber steuert die Geschichte einem Höhepunkt zu, der große Veränderungen mit sich bringt. Es werden sich Dinge ereignen, die euren Planeten gänzlich umgestalten, so daß eine neue Erde, ja selbst ein neuer Himmel geboren wird. Damit ihr diese großen Veränderungen und Verwandlungen übersteht, werdet ihr nach und nach vorbereitet, und es werden euch Wissen und Kraft übermittelt. Mit Hilfe der geistigen Gaben, die ihr erhaltet, werdet ihr in der Lage sein, euren Lebensbereich so zu gestalten, daß ihr in Liebe bestehen und wirken könnt. Ihr seid aufgerufen, den Menschen, die euch umgeben und in Liebe verbunden sind, mit diesem Wissen, dieser Kraft und diesen geistigen Gaben zur Seite zu stehen.

Der Augenblick wird kommen, wo ihr aufgerufen werdet zu wirken. Dann erinnert euch an diese Stunde und an meine Worte, denn sie sind Vorbereitung auf jenen Augenblick!

Indem ihr mir euer Herz und eure ganze Konzentration zuwendet, empfangt ihr bereits einen Teil jener Energien, die notwendig sind, um euer Bewußtsein zu erhöhen, so daß ihr diese und die künftigen Botschaften versteht. Durch die Worte, die ich aussende, empfangt ihr Energien, die ihr zu gegebener Zeit bewußt zu euch rufen und nach eurem Willen und Vermögen anwenden könnt. Bleibt also auf mich konzentriert, denn ich, Mahel, sende euch nicht nur Worte. Ich sende meine Energie in jeden einzelnen von euch, und in jeder eurer Körperzellen wird sie sich nun manifestieren.

Ich spreche jetzt zu euch über die Materie des Geldes. Geld ist eine Manifestation der Energie, die im Austausch für eine Energie, die ihr weggebt, zu euch zurückkommt. Das heißt, die Arbeit, die ihr verrichtet, erfordert eure Energie, die ihr für andere Menschen oder Institutionen aufbringt. Diese Energie kehrt in der Form der Materie Geld zu euch zurück. In Geld ist vielerlei enthalten. Es ist die Macht, Dinge zu erwerben, und so denkt ihr oftmals, mit dieser Art von Materie könntet ihr Sicherheit, Freiheit und Unabhängigkeit erreichen. Hier liegt euer erster Irrtum.

Sicherheit, Freiheit und Unabhängigkeit vermag ein Mensch sich nur zu erschaffen, indem er den Dingen entsagt. Das heißt, ihr müßt lernen, euren Körper in eine Ebene hinaufzuschwingen, wo diese Dinge keine Macht mehr über euch besitzen. Ich meine nicht, daß ihr die stoffliche Erde verlassen müßt, nein. Es ist euer Bewußtsein, daß sich über sie erheben muß. Wenn ihr euch auf der Bewußtseinsebene dem Wirkungsbereich der materiellen Ebene entzieht, werdet ihr automatisch erkennen, daß die Energie mit dem Namen Geld in Wirklichkeit machtlos und nichtig ist. Wenn diese Energie in eurem Bewußtsein keinen Gegenpol mehr findet, wird sie alle Macht über euch verlieren, und ihr werdet wahrlich frei sein.

Lernt, eure Ängste zu besiegen, denn Angst ist eine Energie, die eure Schwingungen herabzieht und verdichtet! Wenn ihr Angst empfindet, seid ihr gebunden und unfrei, denn ihr produziert Energie der niederen Ebene und bildet damit einen Gegenpol für die Energie des Geldes. Denkt daran: Wenn ihr euch von der Angst verführen laßt, verdichten sich eure Schwingungen, und ihr seid der Gegenpol für vielerlei negative Energien. Wenn ihr die Angst überwindet und in Gleichmut lebt, bildet ihr keinen Resonanzboden für diese Energien, und sie haben keinen Zugang zu euch.

Wenn ihr der Materie mit dem Namen Geld die Macht nehmt und dafür eure Verantwortung in sie hineingebt, werdet ihr in Zukunft mit dieser Energie segensreich wirken, und sie wird in Fülle zu euch zurückfließen. Es ist wichtig, daß ihr eurer Denk- und Sehensweise eine andere Qualität gebt, ja daß ihr selbst eure Gefühle diesem Energiepotential gegenüber verändert, damit das Geld in einer Art zu euch zurückfließt, wo es positiv wirken und wachsen kann.

Lernt, in der Materie Geld die guten Qualitäten zu erkennen! Wünscht euch nicht das Geld selbst, wünscht euch die Qualitäten, die ihr erringen könnt, wenn euch Geld in Fülle zufließt! Bittet nicht um Geld, bittet um all jene Dinge, die notwendig sind, damit ihr zu eurem höheren Wohl gelangt!

Es ist der Wunsch des Vaters, daß ihr allezeit in Unabhängigkeit und Freiheit, in Fülle, Schönheit und Gesundheit lebt. In euch ist die Schöpferkraft verankert, und um euch habt ihr alle Energien, die notwendig sind, um eure Wünsche zu realisieren. Allein euer Glaube, dies nicht zu können, hindert euch, die schöpferischen Prinzipien zu voller Wirksamkeit zu aktivieren.

Wenn ihr um etwas bittet, wendet euch zuerst an das höhere Bewußtsein in euch selbst, damit es eure Wünsche kontrolliere und siebe, so daß nur jene Komponenten an die göttliche Allmacht weitergegeben werden, die eurem Wohle wirklich dienlich sind. Der Grad eures jetzigen Bewußtseins ermöglicht euch noch nicht, eure Bitten in der Form vorzubringen, daß sie sich in Kürze verwirklichen. Dies wiederum ist von der göttlichen Allmacht so eingerichtet, damit ihr geschützt seid. Würdet ihr im gegenwärtigen Bewußtseinsstadium eure Wünsche sofort realisieren können, würde die Erde längst nicht mehr existieren.

Arbeitet aus diesem Grunde zuerst an eurem inneren geistigen Wachstum! Wenn ihr das notwendige Wissen habt, werdet ihr um das Richtige für euch bitten. In all euren Wünschen muß das Wohl des Nächsten, das Wohl der Tiere, der Natur, der Erde, ja des ganzen Universums mit bedacht, mit eingeschlossen, mit berücksichtigt sein. Lernt dies, damit ihr auf der künftigen neuen Erde nicht den gleichen Fehlern unterliegt wie in der Vergangenheit!

Ich habe euch eingangs gesagt, daß die Erde sich verändern wird. Die Menschen werden sie neu gestalten. Menschen wie ihr werden tatkräftig im materiellen wie im geistigen Bereich Neues erschaffen. So wie ihr euch heute zusammengefunden habt, um diese Informationen zu erhalten, werden an vielen anderen Orten Menschen auf dieselbe Art und Weise informiert und auf das kommende große Geschehen vorbereitet.

Ihr seid hierher gekommen, um zu lernen, wie ihr eure Wünsche in die Wirklichkeit umsetzen könnt. Der erste Schritt besteht darin, daß ihr die richtigen Wünsche wählt. Kontrolliert eure Wünsche, überdenkt sie in aller Klugheit, Weisheit und Ruhe, und dann gebt sie mit der richtigen Einstellung, in Demut und in Liebe, an die geistige Ebene weiter! Danach aber laßt den Wunsch los. Kehrt euch um und denkt nicht mehr daran, denn sonst würdet ihr den Wunsch festhalten, und jene Energien und Wesenheiten, die dafür zuständig sind, eure Wünsche zu magnetisieren und zu euch zurückzubringen, könnten sie nicht entgegennehmen. Wenn ihr euren Wunsch festhaltet, kann er nicht in den geistigen Ebenen aufgenommen werden. Dann wirkt ihr allein auf eurer Seite, so daß sich die von euch ausgesendeten Wunschenergien zerstreuen und unvollständig oder gar nicht oder so entstellt zu euch zurückkehren, daß ihr sie nicht mehr erkennen könnt.

Wenn ihr euch verantwortungsbewußt für einen Wunsch entschieden habt, besteht der nächste wichtigste Schritt, um eure Wünsche in der stofflichen Ebene Wirklichkeit werden zu lassen, darin, daß ihr euch mit eurem Bewußtsein in eine höhere Ebene einschwingt und dort mit Hilfe eurer Gedanken, Gefühle und eurer Intuition vor eurem geistigen Auge das gewünschte Ergebnis als Bild erschafft. In der Welt der feinstofflichen Energien entsteht alles, was im Diesseits wie im Jenseits existiert. Wenn ihr also einen Wunsch in der stofflichen Wirklichkeit ausdrücken wollt, schwingt euch mit euren Energien in die feinstoffliche Ebene und werdet zuerst dort aktiv! Diese Arbeit mit eurer Vorstellungskraft muß in absoluter Ernsthaftigkeit und Liebe vollzogen werden. Wenn ihr die Erschaffung einer bildhaften Vorstellung des gewünschten Ergebnisses abgeschlossen habt, sprecht euren Wunsch aus!

Doch bittet in der richtigen Art und Weise! Seid achtsam bei der Wahl der Worte, die ihr verwendet! Überdenkt sie gründlich, denn in euren Worten ist Kraft und Macht verborgen. Seid euch dessen immer bewußt: Ein jedes Wort wirkt gemäß seinem Ursprung, seinem Inhalt und seiner Qualität. Wenn ihr die falschen Worte wählt, gebt ihr eurem Wunsch Energien bei, die nicht für euch, sondern wider euch wirken. Bedenkt also jedes einzelne Wort! Versucht, das bestmögliche zu finden, das genau dem Ausdruck eurer inneren Identität entspricht! Jedes Wort muß so formuliert sein, daß es unmißverständlich, eindeutig und klar erscheint.

Formuliert nicht, was ihr nicht wünscht, indem ihr Worte wählt wie: «Mache uns frei von Krankheit» oder «Wende das Übel ab». Laßt diese Dinge in Vergessenheit geraten, sonst setzt ihr gerade jene Energien in Bewegung, die ihr nicht wollt. Bittet also um Gesundheit, nicht darum, von Krankheit erlöst zu werden! Bittet um Fülle und Reichtum, und nicht darum, aus eurer Bedürftigkeit herausgeführt zu werden! Nennt also immer das, was ihr wünscht, und bittet nicht um die Aufhebung dessen, was ihr euch nicht wünscht! Dieser Aspekt ist wesentlich. Prägt ihn euch tief in euer Bewußtsein ein!

Achtet also darauf, daß ihr nicht aus Unwissenheit oder Oberflächlichkeit eine falsche Wortwahl trefft und die Energien, die ihr braucht, um eure Wünsche zu realisieren, wieder aufhebt! Das gesprochene Wort ist die erste Manifestation des Gedankens, der der Ursprung einer jeden Schöpfung ist.

Alles, was im Diesseits wie im Jenseits existiert, ja selbst das ganze Universum wurde durch die Kraft der Gedanken erschaffen. Im Anfang war das Wort, und das Wort war Gott. Denkt daran, wenn ihr sprecht, drückt sich ein Teil Gottes in und durch euch aus. Seid euch dessen bewußt und wirkt in Demut und in Würde! Eure Worte werden gehört, bewertet und gerichtet. Und sie kommen zu euch zurück. Die Worte, die ihr aussendet, sind Energien, die im Universum wirken, sich dort an qualitätsgleichen Energien aufladen und dann in verstärkter Form zu euch zurückkehren.

Im Anfang war das Wort, und das Wort war Gott. Und Gott sprach: «Es werde!» Diese beiden Worte «Es werde!» sind wesentlich. Behaltet sie in eurem Bewußtsein, denn es sind die Worte der Schöpfung! Sie sind der Schlüssel, der euch von eurem Hohen Selbst gegeben wurde. Der Schlüssel ist ein Symbol für die beiden Worte «Es werde!» Indem Gott sprach: «Es werde!», wurde Licht. Licht war die erste Energie, die erschaffen wurde. Durch das Licht wurden alle weiteren Schöpfungen ins Leben gerufen.

Licht ist ein Ausdruck für Weisheit, Wahrheit, Wissen. Auch hier liegt ein Schlüssel verborgen. In der Weisheit und im Wissen um die Dinge ist euch alles möglich. Wenn ihr die Prinzipien erkennt und wißt, was euch umgibt und wer ihr selber seid, könnt ihr mit den Worten «Es werde!» wirken. Und ich sage euch in diesem Augenblick: Wenn ihr diese Worte sprecht und dabei alles beachtet, was ich euch zuvor gesagt habe, wird sich euer Wunsch als Wirklichkeit ausdrücken.

Arbeitet mit dem Gedanken, mit dem Wort und mit dem Licht! Hierin liegt der Ursprung der göttlichen Schöpfung. Diese Schöpfungskraft wurde euch verliehen. Da ihr euch aber in eurem Bewußtsein von Gott entferntet, habt ihr das Wissen darüber vergessen. Dennoch ist diese Schöpferkraft vorhanden. Sie schlummert in euch. Wenn ihr erwacht und die Göttlichkeit in euch erkennt und die Prinzipien der Liebe verantwortungsbewußt und in Demut annehmt, wird sich alles in eurem Leben so darstellen und verwirklichen, wie ihr es wünscht.

Arbeitet an eurem Bewußtsein! Wenn ihr die notwendige Stufe erreicht habt, wird alles für euch wie ein Spiel. Alles wird mit Leichtigkeit vollzogen werden können. Ihr werdet in künftigen Zeiten ohne große Mühe, ohne Schweiß und ohne Krankheit die Erde neu gestalten. Dies ist der Auftrag, dies ist der Wunsch des Vaters. Prägt diese Worte tief in eure Seelen ein! Zur gegebenen Zeit werden sie in euer Bewußtsein treten, und ihr werdet in Liebe wirken, und nichts wird euch unmöglich sein.

Wenn ihr die Gedanken, die jetzt in euch auftauchen, nämlich, daß es in dieser einfachen Form nicht möglich sei, weiter hegt, wißt, ist der Zeitpunkt für dieses Wirken noch nicht gekommen, denn ihr müßt im absoluten Glauben und Vertrauen stehen, um hier wirklich schöpfen zu können. Wenn nur ein Funke von Unglauben bei eurer Arbeit ist, wird sich euer Wunsch nicht realisieren. Da der Unglaube ebenso eine Energie ist wie der Glaube, werden die Energien, die durch das richtige Aussprechen des Wunsches aufgebaut werden, durch den Unglauben wieder abgebaut.

Lernt also zu vertrauen und beginnt mit dieser Arbeit im Kleinen! Wünscht euch zuerst die Dinge, von denen ihr glaubt, daß sie sich verwirklichen! Wenn ihr die Erfahrung macht, daß sich diese Wünsche tatsächlich realisieren, wird euer Glaube gestärkt, bis er das Maß an Energie erreicht hat, das für die Erfüllung größerer Wünsche notwendig ist. Sobald ihr euren Wunsch formuliert und ausgesprochen habt, wendet euch direkt an die göttliche Allmacht und bittet um die Erfüllung des Wunsches! Dankt im Anschluß an die Bitte, denn ihr müßt euch dessen gewiß sein, daß dem, der bittet, gegeben wird.

Sprecht zum Abschluß die Worte: «Es werde!» oder das euch vertraute «Amen», das eine andere Ausdrucksform ist für «So sei es!» Danach laßt den Wunsch los, kehrt euch um, wendet euch eurem Alltag, eurem Leben auf der weltlichen Ebene zu in dem tiefen Bewußtsein, daß alles so geschehen wird, wie ihr gebeten und auch gedankt habt. Wenn ihr an die Erfüllung eurer Bitte glaubt, werdet ihr empfangen. Wenn ihr nicht glaubt, wird euch entsprechend eurem Unglauben geschehen.

Wenn ihr all dies in der Tiefe eurer Seele erfaßt und angenommen habt, setzt es um, arbeitet damit, experimentiert! Seid nicht entmutigt, wenn sich nicht sogleich alles verwirklicht! Geht dann davon aus, daß eure Arbeit in irgendeiner Weise unvollständig war! Forscht nach, woran es gelegen hat! Auf diese Weise werdet ihr mit der Energiearbeit vertraut, werdet geschult und gestärkt und wachst in die Erkenntnis, in das Wissen und in die Kraft hinein. Und euer Leben wird sich in der Qualität verbessern.

Es ist wichtig, daß ihr lernt, wirklich frei und unabhängig zu sein, daß ihr in der Lage seid, euer Leben so zu gestalten, wie ihr es wünscht. Ich gebe euch den Segen der geistigen Welt und bestärke euch, in eurer Suche fortzufahren. Ich sage euch, daß die ernsthaft Suchenden in Fülle empfangen werden. Wo ihr nicht imstande seid, selbst für euch zu wirken, bittet um Hilfe und wendet euch direkt an den Vater, dorthin, wo der Ursprung allen Seins ist.

Frieden sei mit euch, und der Segen sei um euch! Gott zum Gruße! Mahel.

Da Mahel den Schöpfungsvorgang, der in vielen Botschaften angesprochen wird, hier in seinen verschiedenen Schritten behandelt, seien diese in ihrer Aufeinanderfolge noch einmal festgehalten:

1. *Sich in Demut und Würde bewußt sein, daß sich ein Teil des Schöpfergottes in und durch uns ausdrückt, und daß wir der Gabe würdig sind, Mitschöpfer zu sein;*

2. *Die richtigen Wünsche wählen: die dem allgemeinen Wohl nicht schaden; von denen man auch glauben kann, daß sie sich erfüllen, also zunächst nicht zu große; und die sich nicht auf Geld richten, sondern auf die Lebensqualitäten, die durch Geld ermöglicht werden sollen;*

3. *In Gedanken und Gefühlen und mit Hilfe der Intuition in lebhaften Bildern den ersehnten Zustand oder den gewünschten Gegenstand visualisieren, d.h. sich ihn bildhaft vorstellen; sich dabei bewußt sein, daß durch die Visualisierung das gewünschte Ergebnis in der feinstofflichen Ebene erschaffen wird und daß diese feinstoffliche Schöpfung aus sich heraus nach der grobstofflichen Materialisierung strebt;*

4. *Den Wunsch formulieren und (möglichst laut) aussprechen, dabei aber die richtigen Worte wählen, denn sie bilden die erste Stufe der Manifestation. Die Worte sollen unmißverständlich, eindeutig und klar sein, und sie sollen nicht etwas Unerwünschtes benennen, sondern nur positiv formulieren, was gewünscht wird;*

5. *Sich im Glauben und im Vertrauen an die göttliche Allmacht wenden, um Erfüllung des Wunsches bitten und im Anschluß für die Erfüllung des Wunsches danken;*

6. *Die eigene Schöpferkraft durch die Worte «Es werde!» aktivieren;*

7. *Den Wunsch loslassen und ihn an die für seine Magnetisierung zuständigen Wesen abgeben, also ihn nicht als Sorge oder Belastung festhalten, wohl aber alles für die Realisierung des Wunsches tun, was einem selbst möglich ist.*

Dein uns verheißenes Reich komme jetzt!

29. April 1995

Ihr geliebten Erdenseelen, seid willkommen, seid gesegnet! Gott zum Gruße! Ich bin gesandt aus dem Ursprung, aus der Einheit, aus der Quelle der Vollkommenheit. Spürt in meine Worte hinein und sucht, mich zu erkennen wie einst vor lange vergangener Zeit!

Ihr seid ein kleiner Teil derer, die sich in der Dunkelheit des Erdentales bewegen. Die Dunkelheit ist die geistige Unwissenheit derer, die ihr Herz, ihr Sein verschlossen haben vor dem, was in Bälde kommen wird. Ihr aber seid die Berufenen, und so wißt wohl, nicht aus Zufall seid ihr hier beisammen, nein. Ihr wurdet zu einer Stunde berufen, die weit in der Vergangenheit liegt. Ehe der Erde Grund gelegt war, wußtet ihr um den Werdegang der Erdkugel, die eure Heimat ist. Ehe der Erde Grund gelegt war, faßtet ihr den Entschluß, mit eurem Herzen, mit euren Kräften, mit eurem ganzen Sein den Plan, der sich nun zu verwirklichen beginnt, zu unterstützen. Ihr seid klein an Zahl. Doch ihr seid das Licht und die Berufenen, die nach dem Plan des Vaters und nach eigenem Wunsch und Willen gesandt sind, das Werk zu vollziehen, das einstmals von euch selbst ersonnen ward. Ihr habt untereinander Verabredungen getroffen. Nun seid ihr euch in diesem Raum begegnet, um zu erkennen, was zwischen euch besprochen war.

Wißt, daß das Auge des Vaters in Liebe und Hoffnung auf euch gerichtet ist. So öffnet euren Geist und eure Seele, denn heute werden wir beginnen, geistige Gaben aus der Einheit auszuschenken, damit ihr euch künftig von Tag zu Tag besser in eurem wahren Sein erkennt. Ihr werdet heimkehren zu euch selbst. Ihr werdet heimkehren zur Liebe, zum Wissen, zum Verstehen. Auch dieser Erdball wird in ein neues Sein heimkehren. Alles wird von ihm hinweggenommen werden, was bedrängt und was das Ansinnen und die Macht hat, zu unterjochen, auszubeuten und zu zerstören. Wißt wohl, ihr, die ihr äußerlich klein an Zahl seid, seid die Lichter dieser Erde. Die großen Begebenheiten auf der Erde geschahen stets im Kleinen, im Stillen. So ward auch der Sohn des Vaters nicht im Palast des Königs geboren. Er erblickte das Licht der Erdenwelt in der Verborgenheit, in Stille und Einfachheit. Gedenkt des Augenblicks, als der Sohn als Mensch auf die Erde kam, wenn euch Zweifel an euch selbst befallen! Der Wunsch an euch ist, daß ihr beginnt, euch selbst zu erkennen, eure eigene Kraft, um dann Werkzeuge im Plan des Vaters zu sein, der beschlossen hat, das Erdenrund in eine neue Form des Seins zu bringen.

Die Erde schwingt sich in ihrem Transformationsprozeß höher und höher in eine neue Qualität, und die Lebewesen auf ihr sind diesem Wachstums- und Entwicklungsprozeß angeschlossen. Ein Teil der Menschen verschließt sich vor diesem neuen Werden, vor diesem Wachsen in ein höheres, besseres Sein. Ein anderer Teil der Lebewesen auf eurem Erdenrund wurde aus einem fernen Sonnensystem entsandt und entzieht der Erdatmosphäre für eigene Zwecke Kraft und Information, um sie sodann an den Ort ihres Ursprungs zu bringen.

Und ein weiterer Teil ist berufen, als das lebendige Licht die Dunkelheit zu erleuchten. Auf dem ganzen Erdenrund sind die Lichtgeschwister verteilt, die aus demselben Grund gekommen sind wie ihr. Verbindet euch mit ihnen über alle Grenzen und Entfernungen von Raum und Zeit! Bildet ein Netzwerk der Kraft, geht miteinander eine geistige Liebesverbindung ein! Verbindet euch in euren Gedanken, in euren Herzen! Bildet Brücken und wendet euch in liebender Gemeinschaft an die Quelle allen Seins und erbittet von dort den Frieden und das Licht für diese Welt! Erbittet von dort die Hilfe, und sie wird euch gewißlich gegeben werden.

Im Plane des Vaters ist ein vielfältiger Schatz vorbereitet, der euch nach und nach zuteil werden soll. In dem Maße, wie ihr euer Bewußtsein öffnet und bereit seid zu empfangen, werdet ihr aus dem geistigen Vaterhaus die Schätze erhalten, die da sind Verstehen, Kraft, Licht und Liebe. Die unsichtbaren Helfer an eurer Seite sind euch ebenso zur Hilfe und zur Unterstützung gesandt, damit sie euch über alle Schwierigkeiten und Hindernisse hinwegtragen. So lernt euch zuerst mit der Kraft zu verbinden, die euch zur Seite gestellt ward, damit ihr durch die Gemeinschaft bestärkt in den nächsten Tag gehen könnt.

Sucht mit eurem Bewußtsein die unsichtbare Hilfe an eurer

Seite! Es sind eure geistigen Führer. Wenn ihr bereit seid, für das Licht der Welt zu streiten, werden sich weitere Boten und Helfer aus dem Hause des Vaters zu euren geistigen Führern gesellen, um euch in euer neues Sein zu heben. Dieser Erdball hat nur noch eine kurze Zeit, bis er neu geboren wird, und alles wird hinweggenommen werden, was dem Neuen nicht entspricht. So achtet, ihr Geliebten, daß ihr ständig wachst und in der Liebe bleibt und euch nicht denen anschließt, die in Unverstand, Egoismus und Kleinmut verharren. Viele Menschen werden hinweggenommen werden. Sie werden sich an einem anderen Ort wiederfinden. Ihr aber sollt bestehen, ihr sollt bleiben und das Erdenrund neu erbauen, das im Glanz des Goldes erstrahlen wird.

Vieles wird euch begegnen, was euch unüberwindlich erscheint. Viele der Widrigkeiten und Schwierigkeiten in eurem Lebensbereich sind Energien, die aus dem Unguten gesendet wurden und sich manifestiert haben, um euch vom Vollzug eures Lebensplanes und vor allen Dingen von eurem Wirken als Lichtträger abzuhalten. Durchschaut die Situationen, öffnet euer geistiges Auge, und manches, das lange schon um euch ist, wird euch in einem anderen Licht erscheinen.

Beginnt zunächst, in euch selbst und in eurem Lebens- und Wirkungsbereich alles zu durchleuchten und zu erkennen! Danach wendet euch kraft eures Amtes an die Quelle und löst mit geistigen Waffen auf, was euch bedrängt und behindert, was euch krank macht und euch knechtet, was euch Leid und Tränen beschert! Steht auf, geliebte Kinder, und erkennt, daß ihr die Lichtvollen seid, die auf die Erde gesandt sind und mit dem Schatz des Vaters in Verbindung stehen. Es ist an euch, im Glauben um diesen Schatz zu bitten. In dem Maße, wie ihr glaubt, wird euch gegeben werden. So beginnt, euch zu stabilisieren! Werft alle Zweifel über Bord! Fangt an, das zu sein, was ihr immer wart, was ihr in Wahrheit seid, und lebt euren Plan!

Es ist euer falsches Denken und das in manchen Bereichen noch fehlende Bewußtsein, was euch hindert, das zu tun, was als Fähigkeit in euch ist und euch die Freiheit und die Möglichkeit gibt, so zu leben, wie es dem natürlichen Stand der Seele gebührt. Ihr seid berufen. Ihr seid die Kinder, die das Anrecht auf die Erde, auf das unauslöschliche Leben und auf den Reichtum und die Fülle des Vaterhauses erworben haben.

Alles ist im Überfluß vorhanden. Es ist der Wunsch des Vaters, daß Seine Kinder in Freiheit, in Gesundheit, in Freude und auch im Glück leben. Die Einwirkungen aus der Atmosphäre haben euren Blick verschleiert und eure feinen Antennen überdeckt, und so habt ihr die Verbindung verloren. Betet und bittet, daß die Schleier sich lösen, daß der Vater euch Boten sendet, die die Schleier lüften! Sodann aktiviert eure Antennen und bindet euch aufs neue an die Quelle an, der ihr einst entsprungen seid! Wenn ihr in der Verbindung seid, ist es unmöglich, daß ihr weiter in Angst, Verzweiflung, Krankheit und Leid lebt.

In der kommenden Zeit werdet ihr immer mehr geistige Gaben erhalten, um daran zu erstarken und euch selbst und euer Lebensumfeld zu verwandeln. Ihr habt die Kraft des Gebetes vergessen, ihr habt die Macht des Wortes vergessen. Und ihr habt die Kraft des Lichtes vergessen. So kehrt euch um und bindet euch an im Gebet! Tragt euren Wunsch vor den Vater und äußert euren Willen! Dann hat Er die Möglichkeit, einzugreifen in euer Sein. Und wenn das Gebet aus der Tiefe und aus reinem Herzen zu Ihm gelangt, wird das Gebet seinen Zweck nicht verfehlen.

Einst gab ich euch das Gebet an den Vater. Doch nun hat sich vieles erfüllt, und die Zeit ist gekommen, euer Leben auf das neue Gebet einzustellen. Es ist ein Teil des Schatzes, der euch überreicht wird. Geht also in eure Mitte und wünscht von ganzem Herzen, daß diese Erde neu geboren wird! Sprecht das Gebet: «Dein uns verheißenes Reich komme jetzt!» Ruft den Vater an, daß Er die Zeit verkürze, denn die Atmosphäre wird sich so sehr verdichten und die Gegebenheiten werden euch so sehr bedrängen, daß etliche von euch in Zweifel und Furcht zurückfallen werden.* Wenn ihr das «Unser Vater» aus reinem Herzen sprecht, seid ihr mit dem Haus des Vaters verbunden, und was ihr erbittet, wird aus der Quelle in euer Leben fließen.

Das Amen am Schluß des Gebetes ist das Ja eures Herzens, das «So sei es.» Lernt, die Kraft des Wortes zu gebrauchen!

---

* Matt. 24,22

Einstmals sprach der Vater: «Es werde!» Und ihr, die ihr die Kinder des Vaters seid, seid berufen und befähigt, als geistige Schöpfer kreativ zu sein, wie ihr dies vor langer Zeit wart. Benutzt die Worte «Es werde!», und bewacht fortan euren Kopf, denn er ist der Ursprung aller Dinge, die ihr mit euren irdischen Augen sehen und mit euren Händen und im Geist fühlen könnt. Der Gedanke ist die Geburt der Schöpfung. Beginnt, eure Gedanken zu kontrollieren! Bewacht euren Mund! Achtet auf jedes Wort, das eure Lippen verläßt, denn das Wort ist die erste Manifestation eines Gedankens.

Der Gedanke ist das Samenkorn im Geiste und der Ursprung der später sichtbaren Schöpfung von euch. Beobachtet euch selbst in eurem Denken, in eurem Sprechen, in eurem Tun! Die Qualität eurer Gedanken ist verantwortlich für euer Leben. Denkt allezeit daran: Was aus eurem Geist in das Universum hinausgelangt, sind die geistigen Kinder, die ihr zeugt und die als große Erwachsene zu euch zurückkehren. Werdet die bewußten Baumeister eures Lebens, eures Lebensraumes!

Ruft die Wächter der Weisheit und Wahrheit zu euch und bittet sie, euren Mund zu bewachen und eure Worte nur dann in den Raum gelangen zu lassen, wenn sie eurem höheren Wohle und dem höheren Wohle der Erde und derer, die euch umgeben, dienen. Beginnt, eure Macht zu erkennen, die allezeit in euch war und euch niemals genommen wurde! Ihr habt sie nur vergessen. Seid bereit, die Verantwortung für euer Denken und Sprechen zu tragen und lernt, die Kraft des Wortes zu gebrauchen!

Haltet hin und wieder in den Tätigkeiten eures Tagesablaufs inne und beobachtet, was euren Mund verlassen hat. Und wenn ihr seht, daß es unrein ist, sendet Gedanken der Liebe hinterher und bittet die Liebesenergie, alles in Lichtvolles, in Gutes umzukehren! So nehmt als erstes aus dem geistigen Schatz dieses Wissen um eure Schöpferkraft an, als zweites das neue «Unser Vater», und beginnt zu verändern, was euch als Ungutes, Unschönes und Leidvolles begegnet ist. Wenn ihr die ersten Erfolge spürt, wird euer Mut wachsen, und ihr werdet weitergehen und immer Größeres bewirken mit eurer Liebeskraft, mit eurem Bewußtsein, durch eure Anbindung an die Quelle und durch eure Bitte um Hilfe aus dem Unsichtbaren.

Wirkt, bis ihr den Stand der Vollkommenheit erreicht habt! Lernt, von Furcht frei zu werden, denn sie ist ein mächtiges Gespenst, das euch knechtet und euch eure Kraft und euer Licht raubt. Wenn ihr euch der Furcht zuwendet, heftet sie sich an euch und lebt von eurem Licht, ernährt sich von eurer Reinheit und von eurer Liebe. Deshalb erinnert euch stets daran, was ihr im Ursprung seid! Alles, alles ist in euch. Wenn ihr nicht weiterwißt aus eigener Kraft, erhebt eure Hände und tut es euren Brüdern, den Bäumen, gleich, die unablässig ihre Äste nach oben strecken, denn sie wissen wohl, woher die Hilfe kommt.

Habt den Mut, in den Spiegel des Lebens zu schauen und mit der Kraft des Lichtes alle Masken abzulegen, die ihr euch in den vielen durchlebten Existenzen geschaffen habt und die euch entstellen und den Blick auf euch selbst behindern! Seht nicht beiseite! Wißt, es ist am Ende euer wahres Selbst, das ihr erblicken werdet, und es wird schön und vollkommen sein. So seid mutig! Es ist ein großer Lohn, den ihr auf dem Weg zum Licht finden werdet.

Aus dem Licht seid ihr geboren. Zum Licht seid ihr erkoren. Ihr seid hinabgestiegen, doch das Licht ist immer noch in euch. Es ist dieser Funke, der euch am Leben erhält und der euch durch das tiefe Sehnen eures Herzens immer wieder an das Heimathaus erinnert. Gebt diesem Funken Kraft, so daß er sich zu einer großen Flamme erhebe! In dem Maße, wie euer Licht leuchtet, werdet ihr das Licht von außerhalb auf euch und auf die Erde ziehen. Die Veränderung des Erdballs und der Zeitraum bis zur Vollendung hängt von eurem Wirken ab.

Das Licht ist in allem Sein vorhanden. Es gibt nicht nur das Sonnenlicht. Das für euch unsichtbare Astrallicht durchdringt und belebt den Äther, den ganzen Kosmos und alle Universen. Um euren Erdball liegt ein Gürtel aus dunklen Energien, die einst von denen erschaffen wurden, die aus Machtgier, Habsucht und egoistischem Streben nach Ruhm und materiellem Reichtum handelten. Dieser dunkle Energiekreis ist wie eine Schranke, die das Licht nicht durchließ, das aus dem Kosmos zur Erde gelangen wollte. So faßtet ihr den Entschluß, als das lebendige Licht von den geistigen Universen auf den Erdball hinabzusteigen, um den dunklen Energiering zu durchbrechen. Verbindet euch also in euren Gedanken mit euren Lichtbrüdern und Lichtschwestern und ruft mit Macht das Licht zu euch! Dann wird der Vater diesen Ring durchdringen.

Ihr, die ihr die kleine Herde seid, seht, es ward euch einstmals alles verheißen, und es hat sich nun erfüllt. Ein kleiner Teil nur ist noch zu erfüllen. Ihr seid gerufen, aufzustehen und als Kinder des Lichtes über die Furcht hinwegzuschreiten - mit einem Herzen voller Frohsinn, mit einem Lachen im Gesicht, mit einem Leuchten in den Augen und mit dem Wissen, daß der Vater allezeit bei euch ist! Der Vater ist bei euch und mit euch, und der Sohn ist in euch und um euch.

Ihr seid nicht verlassen, ihr seid nicht allein. Wartet nicht auf den Messias, auf den Retter, denn dieser ist längst mitten unter euch! Sucht ihn nicht außen, sondern seht den Menschen in die Augen, seht durch die Augen hindurch! Und wenn ihr eine reine Seele findet, habt ihr den Sohn gefunden. Er ist in euch, er ist um euch. Ruft ihn, sprecht ihn an und wißt, ein jedes Wort wird vom Vater und vom Sohn gehört. Nicht ein einziges Wort ging verloren von den vielen Bitten, die zum Thron des Vaters hinaufgestiegen sind. Jedoch es war der freie menschliche Wille, der das irdische Leid erschuf und dem Vater den Zugriff verwehrte. So ruft mit dem neuen Gebet: «Dein Wille geschehe in allen Universen!» Dann wird der Vater in das Erdengeschehen eingreifen und die Veränderung vollziehen.

Kämpft nicht für euch allein, kämpft für die Erde, die euch anvertraut wurde! Ihre Hoffnung ist auf euch gerichtet. Sie hat euch über lange Zeiten getragen. Nun sollt ihr sie tragen. Tragt sie hinauf ins Licht! Dankt ihr und segnet sie! Segnet den Boden, auf dem ihr lebt, und er wird den Segen erwidern. Die Erdenseele lebt von eurem Wohlwollen, von eurem Zuspruch. Sie weiß um ihr neues Werden, und viele Male zittert sie in Angst. Nehmt eure geistigen Hände und umarmt den Erdball! Gebt ihm Kraft aus eurem Herzen, und er wird in Hoffnung und Freude dem, was unvermeidlich ist, entgegensehen.

Vieles wird geschehen, wenn die Elemente in einer großen, mächtigen Formation über das Erdenrund gehen. Sie werden mit ihrer Kraft und ihrem Zorn vieles hinwegnehmen und auslöschen, was ihr jetzt noch mit euren physischen Augen sehen könnt. Auch die Elemente stehen in der Gesetzmäßigkeit eines bewußten Geistes. So sprecht den Geist des Windes an! Wenn ihr den Sturm hört, fühlt mit eurer Seele, und ihr werdet die Angst und die Wut des Windes spüren, der einen Weg zur Liebe sucht. Der Wind ist in großem Zorn ob all der Mutlosigkeit und des Hasses auf der Erde. Es ist die Kälte der Menschenherzen, die den Zorn des Windes beschworen hat. So also versucht er, die Kälte und Herzlosigkeit hinwegzufegen.

Wenn ihr dem Wind begegnet, wißt, er ist auf demselben Weg wie ihr. Tut dem Geist des Windes kund, daß auch ihr auf dem Weg zum Licht und zur Liebe seid. Dann wird er euch als Verbündete erkennen, er wird sich abwenden und weitergehen, ohne euch zu berühren. So verfahrt mit allen Elementen! Sprecht sie mit eurer Geisteskraft an und offenbart euch als jene, die aus dem Licht und der Liebe gesandt sind, und so werdet ihr von den Herrschern der Elemente als Brüder und Schwestern erkannt. Sie werden sich von euch abwenden, und dort, wo ihr lebt, wird alles verschont bleiben. Habt keine Furcht! Ihr seid die Kinder des Lichts, die nach dem Plan des Vaters und aus eigenem Wunsch und Willen gesandt sind. Zur rechten Zeit wird euch jedes Werkzeug in die Hand gegeben, das ihr braucht, um zu überstehen, was da kommen wird.

Ihr seid das Licht der Welt, so wie ich einstmals das Licht der Welt gewesen bin. Ich habe damals das Feuer in euren Herzen angezündet. Nun also brennt! Brennt und zündet den ganzen Erdball mit dem Licht der Liebe an! So muß alle Dunkelheit weichen, alle bösen Elemente, alles Ungemach, alles Leid und aller Haß. Zündet die Erde an, leuchtet und liebt! Fürchtet nichts, denn alle Macht, die euch begegnet, ist nur scheinbar. Ihr kämpft mit den Waffen, die ihr aus dem Geiste erhalten habt.

Wenn euch selbst Unrecht widerfährt und ihr euch nicht zu wehren wißt gegen die, die scheinbar in den besseren Positionen sind, erinnert euch daran, daß ihr die Kinder des Lichtes seid! Und wenn euer Herz rein ist, ruft die Wächter der Gerechtigkeit und bittet sie, daß sie für euch streiten. Wenn ihr krank seid, ruft die Engel der Vollkommenheit und bittet um Genesung!

Wenn ihr noch nicht in dem Maße gewachsen seid, daß ihr aus eigener Kraft umwandeln könnt, was euch bedrängt, was euch behindert, wendet euch an jene, die im Lichte und befähigt sind, euch die notwendige Hilfe zu gewähren. Alles, alles wird euch gegeben werden. Die Reinheit eures Herzens und die Stärke eures Glaubens und eures Sehnens bestimmen das Maß und die Zeit der Hilfe.

So wißt, ihr seid wohl aufgehoben, ihr seid an die Liebenden im jenseitigen und im geistigen Bereich angebunden. Fürchtet also nichts und beginnt, mit der Kraft des Gebetes zu wirken! Streitet im Geiste und mit den Waffen der Liebe! Und streitet nicht für euch allein, streitet für die Herde, die euch anvertraut wurde. Die Hoffnung dieser Erde ist auf euch gerichtet.

Lerne ein jeglicher, die Brücke in die jetzt für euch noch unsichtbaren Welten zu finden. Erachtet nichts für unüberwindbar oder unmöglich! Alles ist abhängig von eurem Glauben und von eurer Bereitschaft, aufzustehen und aktiv zu werden, euch zu öffnen und unsere Hilfen anzunehmen. Ihr wißt, hier im Geistigen ist alles vollendet. Ein königlicher Tisch ist gedeckt, und die Berufenen sind geladen. Habt acht, geliebte Kinder, daß ihr nicht aus dem Stand der Berufung fallt! Denn etliche Gefahren lauern, und es wird versucht, euch von eurem Plan abzubringen. Sie wollen euch wiederum mißbrauchen, sie wollen von eurem Licht leben. So seid wachsam, seid gesegnet! Gott zum Gruße! Es sprach der Sohn der Einheit.

Neben der wiederkehrenden Aufforderung an die Lichtarbeiter, ihr Licht immer stärker auf der Erde zu verankern und leuchten zu lassen, steht die wiederholte Bitte der geistigen Hierarchie, daß sich die «Lichtgeschwister» auf der Erde gedanklich zu einem weltweiten Lichtring verbinden mögen in dem Bewußtsein, daß das neue Jerusalem nur gemeinsam auf die Erde herabgeholt werden kann. Am 8. April 1995 wurden die Seminarteilnehmer sogar aufgefordert, sich drei Mal am Tage zu verabredeter Zeit gedanklich zu verbinden und sich an die Quelle des Lichtes anzuschließen. In der Vergangenheit hat der Gedanke einer geistigen Liebesverbindung zwischen allen Lichtarbeitern, der Gedanke eines globalen «Netzwerkes der Kraft», mehrmals in länderübergreifenden, zu verabredeten Zeiten durchgeführten Meditationen Ausdruck gefunden.

Das Fernsehen wäre das ideale Instrument, viele Millionen von Menschen zum gleichen Zeitpunkt in eine gemeinsame Meditation zu führen. Ein Beispiel dafür war die vom Koautor dieses Buches organisierte und von den Printmedien mit außergewöhnlicher Aufmerksamkeit begleitete Veranstaltung «Gesund durch Gedanken-Energie» in Hannover am 9. Oktober 1986 mit dem Schweizer Ehepaar Silvia und Freddy Wallimann. Sie wurde vom deutschen, österreichischen und schweizerischen Fernsehen live ausgestrahlt und erreichte über zehn Millionen Menschen. Welch ein Potential an positiver Energie der Veränderung könnte durch weltweite Initiativen dieser Art binnen kürzester Zeit geweckt werden! Schon bei den verschiedenen internationalen Zusammenschaltungen von Fernsehnetzen aus Anlaß besonderer Unterstützungsaktionen nach Großkatastrophen wurde offenbar, daß ungeahnte Kapazitäten von Goodwill nur darauf warten, freigesetzt zu werden.

Herakles an seine Schüler

4. Mai 1995

In der folgenden Botschaft stellt sich zum ersten Male Herakles vor, der als einer der großen Weisen vor langer Zeit auf der Erde unterrichtete und der, wie seine zahlreichen späteren Durchsagen zeigen, jetzt wiederum die Aufgabe übernommen hat, «im Auftrag des Einen und im Namen des Sohnes der Einheit» die Menschen auf der Erde zu lehren und auf die neue Zeit vorzubereiten. Er ist der spirituelle Leiter für die geistige Schule TerrAmor und hat verschiedentlich in den Seminaren Teilnehmer als diejenigen begrüßt, die auch schon im alten Griechenland als Schüler zu seinen Füßen gesessen und ihm gelauscht hätten.

Wir wissen, daß er in geschichtlicher Zeit als der bekannte griechische Philosoph Heraklit gelebt hat, und wir kennen ihn vor allem als den großen Helden der griechischen Mythologie, dessen Abenteuer in der Geschichte der abendländischen Kultur mehr als die anderer Heroen und Götter immer wieder dargestellt wurden. Als Kind des Gottes Zeus und der irdischen Mutter Alkmene geboren, symbolisiert er das Urbild der Söhne Gottes in menschlicher Form, die in ihrer Person die Dualität von Seele und Körper, von Geist und Materie verkörpern. Die Römer verehrten ihn als Herkules. Der griechische Name Herakles bedeutet die Glorie der Hera, das heißt der Psyche, so daß aus dem Namen sein Auftrag abzuleiten ist: die Herrlichkeit der Seele auf der physischen Ebene auszudrücken.

Mancher Leser mag als Schüler noch von den Heldentaten des Herakles gehört haben. Allerdings ließ der Zeitgeist selten zu, daß die Schulen auch die spirituelle Bedeutung seiner Abenteuer vermittelten. So wurde beispielsweise kaum gelehrt, daß das Einfangen der menschenfressenden Stuten, eine seiner zwölf großen Taten, von der Macht der Gedanken handelt, die es zu beherrschen gilt, damit nicht zerstörerische Kriegsrosse das Land verwüsten. Glücklicherweise mehren sich wieder die Bücher, die die tiefe spirituelle Bedeutung der Heldentaten des Herakles vermitteln.

In einer Vorausschau nennt Herakles einige weitreichende Lernziele, die mit Hilfe der Anleitungen aus der geistigen Welt erreicht werden können. «Nichts ist unmöglich.» Er weist auf die Bedeutung hin, die bei der geistigen Arbeit sowohl der Körperbeherrschung als auch der ungeteilten Konzentration zukommt. Aufschlußreich ist die Begründung, warum der Seminarraum heilig gehalten und seine energetische Atmosphäre nicht durch Gedanken und Gespräche über Alltagsdinge belastet werden soll. Herakles nennt hier einige wichtige Voraussetzungen für die geistige Arbeit in solchen Seminaren. Schließlich warnt er als fürsorglicher Lehrer vor der Annahme, daß wegen der unterschiedlichen medialen Begabungen jemand besser oder schlechter sei.

Herzlich geliebte Seelenfreunde, seid begrüßt! Freude ist in meinem Herzen und Wohlwollen in meinem Auge. Mein Name ist Herakles. Gott zum Gruße! Einst war ich in ferner Vergangenheit als einer der Weisen, der Gelehrten unter euch und habe philosophisches Wissen an die Schüler, an die Erwachenden, an die Adepten vermittelt. Auch in den geistigen Ebenen bereite ich den Weg für die Suchenden, die Lernenden.

Ich spreche hier im Auftrag des Einen und im Namen des Sohnes der Einheit, der mich zu euch gesandt hat. So übermittle ich euch zuerst im Auftrage die Grüße des Vaters und die Grüße des Sohnes. Es lassen der Vater und der Sohn euch grüßen. Über eurer gemeinschaftlichen Arbeit liegt der Segen des Allerhöchsten, und der Sohn sieht aus der Entfernung zu euch hinab.

Ihr seid berufen, in euren Fähigkeiten zu noch Größerem zu wachsen, und ihr werdet vieles in kurzer Zeit erlernen. Euch ist es gegeben, die dichte Materie des fleischlichen Körpers mit der Kraft eures Geistes zu beherrschen. Ihr werdet lernen, kraft eurer Gedanken und Wünsche die Unzulänglichkeiten des Fleisches zu überwinden. Und wißt wohl, dies alles ist nur ein kleiner Anbeginn. Ihr werdet, wenn ihr in der Kälte seid, mit Hilfe eurer Gedankenkraft aus euch selbst heraus Wärme in euch erzeugen können. Ihr werdet ferner lernen, bei wachem Bewußtsein euren Körper in den Zustand der Bewegungslosigkeit, der Starre, der Schmerzunempfindlichkeit und des Schlafes zu bringen. Sodann werdet ihr euren Körper wie eine Hülle verlassen und nach Herzenswünschen hinauf in jene Ebenen gehen, die eure Seele euch zeigen wird.

Ihr werdet ferner lernen, mit Hilfe der Gedankenkraft und der Konzentration die Materie, die euch umgibt, in die sichtbare Veränderung und Umgestaltung zu bringen. Ebenso werdet ihr lernen, aus den geistigen Essenzen und Grundelementen die Atome und Moleküle in ihrem Lauf zu stabilisieren und so zu festigen und zu verdichten, daß ihr den gewünschten materiellen Gegenstand vor euch habt. Ihr werdet ferner lernen, Nachrichten telepathisch auszutauschen, also über Gedanken, ohne daß ihr den Raum verlaßt. Ihr werdet lernen, mit eurem materiellen Körper zu reisen, indem ihr euren Körper dematerialisiert und an anderer Stelle wieder zusammensetzt. Ihr werdet andere bei solchen Reisen begleiten können, auch wenn ihr selbst am Ort verweilt. Ich gebe euch dies als eine Vorausschau, damit ihr euch freut und eure Schritte in diesem tiefen, ernsthaften Bemühen fortsetzt. Habt Dank für die Kerzen, die auf dem Tisch stehen! Nehmt sie als Symbole des lebendigen Lichts! Kerzen haben mehr Kraft als die anderen Lichtquellen, die ihr benutzt. Lernt von dem Licht!

Lernt, eure Körper zu beherrschen! Immer noch werdet ihr durch bewußte Körperempfindungen abgelenkt. So lernt zuerst, mit eurem Bewußtsein den stofflichen Leib in einen Zustand zu bringen, in dem ihr ihn nicht mehr empfindet! Wenn ihr dies beherrscht, ist es euch möglich, euch mit ganzer Kraft und in Ruhe den geistigen Ebenen zuzuwenden. Noch ist der physische Körper die große Verhinderung, die große Ablenkung bei euch allen, die ihr hier versammelt seid. Es ist der Körper, der euch Müdigkeit, Unbequemlichkeit beim Sitzen, Kälte oder Wärme anzeigt. Dies alles sind die wesentlichen Punkte, die euch jetzt noch Schranken setzen und euch behindern.

Lernt, in eine Lichtquelle zu schauen, ohne die Augen zu bewegen! Lernt, die Müdigkeit der Augen zu überwinden! Am Anfang werden sie tränen. Es ist möglich, mit dem Blick starke Seelenkräfte in einen Raum zu senden. Doch der physische Leib ruft euch immer wieder zurück, ihr empfindet das Brennen in den Augen als Unbequemlichkeit, und so seid ihr immer wieder versucht, die Lider auf und ab zu bewegen. So richtet ihr die Aufmerksamkeit wieder auf den physischen Körper, und dies holt euch in das Verstandesdenken zurück. Lernt also, den Körper, der euch nicht weitergehen lassen will, zu überwinden, indem ihr seinen Bedürfnissen in den Augenblicken der geistigen Arbeit keinerlei Beachtung schenkt!

Lernt als nächsten Schritt, mit eurer Geisteskraft ungeachtet der äußeren Witterung Wärme in eurem Körper zu erzeugen! Sobald ihr den Körper überwinden könnt, werden die weiteren Aufgabenstellungen immer leichter. Dies zum einen.

Zum anderen möchte ich euch aufmerksam machen auf die Kraft eurer Gedanken und Worte. Ihr seid in Liebe untereinander verbunden, und dies erfüllt uns mit großer Freude. Dennoch haben wir ein Anliegen in unseren Reihen: Betretet diesen Raum still, in Beschaulichkeit und innerer Sammlung!

Gebt, während ihr hier zur Arbeit versammelt seid, nicht zu viel Energien in Gespräche mit anderen! Sprecht zuvor wenig, nur das Notwendige, und konzentriert euch nicht auf die anderen, sondern ganz nach innen! Beobachtet euch, während ihr euch hier aufhaltet, und nehmt bewußt und aufmerksam eure Empfindungen, eure Gefühle wahr! Horcht beständig in euch hinein, was euch durch die geistige Führung an eurer Seite in euch selbst mitgeteilt wird! Seid also still, damit die leise Stimme nicht verloren geht, die in euch zu euch spricht! Geht als Geheiligte in diesen Raum, blickt still nach innen und beginnt direkt mit der Arbeit! Dies ist mein Wunsch, damit das Wissen, das nach dem höheren Lehrplan aus dem geistigen Bereich für euch bereitsteht, noch klarer zu euch gelangen kann.

Etliche unter euch haben sich in vergangenen Leben die Gaben des medialen Sehens, Hörens oder Fühlens erworben, und dies ist nun für sie ein Schatz, über den sie verfügen. Etliche unter euch bedürfen einer geringeren Kraftanstrengung. Doch ist deshalb keiner besser oder weniger gut. Das Bemühen ist bei allen in gleich hohem Maß vorhanden. Habt Dank dafür und seid gesegnet! Arbeitet weiter mit dieser Ernsthaftigkeit!

Ein freudiges Lächeln geht durch unsere Bereiche. Seid gewiß, in dem Maße, wie ihr euch bemüht, werden euch Kraft und Verständnis, Weisheit und Vertrauen zukommen. Seid geheiligt, bleibt in der Liebe und versucht, bei kommenden Zusammenkünften euch in innerer Sammlung hier einzufinden! Nachher habt ihr Zeit, Persönliches auszutauschen und eure Freude zu teilen. Auch dies ist von Wichtigkeit und wird von der geistigen Welt unterstützt. Versucht jedoch, das eine vom anderen zu trennen!

Strebt danach, gemeinsam dieselbe Energiehöhe zu erreichen und während der ganzen Dauer des Zusammenseins in dieser Ebene zu verweilen! Zerstreut eure Energien nicht, indem ihr die Gedanken zu euren Erlebnissen des Alltags wandern laßt! Konzentriert eure Gedanken nur auf die Arbeit! Dann ist es nicht mehr möglich, daß ihr in diesem Raum die Gedanken und Emotionen der anderen auffangt. Sonst irritiert ihr euch gegenseitig in großem Maße. Denn in dem Augenblick, wo ihr euch öffnet, um die geistigen Informationen zu empfangen, nehmt ihr die Energien der zuvor gesprochenen Worte, die noch im

Raum hängen, auf. Sie fließen dann in eure geöffneten Energiezentren. Ihr könnt dann nicht unterscheiden, welches die Informationen der geistigen Führung, welches die Energien des Gegenstandes, der mitgeteilt wird, und welches die Gedanken- und Gefühlsenergien sind, die ihr zuvor selbst erschaffen habt. So seid ihr irritiert.

Geht aus diesem Grunde in diesen Raum, der viele Male gereinigt und geheiligt wurde, nicht mit euren Gedanken des Alltags! Bestückt ihn nicht mit den gefühlsmäßigen Lasten aus eurem Lebensbereich! Laßt alles draußen, was euch aus dem weltlichen Bereich berührt oder bedrückt! Geht konzentriert und als Geheiligte hinein! Versucht, eure Gedanken zu zügeln und mit festem Willen euren Körper zu beherrschen! Dies zu lernen sind die Voraussetzungen, damit die angekündigten Befähigungen erreicht werden können.

Ihr werdet dereinst in lichte Höhen geführt. Wir werden euch aus euren Körpern herausschälen und mit euch in eine hohe Lichtebene gehen, wo eine Einweihung und eine Bestätigung der Berufung auf euch warten. Es wird euch noch vieles an geistigen Schätzen gegeben werden. Ihr werdet lernen, die Grenzen eures Denkens und des dreidimensionalen Raumes mit Leichtigkeit zu überfliegen. Diese Worte sendet euch der Sohn der Einheit selbst, in dessen Auftrag ich zu euch spreche. Nehmt sie als Perlen eines Schatzes in eure Seele hinein und behütet sie!

Das Licht leuchtet in euren Herzen und in euren Augen. Auf euch ist die Hoffnung gerichtet. Ihr seid geliebt, ihr seid gesegnet, und ihr seid berufen. Dies ist eine Zeit der Bedrängnis, der Kämpfe. Und die Kämpfe werden sich verstärken, doch ihr werdet die Beschwerlichkeiten überwinden.

Einst wurde euch diese geistige Schule verheißen. Ihr habt sie aus der Tiefe eures Seins ersehnt. Aus diesem Sehnen heraus wurde sie geboren. So wißt, alles, was ihr euch in dieser Konzentration aus der Tiefe eures Selbst heraus ersehnt, wird zu euch gelangen. Es ist die Reinheit des Herzens, die euch über alle Hürden hinwegtragen wird. So bewahrt die Reinheit der Herzen als inneren Schatz, so wie ihr die Perlen aus dem Geistigen bewahren sollt. Seid gesegnet! Der Friede sei mit euch! Es sprach Herakles. Gott zum Gruße!

Laßt die Liebe in euren Reihen nicht erkalten

13. Mai 1995

Ihr herzlich geliebten Seelenschwestern, ihr herzlich geliebten Seelenbrüder, seid begrüßt in großer Freude, in großer Liebe! Gott zum Gruße! Es spricht zu euch wiederum der Sohn der Einheit.

Aus den höheren unsichtbaren Regionen sind jene um euch versammelt, denen ihr begegnen werdet, wenn ihr überwunden habt, was noch im Kleinen unvollendet vor euch liegt als der Weg, den es zu gehen gilt, als der Plan, den es zu vollziehen gilt, und als Erkenntnis all der Dinge, die sich für euch noch in der Dunkelheit, im Unbewußten befinden. So sind wir also bei euch, sind um euch, und sind ebenso in euch eingewoben mit unserer Liebe, mit unserer Fürsorge und unserem Wunsch, euch auf dieser letzten Wegstrecke zu unterstützen, so daß wir uns zur gegebenen Zeit im großen Festsaal, der da vorbereitet ist, begegnen, damit ein jeglicher von euch die Ernte seiner Saat empfange, damit ein jeder das Bewußtsein, die Erkenntnis und die Vollendung seines Selbst empfange.

Wir sind bei euch, um euch zu helfen und gleichermaßen euch zu dienen, indem wir unsere Kraft, unsere Liebe und unser Wissen in eure Herzen geben als geistige Geschenke aus dem Haus des Vaters selbst, der euch in diesem Augenblick Seinen Gruß entbietet. Ein jeder soll nach seinem Bedürfnis und nach seinem Wunsch alle Gaben und Befähigungen erhalten sowie alles Wissen, das notwendig ist, damit ihr überwinden und vollenden könnt. Wir sind mit Freude bei euch, und auch in unserem Herzen lebt der Wunsch, uns mit euch zu verbinden, so wie aus eurem Herzen das Licht heraufscheint in unsere Bereiche. Wir, die wir bei euch sind in diesem Augenblick, sehen viele Male zu euch hinab. Eure Tränen, eure Leiden und Beschwernisse sind in unseren Ebenen nicht unbekannt.

Geliebte Kinder, in den vergangenen Zusammenkünften haben wir von der Bedeutung der Lichtkraft gesprochen. Wir haben euch aufgefordert, wir haben euch gebeten, selbst Licht zu sein und als lebendige Lichter über das Erdenrund zu gehen und das Dunkel der Erde zu erleuchten. Wir haben euch ferner gebeten, Boten und Kämpfer für die Wahrheit zu sein, und es wurde euch das Wissen über die Bedeutung und die Kraft der Wahrheit vermittelt. Ihr wurdet wiederum gebeten, aus eurem eigenen Sein in Verbindung mit denen, die euch im Geiste begleiten, stärken und tragen, als Streiter des Lichtes und der Wahrheit zu wirken. Heute will ich zu euch über die Liebe sprechen.

Vieles ist auf diese Erde gelangt, das euch in der Vergangenheit beschwert und unterjocht hat. Ihr habt erfahren, daß mächtige, von außen kommende Wesenheiten darauf aus sind, euch noch weiter von dem Bewußtsein, wer ihr in Wahrheit seid, und von der Quelle zu trennen. So wurde mir heute der Auftrag erteilt, euch mit großem Ernst auf die Energien aufmerksam zu machen, die zwar im Unsichtbaren wirken, aber von großer, tiefer Bedeutung sind. Diese Wesenheiten außerhalb eures Sonnensystems haben beschlossen, Gedankenenergien, Bakterien und Bazillen auf den Erdball zu senden, die die Menschen voneinander entfremden und sich als neue Seuchen ausbreiten, sowohl sichtbar in eurem physischen Körper als auch im emotionalen und geistigen Körper. Die Wesenheiten bedienen sich mächtiger Waffen. Tiefes, uraltes Wissen befähigt sie, diese gezielt einzusetzen und sie den Menschen an ihren Schwachstellen einzuflößen.

Diese Mächte sind sich ihrer Kraft bewußt. Sie wissen ebenso, daß ihr, die ihr als die lebenden Lichter, als die Liebenden und Helfenden auf der Erde wandelt, fähig seid, all dieses mit der Macht der Liebe zu überwinden. Sie sind intelligent und stark, aber haben nicht die Fähigkeit, Emotionen zu empfinden oder sie gar zu erschaffen. So sind sie einer Energie ausgeliefert, deren sie nicht mächtig sind. Es ist allein eure Unwissenheit, die ihr Eindringen in euren Lebensbereich möglich gemacht hat. So wißt wohl, daß alle Emotionen, die von den Menschen, selbst von der Tierwelt, erzeugt werden, als Energien aufsteigen, die diese Geistwesen als Kraftpotential, als geistige Nahrung benutzen, um sich daran zu stärken und sodann mit noch größerer Kraft eure Emotionen der Aggression, der Wut, des Neides und des Hasses zu schüren. Weil diese Wesen aus euren Emotionen ihre Kraft und ihre Nahrung beziehen, haben sie auf der Erde viele Gegebenheiten so manipuliert, daß der Mensch immer wieder in Situationen des von außen kommenden Leids geführt wird, damit die für diese Wesen lebensnotwendigen Energien nicht versiegen, sondern sich verstärken und potenzieren.

So wurdet ihr benutzt und mißbraucht, und es ist eure Unwissenheit über die eigene Macht, die diesen Zustand zugelassen hat. Und so gelangte vor kurzer Zeit diese neue Seuche zu euch. Wir hatten euch vor ihrem Eintreffen gewarnt und euch in früheren Zusammenkünften die Bakterien und Seuchen angekündigt. Nun sind diese bereits manifestiert in etlichen Menschen eurer Umgebung. Die Bakterien erzeugen im physischen Körper eine Krankheit, die sich vor allem auf der Haut zeigt, befallen das Blut, die Atemorgane und in einigen wenigen Fällen die Gehirnzellen, die Lungen und das Herz. Den geistigen Bakterien wurde der Auftrag einprogrammiert, Unliebe zu erzeugen. Wenn sie in die feinstofflichen Ätherleiber des Menschen hineingelangen, bewirken sie Aggression, Wut und Haß. Darauf folgt die Reaktion der Unliebe. Sie entstammt nicht dem eigenen Geist, der eigenen Seele, nein. Sie wird aufgrund der Fremdeinwirkung hervorgerufen.

Wenn sich die Bakterien in den feinstofflichen Ätherkörpern ausbreiten und nicht entfernt werden, transformieren sich die Energien tiefer und tiefer, bis sie die physische Ebene erreichen und sich dann auf der Haut und später im Blut und in den genannten Organen als Erkrankung zeigen. Mit den Mitteln der menschlichen Medizin kann die neue Seuche nicht geheilt werden. So habt hier nun durch diese Worte die Information und das Verständnis, was geschehen ist und was im Kommenden geschehen wird, und habt gleichermaßen die geistige Hilfestellung, was zu vollführen ist, um einen Schutz zu errichten und die bereits manifestierten Bakterien aufzulösen, denn sie sind bereits aktiv auf dem Erdball unterwegs. Es soll also durch diese neue Seuche die Energie der Aggression erzeugt werden. Die Menschen werden in ihren Emotionen fremdgesteuert, was zur Folge haben soll, daß sie sich von der Liebe abwenden.

Euch wurde das Schwert der Liebe und das Schwert des Lichtes übergeben. Dies sind die geistigen Waffen, mit denen ihr euch zu befreien und das Übel und die Dunkelheit zu bekämpfen aufgerufen seid. Nun ist diese Energie zu euch gelangt, um eure Schwerter abzustumpfen und unbrauchbar zu machen, damit ihr weiter in der Unbewußtheit und in der Dumpfheit lebt. Der Kampf zwischen Schatten und Licht ist nun in eine aktive, wichtige Phase gekommen. Es ist vor allen Dingen das Nichterkennen, das die Menschen unterjocht und die Möglichkeit schafft, daß sie sich mit den Bakterien verbinden.

Ihr seid aufgerufen, wachsam zu sein bei euch selbst und in eurem Lebensbereich. Beobachtet die Auswirkungen, denn ihr könnt die Bakterien mit euren physischen Augen nicht sehen, und wenn die Krankheiten sich zeigen, ist es zu spät. Seid also wachsam und beobachtet in aller Klarheit die Menschen, die ihr liebt, die euch nahestehen! Wenn ihr feststellt, daß sie sich von euch abwenden, aggressiv werden und in Emotionen geraten, die nicht ihrem Wesen entsprechen, beginnt sofort, zu helfen und abzutrennen.

Durch die Macht der Liebe im Verbund mit der Kraft des Lichtes, der Wahrheit und der Erkenntnis kann die Erde befreit und in das neue Sein geführt werden. Nun ist die Seuche zu euch gelangt, die euch trennen soll. Teil des Planes ist es, euch zu spalten und euch der Liebe zu berauben, des größten Schwertes und der höchsten Macht, die ihr besitzt. So seid wachsam und beobachtet! Wenn ihr im Kreise derer, die ihr liebt, Unliebe wahrnehmt, so liebt für den mit, der nicht mehr lieben kann!

Gebt euer Schwert der Liebe, das euch ebenso wie der freie Wille vom Vater selbst geschenkt wurde, nicht aus euren Händen, denn mit ihm besitzt ihr die Macht und seid ihr befugt, alles Ungute abzutrennen! Mit dem Schwert der Liebe könnt ihr die Dunkelheit vom Licht, das Weinen vom Lachen, die Traurigkeit und den Schmerz von der Fröhlichkeit trennen. Wenn ihr bemerkt, daß das Schwert der Liebe den Menschen in eurem Lebensbereich weggenommen werden soll, so eilt hinzu, kämpft und trennt ab und befreit die, die ihr liebt! Ihr seid aufgerufen, nun darauf zu achten, daß die Liebe in euren Reihen nicht erkaltet.

Von den Propheten wurde euch vorausgesagt, daß in jener Zeit die Liebe der meisten erkalten wird.* Nun ist diese Zeit erfüllt. Ihr werdet bemerken, daß eine große Kälte über die Erde gehen und die Liebe der meisten Menschen erkalten wird.

---

* Matt. 24,12

So sei euch abermals gesagt, daß die Menschen hier nicht aus eigenem Willen handeln, sondern daß es Reaktionen auf die bereits eingedrungenen Bakterien dieser Seuche sind. Es ist der Wunsch, es ist die große Bitte des Vaters an euch als die Berufenen, daß ihr, wenn ihr Unliebe in euren Reihen seht, hinzueilt und die, die von der Krankheit befallen sind, mit besonderer Liebe umfangt, daß ihr sie in die Liebe und in das Licht zurückzieht und versucht, sie mit aller Macht zu retten.

Merkt den großen Ernst dieser Botschaft wohl! Geliebte Seelenfreunde, auch in unseren Reihen herrschen Betrübnis und Bestürzung. Wir sind in großer Traurigkeit über die Auswirkungen der Bakterien, die bereits in einem großen Umfeld aktiv sind. So wißt, das folgende ist zu tun.

Schließt euch im Kreise eurer Familie und in den Reihen derer, die euch nahestehen, enger zusammen! Verabredet einen Zeitpunkt, zu dem ihr euch regelmäßig einmal in der Woche zusammenfindet, nur um euch in Liebe auszutauschen! Geht bei diesem Austausch gemeinschaftlich in das Gebet und in die Verbindung mit dem Vater, geht zum Thron der Einheit selbst! Findet euch also wie einstmals im Verbund der Liebe zusammen, sucht die Gemeinschaft und beginnt, bewußt Liebe auszutauschen! Macht euch in Gedanken und Gefühlen immer wieder klar, daß euch die Liebe genommen werden soll! So wird bei diesem regelmäßigen Zusammensein ein jeglicher die Stärkung erfahren und das Wissen und die Kraft erhalten, die ihm helfen, sich der Seuche zu erwehren oder sie zu überwinden.

Aber wendet von nun an eure Gedanken nicht mehr den Wesen zu, von denen ich gesprochen habe! Geht eurem Tagewerk nach, als wären sie nicht vorhanden! Gebt ihnen keinen Raum in euren Gedanken, noch in euren Gefühlen! Ihr seid berufen und befähigt, dies alles zu überwinden. Indem ihr versucht, die Wahrheit zu leben, die Wahrheit zu sein, indem ihr versucht, das Licht zu erfahren, Licht und Liebe zu sein, seid ihr unantastbar für alles, was von außen zu euch dringen will. Gebt den Wesen keine Energien, indem ihr an sie denkt, aber beobachtet wachsam, was um euch im Unsichtbaren geschieht!

Heute soll euch die neue Energie der Hoffnung, der Freude und des Glücks vermittelt werden. So lenke ich euren Blick hinweg von dem, was ungut ist, und lenke ihn auf die Herrlichkeit Gottes. Geht dorthin mit euren Gedanken, findet euch wie einstmals wieder in dieser Herrlichkeit ein! Das Reich des Vaters ist in der Vollkommenheit, in der Schönheit und in der Herrlichkeit. Wenn ihr die Energien der Unliebe spürt, flüchtet mit euren Gedanken in die Einheit und malt euch in den schönsten und höchsten Farben die Herrlichkeit dessen aus, dem ihr einst entsprungen seid, die Herrlichkeit, von der euch verheißen ist, daß ihr in Kürze wieder in sie einkehren werdet!

Ihr, die ihr berufen seid, als die lebendigen Lichter und als das wandelnde Liebespotential über die Erde zu gehen, steht in der besonderen Aufmerksamkeit derer, die euch vernichten wollen. Sie wissen um eure Energien und eure Schritte und sinnen darauf, sie zu behindern. Es ist wahrlich eine kleine Schar, die auf der Erde die Berufung in sich trägt. Es ist eine kleine Schar, die in all diesem unterwiesen ist, und es ist wiederum nur eine kleine Schar, die die Kraft wie die Fähigkeit hat, all dies zu überwinden und zu erlösen. Aus diesem Grunde streben sie als erstes eure Vernichtung an. Ihr aber, kehrt euch um, ihr Geliebten, und fürchtet nichts, denn es gibt keinen Grund zur Angst und zur Niedergeschlagenheit, nein. Haltet das Licht und die Liebe fest, bleibt in der Wahrheit und in der Treue, und für alle, die Opfer geworden und gefallen sind, müßt ihr ebenso Licht und Liebe sein. Streitet für sie mit, hebt sie liebevoll auf und tragt sie das letzte Stück des Weges hinauf, das es noch zu überwinden gilt!

Es ist Ernst in meinen Worten. So spürt die große Bitte, die aus unseren Ebenen zu euch hinabdringt! Wir hier in den Ebenen des Geistigen können tun, wozu wir ermächtigt sind. Was jedoch auf der irdischen Ebene geschieht, unterliegt dem freien Willen des Menschen. Deshalb sind wir auf euren Willen, auf eure Bereitschaft angewiesen, daß ihr als diejenigen wirkt, die mit ihrem freien Willen dem Plan des Vaters auf der Erde zu dienen fähig sind. Dieser Plan beinhaltet auch, daß ihr euch mit uns, die wir in den geistigen Bereichen wirken, zusammenschließt. Gemeinsam werden wir dem Ungemach den Rücken kehren und denen die Kraft nehmen, die versuchen, die Unliebe wieder auf den Erdball zu ziehen.

In der Vergangenheit ist bereits vieles durch die aktive Arbeit in den geistigen und feinstofflichen Bereichen wie auch auf der physischen Ebene geschehen. Wohl ist die Schar der Berufenen auf dem Erdenrund klein, doch hat sie Großes bewirkt. Wir haben mit Freuden gesehen, was ihr aus unseren Ebenen aufgenommen habt. Ihr habt euch getreulich umgewendet und das vollzogen, worum wir euch baten. So habt abermals Dank hierfür und nehmt es als Aufmunterung, auch diese neue Aufgabe zu übernehmen! Ihr seid mächtig, und ihr seid berufen. Jetzt ist die Zeit der Erfüllung des Planes, der Erfüllung der Prophezeiungen, die ihr einst vernahmt, als ich als der Sohn im Fleische durch das Erdental wandelte. Seht, alles wurde euch zuvor gesagt, und nun ist die Zeit, wo sich eines nach dem anderen erfüllt.

So wende ich mich noch einmal an eure Herzen, um euch zu bitten, bleibt treu in der Liebe, bleibt in der Wahrheit, dient dem Licht und dient dem Vater weiterhin! Die Bedrängnis auf der Erde wird sich immer mehr steigern. Ihr aber sollt daran die Wahrheit der Worte von einst erkennen. Erkennt den Ernst der Zeit und bleibt treu, ihr Geliebten, auf die der Blick des Vaters und des Sohnes gerichtet ist. Der Zeitpunkt ist gekommen, wo ihr aufgerufen seid, noch mehr zu wirken und noch schneller zu gehen. Du kleine geliebte Herde, du bist nicht verlassen. Ich bin bei dir allezeit.

Ich will heute noch einmal das neue Gebet sprechen und euch hernach den Becher mit dem Wasser des ewigen Lebens reichen. Sodann werde ich euch in euer geistiges Sein führen und euch einen Blick in die künftige Herrlichkeit gewähren. So bitte ich euch, öffnet eure Seele, euer Gemüt und nehmt, wenn ich das Gebet spreche, die Kraft auf, die euch vom Vater gesandt wird! So laßt uns gemeinsam vor den Thron des Vaters treten und beten!

Unser Vater,

der Du bist in uns, um uns und überall,
Dein Name, der da ist Weisheit, Unendlichkeit und Liebe,
werde geheiligt.
Dein uns verheißenes Reich komme jetzt.
Dein Wille geschehe in allen Universen.
Gib uns das neue Brot für unseren neuen Leib.

Verwandle all unsere angesammelte Schuld
durch die Kraft Deiner Gnade,
und führe uns durch die Versuchung der Dunkelheit
mit Deinem Licht.
Denn Dein ist und Dein bleibt
das Reich, die Kraft und die Herrlichkeit
von Ewigkeit zu Ewigkeit.

Amen.

Vater der Liebe,

Ich bitte Dich im Namen der Liebe für die hier Versammelten
um den besonderen Schutz und Segen.
Sie haben das Joch und das Leid auf sich genommen
und wurden in vielen Erdenleben geknechtet.
Einst hatten sie den Plan,
als das lebendige Licht an meiner Seite jene
zu Dir hinaufzuziehen,
die in der Unwissenheit sind.
So treten wir nun vor Dich und erbitten von Dir
alles, was wir an Kraft und Wissen brauchen,
um dem Unguten zu begegnen,
das auf die Erde gelangt ist und gelangen soll.

Vater, ich gebe sie in Deine Hand.
Lenke Deinen Blick im besonderen auf sie und segne sie.
Segne sie, ich trage sie in Dein Herz hinein.
Lasse sie nicht wieder herausfallen aus Deinem Reich.
Siehe, sie haben ihren Willen dem Deinen unterstellt.
So wirke Du und segne im besonderen diese kleine Schar,
die Dir in Liebe dient,
die zu Dir gekommen ist,
um für Dich zu streiten und zu vollenden,
damit die Schrift sich erfüllt.
Vater, wir danken Dir,
wir danken Dir für den Segen und die Kraft.

Amen.

Geliebte Seelenfreunde, nehmt nun das Geschenk vom Vater entgegen! Setzt euch aufrecht, öffnet euch in eurem Sein, werdet frei in euren Gedanken und Gefühlen! Öffnet euch gänzlich, denn ihr seid nun umgeben von der Kraft des Geistes, des Vaters selbst. Der Vater hat liebend Seine Arme um euch gebreitet. Die geistigen Führer an eurer Seite sind bereit, ihr Amt zu vollziehen. So wird euren Lippen der goldene Becher mit dem Wasser des ewigen Lebens gereicht. Trinkt diese Kraft, sie wird euch beflügeln und stärken! Laßt in all eure Körperteile, in all eure Zellen, Atome und Moleküle diese geistige Energie einfließen! Es ist das Leben selbst, das nun hineinfließt.

Meine Vielgeliebten, ihr werdet in der kommenden Zeit die Wirksamkeit dieser Kraft spüren. Und nun lenke ich, wie zuvor angekündigt, euren Blick auf das Neue, das zu euch gelangen will. Erschaut mit eurem geistigen Auge die Bilder der neuen Welt! Ihr werdet, wenn alles überwunden ist, zuerst in den himmlischen Hochzeitssaal geleitet. Hier werdet ihr die Hochzeit erfahren: die Verbindung mit euch selbst, mit eurem ganzen Sein. An dem großen Tisch des Festmahls werdet ihr in die eigene Einheit, in eure Vollkommenheit gelangen. Von diesem Augenblick an werdet ihr wieder fähig sein, aus eigener Kraft zu schöpfen, wie dies einst der Fall war, als ihr das Vaterhaus verließet. Ihr seid zurückgekehrt. Ihr seid zu Hause. Der Tisch ist reichlich gedeckt mit den köstlichen Speisen aus dem Reich des Vaters. Die Speisen sind jene, die ihr einstmals bereits geschaut und gegessen habt: die Weisheit und die Liebe und das Licht und die Herrlichkeit und das Glück und die Vollkommenheit und die Kraft und die Schönheit.

Ich werde euch zum Hochzeitsmahl geleiten. Ihr werdet alles Leid von einst vergessen, ihr werdet alle Kümmernisse ablegen. Und der Tod wird nicht mehr sein, noch Hunger noch Geschrei noch Krankheit noch Neid wird mehr sein. All dieses wird vergangen sein. Ihr werdet an diesem Tisch all jene finden, die euch liebend verbunden waren, liebend verbunden sind und euch vorausgingen. Es wird ein Fest der Liebe sein mit Teilnehmern aus allen Bereichen, aus allen Völkern, aus allen Nationen und von allen Planeten. Es ist ein Wiederfinden, ein Vereinen, und das Fest wird in euren Gedanken und Gefühlen unvergeßlich bleiben.

Wenn ihr das Mahl beendet habt, werdet ihr die Entscheidungen über euer zukünftiges Sein treffen. Ihr werdet Pläne schmieden für eure neuen Leben. Etliche gehen auf den Erdball zurück, und dieser wird durch die neugeborenen Seelen neu gestaltet werden. Sie werden sich zusammenschließen mit den Sternenbrüdern von außerhalb der Erde, die zu euch gesendet werden, um euch mit ihrem Bewußtsein, ihrem Wissen und ihrer Kraft zu unterstützen und mit euch die Erde in das goldene Zeitalter zu führen. Nie wieder werden Krankheiten auf den Planeten gelangen, und der irdische Tod wird hier nie wieder erfahren werden. Das neue Jerusalem wird immerdar im Glanz und in der Schönheit sein, und der Geist des Vaters selbst wird in ihm wohnen. Ihr, die ihr die Vorbereitungen trefft, die Berufenen seid, werdet die Statthalter, die Könige und die Priester sein. Keiner wird mehr mit Gewalt regieren. Die Erde wird im Zustand der Vollkommenheit sein, und die Liebe selbst wird ihr Regent sein. So wird sich in dem neuen Erdendasein vollziehen, was einst in den Schriften vorhergesagt wurde.*

Andere wiederum werden in der Herrlichkeit des Geistes, in der Einheit, bleiben, und wieder andere gehen in die geistigen Ebenen hinab. So wird am Tisch des Festmahls die Zukunft geplant. Ihr, die ihr jetzt dafür kämpft, daß die Erde die Freiheit und den Glanz des Goldes erlangt, werdet den freien Willen haben, euch im großen Haus des Vaters die Wohnung zu wählen, die ihr wünscht und die nach eurem Herzen ist.

So freut euch, erhebt eure Häupter, und geht mit diesem Bewußtsein in euer Tagewerk hinein! Bleibt treu und vergeßt nicht: Ich bin allezeit bei euch. Ruft mich, ich höre euch. Weicht nicht von eurem Weg ab und werdet klarer in euch von Mal zu Mal! Geht über alles, was sich als Ungemach und Behinderung in eurem Leben zeigt, mit einem Lächeln hinweg! Ruft euch immer in das Gedächtnis zurück: Ihr habt das Schwert der Liebe, und die Liebe ist die höchste Macht im Diesseits wie im Jenseits. Laßt dieses Schwert nicht los! Es ist die Liebe, die siegen wird.

Gott zum Gruße, ihr Vielgeliebten! Es sprach zu euch der Sohn der Einheit.

---

* Offb. 21

Das Weib und der Drache (I)

27. Mai 1995

Gott zum Gruße! Wir sind voll des Dankes über den festlichen Empfang, den ihr uns in euren Seelen bereitet habt. Seid gesegnet!

Wir haben in den vergangenen Zusammenkünften von den Geschehnissen gesprochen, die kommen werden und die zu großen Teilen schon gekommen sind. Heute will ich euch Aufschluß geben über die Verbindung zwischen dem, was euch in weit zurückliegender Vergangenheit vorausgesagt wurde, und dem, was nun begonnen hat, sich zu erfüllen. Alles wurde euch zuvor gesagt. Die Worte, die ich einst sprach, sind in den alten Rollen, in den Schriften festgehalten. Jedoch haben viele nach eigenem Ermessen in diese Wahrheiten eingegriffen und sie nach ihrem Vermeinen verändert. So gelangten viele Botschaften lange Zeit nicht in eure Herzen.

Die Wahrheit und der Plan über das Gegenwärtige und das Zukünftige wurden ferner vielen Berufenen in die Seele gelegt, die sich in weit entfernten Teilen der Erdenwelt befanden und dort immer noch in der Abgeschiedenheit, in der Stille der Klostermauern leben. Jedoch auch sie sandten den geistigen Schatz der Wahrheit, das Wissen um alle Dinge und um die wichtigen Lebensprinzipien des Universums, nicht an die Orte ihrer Bestimmung. So habt ihr, meine Geliebten, in der Zeit der Dunkelheit gedarbt, und das Wort der Hilfe, das Wort des Verstehens, gelangte über einen langen menschlichen Zeitraum nicht zu euch.

So will ich nun direkt zu euch sprechen, damit die Wahrheit, die euch die Erkenntnis über euer Selbst, über das Dasein und die künftigen Dinge verschafft, nicht erneut verfälscht wird und verlorengeht, in anderer Weise weitergegeben und anders verstanden wird. Ich gab euch einstmals Kunde von einem neuen Reich. Ihr habt erfahren, daß dieses neue Jerusalem im Geistigen gebaut, gesegnet und vollendet ist. Damals sprach ich von diesem neuen Reich in Bildern.*

---

* Offb. 12

Es war ein Weib, das lag mit großen Schmerzen in den Wehen. Und die Schlange, der Drache, das böse Tier, wartete auf die Geburt des Kindes, denn der Drache wollte das Kind verschlingen. Sodann wurde das Kind geboren, und eine Hand fuhr aus dem Himmel und riß das Kind empor, so daß der Drache es nicht verschlingen konnte.

So versteht diese Worte wohl! Das Weib, das sich im Schmerz der Geburtswehen befindet, ist euer Erdball. Es ist die Erde, die sich im Augenblick beim Gebären des neuen Reiches unter Schmerzen windet. Der Drache, die Schlange, das böse Tier, ist ein Sinnbild für die vereinigten Mächte der Erde, die manipuliert werden von Wesen aus einem weit entfernten Sonnensystem, die in ihrem Ursprung der Linie des Tieres entstammen.

Das Sinnbild der Schlange, die ihr bereits aus dem Mystisch-Symbolischen der Geschichte kennt und die einstmals bei den ersten Menschen im Garten Eden war, symbolisiert den Einfluß von außerhalb und die Verführung, aus der Wahrheit, aus der Einheit, herauszufallen, um dem System der Materie zu dienen. Die Wesenheiten, die durch die Schlange symbolisiert werden, sind Manifestationen einer Entwicklung außerhalb des Menschengeschlechtes. Sie entstammen den Regionen der Echsen und Schlangen, die sich über einen langen Zeitraum zu Wesen entwickelt haben, die nun über hohes Wissen und bedeutende Kräfte verfügen. Es sind jene Wesen, die keine Emotionen haben, weil ihre Evolution sich einseitig im Bereich der Intelligenz und der Kraft vollzog. Sie haben im Innern eures Erdballs Kraftstationen errichtet und sind über sie mit ihrem weit entfernten Heimatplaneten verbunden. Sie haben sich ihrer Intelligenz und ihres Wissens bedient, um die Menschen zu manipulieren, die auf der Erde das Weltengeschick lenken.

So ist also die Schlange, der böse Drachen, jene Macht und Intelligenz von außerhalb, die versucht, das Kind zu verschlingen, das geboren werden soll. Und das Kind, das geboren werden soll, ist das neue Jerusalem, das neue Reich, die künftige neue Erde. Die Hand aus den Wolken sodann, die herabfährt, um der Schlange das neugeborene Kind zu entreißen, ist ein Bild für die Sternengeschwister, die sich formiert haben, um das neue Jerusalem zu sich hinaufzuheben, wenn ihr es auf der Erde geboren habt.

Sie werden die Menschen aufsammeln und das neue Reich, das ihr verkörpert, von diesem Erdball hinwegnehmen. Etliche unter euch werden sich aus sich selbst heraus erheben, werden sich erhöhen und ohne Hilfe der Raumschiffe in den Festsaal gelangen.

So werden die Berufenen in dem geschmückten Saal sein. Und während ihr die wiederfindet, von denen ihr durch den physischen Tod, durch vielerlei Geschick getrennt wurdet; während ihr euch in Freude und Liebe mit ihnen wieder vereint, wird sich die Reinigung der Erde vollziehen. Die inneren Welten des Planeten Erde werden sich nach oben stülpen, und alle Bereiche werden erneuert. Die Erde wird neu geboren werden, und ihr werdet in jenen Augenblicken im Saal des Festes verweilen.

Wißt also, die ihr hier versammelt seid, euer Dasein ist von großer Bedeutung. Viele Male habe ich diese Worte an euch gerichtet. Eure Füße sind auf mancherlei Dornen und Disteln getreten, die euer Erdengeschick waren und sind. Ich habe euch einst gesagt, daß die Berufenen teuer von der Erde erkauft werden.* All das, was ihr in den vergangenen Zeiten ertragen habt durch das erfahrene Leid, die Krankheiten, die Kriege, das schwere Joch der Unterdrückung - all dies habe ich gemeint, als ich sagte, die Meinen sind teuer erkauft. Doch wißt wohl, ich habe einen jeglichen von euch mit meinem Finger berührt, habe ihn gerufen und ihm gesagt: Folge mir nach! Ich habe euch aus Liebe gerufen.

All die vergangene Schmach, all die Dornen und Disteln waren ein Teil des Preises, den ihr beglichen habt. Es war notwendig, daß ihr Erkenntnis, Weisheit und Verstehen erwerbt, damit nicht von neuem die Versuchung euer Herz erreichen kann. Auf eurer Erde schreitet ihr durch Dornen und Disteln, die eure widrigen Lebensumstände sind. Aber auf euren Häuptern, für euch unsichtbar, doch hier im Geistigen hell leuchtend, tragt ihr Kronen. Auf den Kronen ist bei dem einen «Barmherzigkeit» zu lesen, bei einem anderen «Liebe», wieder bei anderen «Demut», «Langmut», «Freundlichkeit» oder «Güte».

Wißt wohl, es gibt einen Tiegel hier im Vaterhaus, der auf

* 1. Korinther 6,20 und 7,23

einem ewig glühenden Feuer steht. Und wenn ihr - als das neugeborene Reich - zum Fest einkehrt, werden die Kronen von euren Häuptern genommen und in dem Tiegel zum Schmelzen gebracht. So wird der Goldschatz der Erde, der durch euer Sein erworben wurde, gesammelt. Das Feuer, das in alle Ewigkeit brennt, wird gezündet und genährt von der Liebe jener, die niemals aus dem Licht und der Weisheit herausgefallen sind. So steht um den Tiegel eine große Schar von Engeln, Cherubim und Seraphim. Sie haben alle Jahrtausende hindurch euch begleitet und die Liebe hinter euch hergesandt. Es ist ihre Liebe, die das Feuer entfacht.

Wenn ihr mit euren unsichtbaren Kronen und euren verwundeten Füßen zurückkehrt, werden die unzähligen Tränen, die ihr vergossen, und all die Schmerzen, die ihr erlitten habt, all diese erworbenen großen Schätze, all diese Herrlichkeit, als Kronen in den Tiegel geworfen und geschmolzen. Sodann wird der Vater Seine Hand erheben und aus dem Tiegel für einen jeglichen von euch eine neue Krone schöpfen. Und dies wird die Krone des ewigen Lebens sein. So werdet ihr im Saale der Herrlichkeit gekrönt, und von neuem wird euch auf ewig das Erbrecht auf das Vaterhaus verliehen. Und noch einmal wird euch der freie Wille als Geschenk gereicht.

Gedenkt meiner Worte in den Tagen eures Hierseins, da ihr noch durch Dornen und Disteln geht und euch das eigene Los schwer drückt. Denkt an eure Kronen und haltet sie fest! Denn ihr habt, ein jeglicher von euch, in der zurückliegenden Zeit gespürt, daß die Schlange, der Drache, gar listig und mächtig zugleich ist und ständig neue Pläne ersinnt, um nach euch zu greifen, die ihr das neugeborene Kind seid. So seid achtsam, ihr meine Geliebten! Habt acht auf euch, denn die Schlange ist mit gar vielfältigen Masken in der Dunkelheit unterwegs. Ihre Aufmerksamkeit ist auf euch gerichtet, denn ihr seid die, denen im besonderen die Möglichkeit, das Wissen, das Schwert zur Veränderung gegeben ist.

Das Ungemach in eurem Alltag, die vielfältigen Kämpfe werden ein noch größeres Maß annehmen. Ihr werdet teuer erkauft von der Erde. Als ich im Kleid des Körpers auf der Erde wandelte, trug ich durch mein Dasein, mit meiner Liebe ein großes Maß der in der Vergangenheit erschaffenen Energien, die die Erdenwelt karmisch belasteten und daran hinderten, zu wachsen und weiterzugehen auf ihrem Weg ins Licht. Ich habe mit all meiner Liebe, mit all meiner Kraft einen Teil dieses karmischen Gutes getragen und habe es umgewandelt. Was jedoch neu an Schuld erschaffen wurde, was neu erschaffen wurde in der Dunkelheit, all dies umzuwandeln, meine geliebten Kinder, ist an euch.

Die Schlange ist sich eurer Bedeutung, eurer Macht und eurer Möglichkeiten bewußt. So seid vorbereitet, seid achtsam, denn sie ersinnt stets aufs neue Schlingen, die sich um eure Füße legen, um euch zu Fall zu bringen. Haltet eure Kronen fest! Haltet sie fest und wißt: Die Dunkelheit wird sich noch verstärken. Ihr aber, denkt an eure Kronen, wenn sich alles so verdichtet, daß ihr glaubt, das Licht nie mehr zu erblicken! Dann wird die Hand des Vaters in die Zeit hineingreifen und euch von diesem Erdball heben.

Seid wachsam, seid achtsam, bleibt treu und fürchtet euch nicht! Es gibt keine wirkliche Macht, die fähig wäre, euch zu überwältigen, nein. Die Machenschaften der Schlange geschehen im Unsichtbaren, heimtückisch. Sie schleicht sich durch Hintertüren in euer Leben. Sie versucht, in euren Geist zu gelangen und graue, schwere Schleier auf eure Gefühle zu legen. Und ihr werdet beginnen, euch voneinander zu lösen, in eurer Liebe zu erkalten und in eurem Geist unklar zu werden. Unablässig streut die Schlange euch Staub in die Augen. Wenn ihr den klaren Blick verliert, seid ihr in Gefahr, zu fallen. Ihr werdet schwanken, und wegen des großen Leids, wegen der Beschwernisse in eurem Leben werdet ihr beginnen, Zweifel in eurem Herzen zu nähren.

Sei wachsam, mein geliebtes kleines Volk! Der Vater hält allezeit Seine Hand über euch. Und unaufhörlich glimmt unter dem Tiegel im Vaterhaus das Feuer aus der Liebe jener, die euch durch Zeit und Raum und Ewigkeit begleiten. Viele Male haben eure geistigen Führer bei uns angeklopft und darum gebeten, daß die Last des einen oder des anderen erleichtert würde. Sie, die euch im Unsichtbaren begleiten, teilen euren Schmerz und euer Leid. Doch vergeßt nie, wenn Dornen und Disteln euren Weg erschweren, daß eure Häupter Kronen tragen. Eine jede Distel ist ein Edelstein für eure Krone. Denkt in der Tiefe eures Herzens über diese Worte nach und wißt, es liegt in eurem Sein, in euren Wünschen, in eurem Willen, all dies zu überwinden. Vor euch ist eine kleine Wegstrecke noch. Seid achtsam, die ihr die Berufenen seid!

Einst habe ich euch gesagt, daß ich auf den Wolken wiederkommen werde. Lange schon bin ich zu euch zurückgekehrt. Die Wolken, von denen ich sprach, sind die Manifestationen der dunklen Energien, die aus jenem fernen Reich gesandt wurden. Doch hebt eure Häupter und merkt auf: Wenn die Wolken kamen, war stets obenauf das Licht. Fürchtet also das Dunkle nicht, denn auf dem Dunklen selbst bin ich zu euch gelangt. Als das lebendige Licht habe ich mich auf die dunkle Wolke gehoben, und so wie diese dunkle Wolke zu euch gelangt ist, ist gleichsam im selben Atemzug auch das Licht selbst zu euch gekommen. Wenn ihr fallt und die Stricke und Schlingen spürt, braucht ihr euch nur umzukehren. Denn dort, wo die Wolke ist, ist ebenso das Licht.

Seid achtsam, denn die dunklen Mächte haben aufs neue große Trübsal ersonnen. Sie versammeln sich an ihren Orten, um ihre Kräfte zu vereinen, denn es ist ihr Plan, die, welche die unsichtbaren Kronen tragen, zu Fall zu bringen. Sie wollen ihr Reich auf dieser Welt nicht verlassen und trachten danach, das neue Reich zu verhindern. Seid also achtsam, bleibt treu und wißt, alles, was Zweifel in euch nährt und euer Herz erkalten läßt, sind Samenkörner aus ihrem Reich. Tut sie von euch hinweg und seid bemüht, euren Lebensbereich ständig zu reinigen und zu erneuern! Wachset in der Liebe mit jedem Atemzug, geht immer mehr in der Liebe auf!

Das Reich von außerhalb, das ebenso noch auf dieser Welt ist, kennt nicht die Fähigkeit zu lieben. So nehmt das Schwert der Liebe und gebt es nicht aus eurer Hand! Euch als den Berufenen, als den Erkorenen und den Treuen ist es gegeben. Zu allen Zeiten wurde euch das Wissen um das, was kommen wird, zuvor kundgetan. Es wird euch auch künftig kundgetan werden. Ihr habt in der Vergangenheit gesehen, daß alle Worte sich erfüllten, und wahrlich, alle weiteren Botschaften, die wir euch senden, werden sich ebenso erfüllen.

Ich sehe in eure Herzen, und ich sehe den Schmerz und den Kampf, den ihr in diesem Erdendasein führt. Und ich sehe den

Samen des Zweifels bei dem einen oder anderen. Seid wachsam, seid wachsam, ihr werdet in die Versuchung geführt. Aus zwei Bereichen sind die Augen auf euch gerichtet. Der eine Bereich ist das Reich der Schlange, die listig nach euch giert und auf den Augenblick wartet, wo ihr fallt. Die andere Seite ist die große Schar der Engel, der Cherubim und Seraphim, die das Feuer des Tiegels am Leben erhalten. Auch sie blicken zu euch herab. Ihr seid in der Mitte, euer Dasein liegt in eurer Hand. So wirkt ein jeder nach seinem Willen, nach seinem Wunsch.

Wißt, im selben Maße, wie die Dunkelheit sich vermehrt, wird sich auch das Licht vermehren. Die Mächtigen zur Linken und zur Rechten sind nun angetreten. Die in den dunklen Bereichen werden im wachsenden Maße dunkler und schwerer, und die im Lichte werden ebenso wachsen, werden lichter und heller. Einst bin ich durch eure Reihen gegangen und habe einen jeden mit meinem Finger berührt und ihm zugerufen: «Folget mir nach!» So rufe ich noch einmal: «Folget mir nach!» Es liegt in eurem freien Willen, diesem Ruf der Liebe zu folgen. Mein Plan ist es, euch alle zum Vater zu führen, all die Herrlichkeit und Liebe, die ich selbst vom Vater empfangen habe, mit denen zu teilen, die in meinem Liebesherzen sind.

Ein jeglicher von euch kennt meine Stimme wohl und weiß, einst haben wir gemeinsam das Brot gebrochen. Ersetzt dies nun durch das neue Gebet! Ihr sollt euch nicht mehr am Brotbrechen erkennen, sondern am Blick der Liebe. Blickt euch in die Augen, und ihr werdet den erkennen, für den ihr einst gestritten habt. Es ist ein neuerlicher Kampf, ein letzter Kampf, und ihr werdet aufs äußerste in eurem Dasein geprüft. Trachtet zuerst nach dem Göttlichen, nach dem Reich des Vaters! Der Vater wird Sein Reich einnehmen. Die Chöre in den geistigen Hallen proben ständig das neue Lied, das angestimmt wird, wenn ihr durch die zwölf Perlentore hindurch in das Reich, in den Saal der Herrlichkeit heimkehren werdet. Es ist das neue Lied, das ich euch in weit vergangener Zeit kundtat. Es ist das neue Lied: «Der Vater hat Sein Reich eingenommen.» Wenn ihr diese Töne, diese Worte vernehmt, wißt, ist eure Erde neu geboren. Dann ist alles überwunden, ist alles überstanden, und das geistige Jerusalem hat sich mit der Erde vereint.

Der Text des neuen Liedes ist tief in euren Seelen eingeschrieben. Der Vater selbst hat es mit Seiner Liebe eingraviert. Wenn ihr einzieht in den Hochzeitssaal, wird das Lied in euch erstehen, ihr werdet mit diesem Lied empfangen werden, eure Stimmen werden sich verbinden und ihr werdet euch vereinen. So wird sich das Wiedersehen und das Sichvereinen eine gute Zeit vollziehen, und die neue Erde wird geboren werden. Ihr aber, die ihr die kleine geliebte Herde seid, fürchtet nichts! Wenn die Stunde am dunkelsten ist, wird der Vater mit Seiner Hand hinabfahren und wird Sein Kind an sich reißen. Er wird nicht zulassen, daß das neugeborene Kind verschlungen wird.

So haltet aus, denn viele auf dem Erdenrund befinden sich noch gänzlich in der Unwissenheit. Sie brauchen eure Hilfe, eure Liebe und eure guten Gedanken. Einst bin auch ich mit meinen Füßen durch die Dornen und Disteln des Erdentals gegangen und habe euch als Vorbild gedient. Ich habe euch das Wissen über eure eigene Macht und Möglichkeit gegeben. Denkt immer daran, mein Leben in der Vergangenheit war euch der Weg, das Vorbild. Folget mir also nach!

Viele von euch spüren das Heimweh der Seele von Mal zu Mal deutlicher. Und es war auch das Heimweh eurer Seelen, das euch hierher gerufen hat. Es ist das Heimweh, das Sehnen, das euch treibt. Wißt, dieses ist nicht zu stillen. Alles, was ihr sucht, ist nicht zu finden hier in diesem alten System. Ihr werdet nach Hause kommen, und alle Tränen werden abgetrocknet. Nie wieder werden eure Augen dieses salzige Naß vergießen. Ihr werdet vergessen, was Tränen sind, ihr werdet vergessen, was Krankheit ist. All dies wird nicht mehr sein. So aber dies noch nicht erfüllt ist, haltet aus und seid wachsam, ihr mein geliebtes kleines Volk, denn sie sinnen darauf, mit mächtigen Armen nach euch zu greifen, sie wollen sich erlaben an eurer Kraft, an eurem Licht, und wollen es mißbrauchen für ihre Zwecke.

Zur gleichen Stunde erging an etlichen Orten des Erdballs diese Botschaft an jene, die ebenso berufen sind. Diese Worte sollen euch trösten, euch Kraft spenden und sollen den Mut in euch erzeugen, den ihr wahrlich braucht, um das, was kommen wird, zu überstehen. Heute habe ich euch eine Aufklärung darüber gegeben, was ich einst in den Schriften lehrte. Vieles ist hinzugegeben, etliches hinweggenommen worden, und einiges wurde ausgetauscht und verändert. So habt ihr nun direkt aus dem Wort des Sohnes die Offenbarung und die Erkenntnis.

Es hat sich zwischen Himmel und Erde aus der reinen Liebe des Vaters ein großer Kristall manifestiert, der das Christuslicht in sich trägt. Unablässig wird er mit der reinen, wahren, vollkommenen Liebe aus dem Vaterherzen genährt. Wenn dieser Kristall mit Liebesenergie aufgefüllt ist, neigt er sich tief zur Erde hinab, und ein vielfältiges Maß von Liebesströmen und Lichtfunken gelangt durch die Dunkelheit hinab zu euch. Ihr seid die Antennen, die empfangen. So sollt ihr um diesen Liebeskristall wissen, der gänzlich für euch erschaffen wurde und der euch als Brücke vom Vaterherzen zur Erde dienen soll.

Segen über euch, ihr Tiefgeliebten, ihr Vielgeliebten! Mein Herz und meine Liebe weilen bei euch allezeit. Sucht mich, so werdet ihr mich finden. Klopfet an, und jede Tür wird euch geöffnet. Wo Dornen und Disteln sind, sind auch Kronen aus Gold und Licht. Segen über euch, Segen! Ich umarme euch, ihr Vielgeliebten. Auf bald! Es sprach zu euch der, der euch ewiglich liebt. Es sprach der Sohn der Einheit. Gott zum Gruße!

In diesen Neuoffenbarungen greift der Sohn der Einheit vielfach Bilder und Worte auf, die er als Menschensohn auf der Erde bereits vor zweitausend Jahren gebrauchte. Für Bibelinteressierte wird gelegentlich in Fußnoten auf die entsprechende Stelle im Neuen Testament hingewiesen. Der durchgehende thematische Faden in den Botschaften ist «das Kind, das geboren werden soll»: das goldene Jerusalem, die neue Erde. Es kann deshalb nicht verwundern, daß sich in den Botschaften vor allem Bezüge zu zwei der überlieferten Parusie-Texte finden:

- *zur sogenannten Ölberg-Apokalypse im 24. Kapitel des Evangeliums nach Matthäus, und*
- *zur Apokalypse des Johannes, dem letzten Buch des Neuen Testaments, auch Geheime Offenbarung genannt.*

Etliche der in diesen Texten enthaltenen Aussagen erschließen sich erst voll vor dem Hintergrund der neuen Botschaften des Sohnes der Einheit, so auch das Gleichnis von der Frau und dem Drachen im 12. Kapitel der Johannes-Offenbarung.

Dieses Gleichnis erläuterte der Sohn der Einheit ein zweites Mal Ende 1996, also mehr als eineinhalb Jahre später, vor einem der Arbeitskreise von TerrAmor und ging bei dieser Gelegenheit noch näher ein auf das Bild von «der Hand, die aus dem Himmel kommt». Zu diesem Thema wurde seit 1996 viel Verwirrendes verbreitet. Deshalb bringen wir in Abweichung von der chronologischen Reihenfolge der Botschaften an dieser Stelle Auszüge aus dem später übermittelten Text, der an Eindeutigkeit nichts zu wünschen übrig läßt. So hat der Leser Gelegenheit, beide Botschaften für seine Urteilsbildung heranzuziehen.

Das Weib und der Drache (II)

21. Dezember 1996

Gott der Vater läßt euch grüßen. Es umfängt, es segnet euch euer Bruder Jeschua ...

Ihr habt hier und dort vieles gehört, und oft wart ihr verunsichert. So gebe ich euch den Rat: Trennt euch ab von jeder Meinung, die von außen zu euch gelangt! Es ist der mangelnde Glaube an das eigene Selbst, das mangelnde Vertrauen in das eigene Sein, was euch immer wieder verführt, anderen Glauben zu schenken und ihrer Meinung zu folgen, obwohl sie nicht die eure ist, weil sie euch nach eurem logischen Denken richtig und gut erscheint. Es wird von großer Bedeutung sein, daß ihr im Hier und Jetzt lernt, Klarheit in euch zu schaffen, den Frieden in euch zu festigen und dafür zu sorgen, daß ihr auf das hört, was aus euch selber spricht.

In tausendfältiger Weise hat euch allezeit der Rat des Vaters erreicht, der durch die Boten Seiner himmlischen Reiche gesendet wurde. Ihr habt ihn in Freude und in Dankbarkeit angenommen, ihr habt davon getrunken, und dies gab euch Kraft und Zuversicht. Doch es kamen von außerhalb die Wölfe. Ihr liehet ihnen euer Ohr, und sie entrissen euch das geistige Gut. Der Glaube an euch selbst war nicht genügend gefestigt. Geht also hin und versucht, euer Ohr nach innen und nicht nach außen zu öffnen! Folgt nicht denen, die euch rufen, folgt dem, was in euch ist! Wir haben die Hilfen in vollkommener Weise vorbereitet ...

Fürchte dich nicht, du kleines, geliebtes Volk! Hat nicht der Vater euch verheißen, daß zur rechten Zeit eine Hand aus dem Himmel zur Erde hinabfahren wird, um euch den Mächten der Erdenwelt zu entreißen? Dies ward den alten Propheten auf den Geist gelegt. Wahrlich, ich sage euch, ein jeglicher Buchstabe wird seine Erfüllung finden, und ihr werdet erkennen, wer ihr seid.

Die Erde ist wie ein Weib, das in den Wehen liegt, einen Sohn zu gebären. Das Kind, das geboren werden soll, ist das neue Königreich, das himmlische Jerusalem, das seine Heimstatt auf der neuen Erde finden will. Der große Drache, die böse Schlange, erwartet die Geburt des Sohnes, um ihn zu verschlingen. Dies ist die Situation, in der ihr euch befindet. Wahrlich, vor vielen irdischen Zeiten wurde euch dies gesagt. Jetzt werdet ihr erfahren, wie sich das Wort des Vaters erfüllt. Sodann gebiert das Weib das Kind, welches das kleine Volk der Getreuen ist, die einst im großen, dunklen Weltenmeer als klare Tropfen der Liebe und des Lichtes schwammen. Dieses Volk wird von der Hand, die aus dem Himmel kommt, genommen werden, und das Weib, das geboren hat, die Mutter des Sohnes, wird an einen Ort in der Wüste fliehen. Die Schlange, der böse Drachen, wird versuchen, dem Weib zu folgen, um es zu verschlingen. Sodann wird eine große Flut kommen, und die Schlange wird von dem Weib, welches eure Mutter Erde ist, abgeschnitten sein. Auch das Weib wird von der Hand aus den Himmeln genommen und an einen Ort der Sicherheit gebracht werden.

Versteht, die Hand aus den Himmeln, das sind jene, die euch benannt wurden als eure Brüder und Schwestern aus dem Licht, die in anderen Welten, auf anderen Sternen wohnen. Die Hand aus dem Himmel ist jener göttliche Arm, der den Willen des Vaters zu vollziehen sucht, ist eine Legion von Schiffen, die eure Brüder und eure Schwestern aus dem Licht in sich bergen. Ihr wart verzagt, ihr wart verwirrt viele Male. So versteht, die Engelscharen, die ihr aus allen Tagen eures Seins kennt, sind die Brüder, die Schwestern der Sternenwelten, die das lichte Kleid der Liebe tragen. Das Amt eines Cherubim, das Amt eines Lichtboten, eines Seraphim, sind wie Orden, die jene Seelen tragen, die sich berufen haben, mit ihrem Licht und ihrer Liebe dem Reiche Christi zu dienen ...

So wißt, die Weise, wie der Plan des Vaters verwirklicht wird, ist eine vielfältige und eine vollkommene. Ihr wurdet allezeit von denen beobachtet, die ihr als Engel und Diener des Herrn anzunehmen und anzuerkennen bereit seid. Legt eure falsche Vorstellung, legt das falsche Bild ab, das in der Vergangenheit Mißverständnisse und Mißtrauen hervorgerufen hat! Ihr habt mit eurem Verstand Vorstellungsbilder entwickelt, und das, was nicht darin eingefügt werden konnte, habt ihr abgelehnt. So bitte ich euch, arbeite ein jeglicher an sich, seine Neutralität und Objektivität zu stärken! ...

Legt all die Begrenzungen ab, die ihr aus den Vorstellungen eures niederen Seins erschaffen habt! Werdet frei und klar in eurem Geist! So ihr die Grenzen eurer Gedankenwelt öffnet und die Vorstellungen eures niederen Selbst sprengt, werdet ihr wahrhaft fähig sein, zu erschauen, was real vor euch steht.

So laßt uns zurückkehren zu dem Bild von dem gebärenden Weib, welches eure Erde ist! Wenn also die Hand aus dem Himmel zur Erde niederfährt, um das neugeborene Kind in den Himmel, in die Sicherheit zu entreißen, werdet ihr euch an einem Ort der Sicherheit wiederfinden. Dies wird der Ort sein, zu dem ihr heimkehren und wo ihr vereint sein werdet mit denen, die euch von alters her vertraut sind. Das Weib, welches die Erde ist, wird in jenen Bereich genommen, der euch als die vierte Dimension vertraut ist. Versteht den Ort, den die alten Propheten als einen Ort der Entbehrung beschrieben, als einen Ort der Wüste, jedoch ebenso als einen Ort der Sicherheit, versteht ihn als die vierte Dimension. Wenn die Erde in diesen Bereich eintritt, wird sie von allen physischen Verunreinigungen, allen geistig-energetischen Verschmutzungen gereinigt, und sie wird in ihrem neuen Kleid in die fünfte Dimension hinaufgehoben werden. Das geistige Jerusalem wird sich manifestieren, und das Volk des Vaters wird an diesen Ort zurückkehren.

Während ihr euch in der Sicherheit der Schiffe befindet, in der Hand, die aus dem Himmel kam, wird der Kampf beginnen. Der böse Drache wird das Weib verfolgen. Es werden von außerhalb andere Völkerschaften, andere Kulturen, herbeieilen und um diesen Planeten, die Erde, kämpfen, denn es ist ihr Ansinnen, Anspruch auf die Macht zu erheben. Und es wird Kampf geben. Der Vater wird diesen Kampf beenden, und es wird eine große Reinigung durch die Fluten stattfinden ...

Ihr habt eine Zeitqualität erreicht, die mit der Qualität jener vergangenen Zeiten auf Atlantis identisch ist. Das Volk von Atlantis hat in eben solcher Weise manipuliert und versucht, zu vermischen, was nicht vermischt werden soll [Genmanipulation], und zu trennen, was nicht getrennt werden darf [Atomspaltung]. Dies war der Augenblick, da der Vater die Flut sandte. Atlantis und seine Kultur versanken. Aus Atlantis aber sind abermals jene Bewußtsein auferstanden, die das, was einst war, jetzt wiederholen.

Die Qualität der Zeit ist die von Atlantis. Es ist der Augenblick, da der Vater zur Erdenwelt hinabfahren wird, um Sein kleines Volk dem Drachen zu entreißen. Es wird die Reinigung durch die Fluten erfolgen, wie einst in Atlantis, wie einst bei Noah. Wenn sich die Menschen wider die Ordnung des Vaters erheben, die euch zum Segen, die euch zur Sicherheit, die euch zum Schutz geschaffen ward, wird der Vater eingreifen und dem Treiben ein Ende setzen.

Dies ist es, was vor euch steht, und es wird bald geschehen. Fürchtet nichts, die ihr meine kleine, geliebte Herde seid! Lernt, in euch selbst zu ruhen! Lernt, immer in der Klarheit und im Frieden zu verweilen! Babylon, die große Hure, ist in ihrem Siegesrausch betört von ihren Machtgelüsten, die Erde zu besitzen. Gehe aus ihr hinaus, mein kleines, geliebtes Volk! Verlasse Babylon, denn Babylon wird sein Ende finden! Darum, mein Volk, verlasse Babylon!

Babylon, das sind die Machenschaften derer auf der Erde, die da tagaus, tagein nach materiellem Reichtum streben, die da in den Krieg ziehen und um des glänzenden Goldes willen Blut vergießen. Das ist Babylon. Babylon hat allezeit auf dieser Erdenwelt regiert ...

Gehe hinaus aus Babylon, geliebtes Volk! Alles ist vorbereitet, was euch Sicherheit und eine neue Heimat geben wird. Wenn ihr hier und dort Unterschiedliches hört, achtet nicht darauf! Achte ein jeglicher auf das, was aus dem eigenen Selbst zu euch dringt, denn die Brüder der Sternenwelten und eure geistigen Führer sind angewiesen, zur rechten Zeit Rat und Wegweisung in euer Inneres zu geben. Der Plan des Vaters hat sich nicht verändert, er hat seine Wirkung nicht verloren. Der Vater hat vielmehr gesucht, die Möglichkeit der Hilfen zu erweitern. Tragt dieses Wissen allezeit bei euch! Wenn die Elemente und die Wellen der Angst beginnen, sich zu erheben, bleibt gänzlich in der inneren Ruhe und im Frieden, denn alles, was geschieht, ist Ausdruck des Willens des Vaters! Ein jegliches Tun wird beobachtet, und eine jede Bewegung auf dieser Erdenwelt wird registriert. Wenn der eine oder andere in eine direkte Gefahr gerät, wird er aufgenommen. Und aus dem Himmel wird hinabfahren die Hand, welche die Engelwelt in der Gestalt der Brüder und Schwestern von den Sternen ist.

Fürchtet nichts! Diese physische Wohnwelt wird neu geboren. Haltet nicht fest! Das Haus des Vaters ist groß. Die Erde befindet sich in den niederen Himmeln, und ihr Bewußtsein, ihre Seele, hat danach gerufen, ihnen zu entfliehen, um in die höheren Himmel einzugehen. So werdet ihr alsbald die physische Wohnwelt verlassen und in einen höheren Himmel einkehren. Und ebenso wird die Erde in einen halbmateriellen Zustand gelangen ...

Wenn es euer Wunsch ist, daß der Vater Seinen Arm aus den Himmeln sendet, so schließt euch wie ein Volk, wie ein Herz und eine Seele zusammen! Wünscht nicht nur, sondern ruft den Vater und bittet ihn klar und direkt! Wenn ihr nicht aufhört, eure Bitte in die Himmel zu senden, wird der Vater den Arm hinabfahren lassen, und es wird vollendet sein. Wünscht nicht nur, sondern geht in das klare Handeln hinein!

Segen über euch, mein kleines, geliebtes Volk, das vor den Toren des Neuen steht! Es umarmt euch der Sohn der Einheit und gibt euch den Rat: Schafft Frieden in euch, schafft Frieden um euch, bleibt in der Klarheit und fürchtet nichts! Geht hinaus aus Babylon! Gott der Vater läßt euch grüßen. Es umarmt euch euer Bruder Jeschua.

Zu dem umstrittenen Thema der «Hand, die aus dem Himmel kommt» stellt diese Botschaft Jesu eindeutig fest:

- Der Plan des Vaters hat sich nicht geändert ...
- Wenn ihr hier und dort Unterschiedliches hört, achtet nicht darauf! ...
- Wahrlich, ich sage euch, ein jeglicher Buchstabe wird seine Erfüllung finden ...

Das, was Johannes vor zweitausend Jahren als «Offenbarung Jesu Christi» (Offb. 1, 1) aufschrieb, erfährt damit in diesen Tagen aus gleicher Quelle Bestätigung.

Zum Schlußszenario vor der Reinigung heißt es, daß die (gottabgewandten) außerirdischen Kulturen herbeieilen und um diesen Planeten, die Erde, kämpfen werden, weil sie Anspruch auf die Macht erheben. Diese Planetenvölker wollen möglichst alle Erdbewohner ihrer Gewalt unterwerfen. Deshalb werden sie weiterhin versuchen, den Glauben an die Wahrheit der Evakuierung zu erschüttern und die Menschen zu verführen, die Vorbereitung auf die

Levitation zu vernachlässigen. Das Unlicht hat sein Ziel erreicht, wenn die Menschen verwirrt und ratlos ihre Bemühungen aufgeben, durch konsequente Arbeit an sich selbst in die Schwingungsfrequenz zu gelangen, die für die Levitation und den Aufenthalt in den Schiffen erforderlich ist.

Wenn die angekündigte Hilfe der Sternengeschwister wieder einmal in Frage gestellt wird, sollten wir uns an die folgende Aussage Jeschuas erinnern:

Wahrlich, vor vielen irdischen Zeiten wurde euch dies gesagt. Jetzt werdet ihr erfahren, wie sich das Wort des Vaters erfüllt.

Der ausdrückliche Hinweis Jeschuas auf die Gültigkeit der Johannes-Offenbarung mag Anlaß sein, dieses Buch der klassischen Prophetie wieder einmal zur Hand zu nehmen. Es wurde uns originalgetreuer als andere kanonische Schriften überliefert. Das Werk gab stets viele Deutungsrätsel auf. Aber eben weil es schwer verständlich war, ließ es sich auch nur schwer wechselnden dogmatischen Denkrichtungen anpassen. Zudem warnten die Schlußworte:

Wenn jemand etwas hinzufügt, dann wird Gott ihm die Plagen zufügen, die in diesem Buch geschrieben stehen. Und wenn jemand etwas wegnimmt von den Worten des Buchs dieser Weissagung, dann wird Gott ihm das Anrecht wegnehmen auf den Baum des Lebens und auf die heilige Stadt, von denen in diesem Buch geschrieben steht (Offb. 22,19).

Den meisten im christlichen Gedankengut verankerten Menschen ist die Existenz von Engeln durchaus vertraut. Aber in welcher Kirchenlehre hätten sie je etwas erfahren können von hilfreichen Wesen auf anderen Planeten, die gar noch als Instrumente Gottes wirken sollen? Das Wort Jesu von den vielen Wohnungen in seines Vaters Haus wurde nicht in diesem Sinne interpretiert. Zwar erfuhr in unseren Tagen – wenn auch allzu spät – Galilei seine kirchliche Rehabilitierung, doch öffnete sich kirchliches Denken nicht für die «vielen Wohnungen» des Universums, sondern blieb eng auf unseren Erdplaneten fokussiert. So ist es verständlich, daß zahlreiche Menschen, auch in unseren Seminaren, zunächst Schwierigkeiten hatten, sich von den oktroyierten Denkmustern frei zu machen und solche Aussagen wie die obige von Jeschua zu akzeptieren, daß die Engel, die wir von alters her kennen, die Brüder und Schwestern der Sternenwelten seien (wobei hier natürlich von den höchstentwickelten, gottzugewandten Planetenkulturen die Rede ist).

Die Sternengeschwister als Engel im Dienste des Herrn – diese Sichtweise wirft auch ein klärendes Licht auf die Stelle im Neuen Testament (Matthäus 24,31), wonach der Herr «seine Engel» aussenden wird, die die Auserwählten aus den vier Windrichtungen sammeln werden.

Nachdem Jesus sich in den anfänglichen Botschaften als Sohn der Einheit vorgestellt hatte, begrüßte er – wie in der obigen Botschaft vom 21. 12. 1996 – später die Anwesenden als Jeschua, also mit dem hebräischen Namen für Jesus. Zur Unterscheidung zwischen Christus und Jesus wollte eine Seminarteilnehmerin Näheres wissen. In vielen Seminaren der geistigen Schule hatten die Teilnehmer Gelegenheit, Fragen an die geistige Welt zu richten. Die Antworten gingen häufig über den persönlichen Lebensbereich hinaus und trugen neue Aspekte zu allgemein interessierenden Themen bei, wie das folgende Beispiel zeigt. Es ist beabsichtigt, mehr aus solchen «Fragestunden mit der geistigen Welt» in einem der Folgebände zu veröffentlichen.

Die beiden folgenden Fragen wurden im Juni 1995 beantwortet.

Frage: *Was bedeutet die Christussymbolik für das Leben der Menschen, und was hat die Person Jesus für uns zu bedeuten?*

Geliebte Seele, ich danke dir in Ehrfurcht für diese Frage, denn du hast mein tiefstes Sein berührt.

Der Sohn der Einheit, der zu euch spricht, ist ein Aspekt des Vaters. Der Vater begab sich einst selbst in das Fleisch, um die Schmerzen und Leiden der Menschen zu erfahren, Seiner Kinder, die aus dem Vaterhaus, aus dem Licht in die Dunkelheit hinausgezogen waren. Also ging der Vater einst mit einem Teil von sich selbst hinab zur Erde, um die Angst und alles, was Seine verlorenen Kinder fühlten, an sich selbst zu erfahren. Dieser Teil war der Sohn, den ihr Jesus nennt. Er wurde aus dem Vater selbst geboren und nahm Fleischesgestalt an.

Der Sohn, der ein Teil des Vaters war und ist, wandte sich zur Einheit, zum Vater, zurück und verband sich mit Ihm durch das Christusbewußtsein. Damit schuf er die Brücke, die ihn ins Vaterhaus zurückführen sollte. So wurde mit der Geburt des Sohnes ein Energiekanal für die Christuskraft erschaffen, der durch alle Universen bis zur Erde führte. Er war notwendig und ist es immer noch, damit die Kinder des Lichtes, die sich vom Vaterhaus entfernten, jene Energie aus ihr schöpfen können, die nicht von der Dunkelheit angetastet und eingefärbt ist, sondern rein war und ist und in alle Ewigkeit bleibt.

Ihr wurdet zu dieser Christusenergie hingeführt, von der ihr euch über viele Zeiten ernährt habt. Wäre euch die Christusenergie nicht gesandt worden, hättet ihr das Wissen um das eigene Sein völlig verloren. So aber wart ihr immer in der

Gewißheit, daß ihr euren Ursprung im Lichte habt. Durch das Christuslicht, durch die Christusenergie wart ihr immer mit eurem Sein verbunden und konntet das Bewußtsein über euren Ursprung immer klar am Leben erhalten. Der Energiekanal der Christuskraft wurde geschaffen, damit ihr daraus alle Kraft schöpfen könnt, die ihr braucht, um euch zu überwinden, um zurückzukehren. Der Energiekanal der Christuskraft wurde geschaffen, damit auch der Sohn der Einheit aus dieser Kraft alles schöpfen konnte, was notwendig war, um seinen Weg zu gehen, um seinen Plan zu vollziehen. Der Teil des Vaters, der sich in der Gestalt des Sohnes in das Joch auf der Erde begab, hätte sich ebenso verloren, wäre er nicht in der Klarheit an diese Christuskraft angebunden gewesen.

So blieben die Klarheit und das Licht lebendig, und es blieb möglich, innerhalb der Christuskraft alles zu erschaffen wie im Ursprung selbst. Es war der Sinn meines Weges, euch zu zeigen, daß ihr allezeit aus der Christuskraft schöpfen und mir über alle Schwierigkeiten und Hindernisse hinweg folgen könnt. So habe ich euch ein Beispiel gegeben, den Tod zu überwinden. Dies war mir möglich aus dieser Christuskraft. So unterscheidet die Christuskraft und Jesus! Jesus ist der Sohn der Einheit, der als Mensch im physischen Kleid auf der Erde geboren wurde. Ihm wurde die Christuskraft gegeben, damit er sich in dieser Welt nicht verlöre.

So seht, daß jene, die nicht an die Christuskraft angebunden waren, die Klarheit über ihr Sein verloren. Ihr hattet allezeit den Schutz und den Segen durch die Christuskraft, die nun in großem Maße auf eurer Erde wirkt. Seid euch also immer bewußt, daß ihr euch mit eurem Geist, mit eurer Seele an sie wenden könnt! Bezieht von dort alle nötigen Kräfte für euch, um euren Weg weiter zu gehen! Würdet ihr in einem höheren Maße glauben und euch im vollkommenen Glauben an die Christuskraft wenden, so wäre euch nichts unmöglich. Dies ist die Aufgabe, die noch vor euch liegt.

Mein Leben war und ist ein Beispiel, daß ihr alles überwinden könnt, so ihr euch anbindet an die Christuskraft, die vom Vater als ein Lichtkanal durch alle Dunkelheit erschaffen wurde, und durch den ihr allezeit ins Vaterhaus zurückkehren könnt.

Frage: *Was war mit den Menschen, bevor Jesus sich auf die Erde begab?*

Diese Menschen waren in ihrem Bewußtsein noch nicht so weit entfernt vom Vaterhaus. Sie alle kannten noch ihre Möglichkeiten und waren fähig, alles aus sich selbst heraus zu erschaffen. Und so haben sie erschaffen. Seht an den Kulturen der Vergangenheit, daß diese Völker noch aus dem eigenen Bewußtsein und aus der Verbundenheit schöpften. Ihnen war nichts unmöglich. Doch geriet ihr Geist in das Feuer des Ehrgeizes, sie begannen, sich zu beobachten, und der eine wollte ein besserer Schöpfer sein als der andere. Die Qualität ihrer Schöpfungen sank immer tiefer und wurde negativ, die Schönheit verwandelte sich in Unschönheit. Es entstand der Zustand des absoluten Getrenntseins und Vergessens.

So wurde der Sohn in die Dunkelheit gesandt und brachte mit seiner Geburt den Lichtkanal der Christuskraft auf die Erde. Die, welche ins Unlicht gefallen waren, fanden wieder die Möglichkeit, sich zurückzubegeben auf den Weg ins Vaterhaus. Ihr gehört zu den Generationen aus dem Geiste, die erst nach jenen kamen, die in unwürdiger Weise schöpferisch tätig waren. Ihr habt noch auf eurem Weg vom Vaterhause fort gesehen, was sie vor euch erschufen. Dies diente euch als Warnung. Ihr hieltet auf eurem Wege inne und wurdet des Sohnes gewahr, der euch die Möglichkeit und das Beispiel gab, den Weg zurückzugehen.

Der Weg und das Ziel des Menschen

10. Juni 1995

Im folgenden gibt der Sohn der Einheit für einen Kreis von neuen Seminarteilnehmern in einem großen Schlußbild, einer Apotheose von der Straße ins Licht, eine Zusammenschau dessen, was er in früheren Botschaften lehrte. Wir geben diese Durchsage in Gänze wieder, weil sie die letzte dieser Art ist, bevor er beim nachfolgenden Treffen die bisherige Arbeit auf eine neue Grundlage stellt und außerdem zu einem großen Erlösungswerk für erdgebundene Seelen aufruft. Über die lehrreichen und bewegenden Einzelheiten dieser Art der Zusammenarbeit mit der geistigen Welt, die sich in den darauffolgenden Monaten entwickelte, wird in einem weiteren Band berichtet werden.

Meine herzlich geliebten Kinder, es spricht der zu euch, den ihr gewünscht, den ihr mit eurem Licht in diesen Kreis hineingerufen habt. Gott zum Gruße! Es spricht zu euch der Sohn der Einheit.

Habt Dank für euren Empfang! Betrachtet dieses Zusammenfinden als eine gemeinsame Feier, die vom Vater selbst gewünscht und gesegnet ist. Wir haben einen großen geistigen Brunnen vorbereitet, aus dem ihr das Wasser des Lebens, der Erkenntnis, schöpfen und empfangen sollt, um damit eure Kräfte aufzubauen. Betrachtet diesen Brunnen als ein Geschenk des Vaters, mit dem Er aus der Quelle, die Er selbst ist, einen Teil in diesen Kreis gibt. Ihr Vielgeliebten wißt, daß in Bälde die Stürme alles, was nicht standhaft ist, hinwegfegen werden. Das Wasser des Lebens aus dem geistigen Brunnen soll euch die Kraft geben, die Stürme zu überstehen.

Ich will heute zu euch von dem Vergangenen und ebenso von dem Kommenden sprechen, auf daß ihr den Ursprung und das Ziel versteht und auf daß ihr selbst den Punkt erkennt, an dem ihr euch befindet. So wißt also, das Erdengeschick entstand aus den tausendfältigen Gedanken, Gefühlen und Taten, die die Menschenseelen von Anbeginn ihres Daseins erschufen. So bildete sich das, was ihr die Akasha-Chronik nennt.

Ich will euch heute das Verständnis über den Ursprung eures Seins und den Sinn des Weges geben, den ihr beschritten habt, den ihr beschreiten werdet. Ich werde euch das Ziel nennen, das nur in kurzem Abstand vor euch liegt. Und ich will euch all die Hindernisse aufweisen, die es noch zu überwinden gilt, um an dieses Ziel zu gelangen. So laßt mich also sprechen von dem Anbeginn.

Einst wart ihr als lebendige Lichtfunken im Vaterhaus versammelt, und ein jeglicher trug in sich die Vollkommenheit, alle Schönheit, allen Reichtum sowie alle Fülle, die in diesem Universum möglich ist. Der Vater liebte die Lichtfunken, Er segnete sie, stattete sie mit Schöpferkraft aus und gab ihnen aus Seinem Herzen der vollkommenen Liebe als Geschenk den freien Willen. So ward die Freiheit geboren. Die Lichtfunken begannen, schöpferisch zu gestalten, zu erschaffen. Sie erschufen die Planeten, die Tiere, all die Schöpfungen, die der manifeste Ausdruck ihrer Wünsche waren. Und alles war vollkommen, war herrlich und schön, war im Reichtum und in der Fülle. Und der Vater schaute liebend auf die schöpferischen Lichtfunken.

Diese begannen, ihre eigenen Schöpfungen mit denen zu vergleichen, die von ihren geistigen Schwestern und Brüdern erschaffen waren. Sie teilten die Schöpfungen in gute und schlechte ein und erschufen das Urteil. So fielen die Kinder des Vaters aus der Einheit, aus dem Schutz, dem Segen und der Geborgenheit in die Polarität. Es entstand ein Wettstreit, und es entstand der Neid, der die Qualität der Schöpfungen prägte. Die Lichtfunken, die einst vollkommen waren, fielen in immer tiefere Ebenen, und mit ihnen auch ihre Schöpfungen. Schließlich vergaßen die Lichtfunken ihre Quelle, das Vaterhaus.

So erreichtet ihr den Stand dessen, was in euch und um euch ist. Etliche fielen noch tiefer und waren aus ihren dunklen Aspekten heraus weiter schöpferisch tätig. Sie entfernten sich so weit von der Quelle, daß ihnen das Bewußtsein über ihr schöpferisches Tätigsein abhanden kam. So sind die Menschen auf der Erde fortwährend schöpferisch tätig, ohne es zu wissen. Sie sind sich nicht bewußt, daß die Qualität ihrer Gedanken und Gefühle der Boden ihrer Schöpfung ist, der in ihnen selbst und in ihrem Leben zum Ausdruck kommt.

So gelangte ein jeglicher an den Punkt, wo er die Ernte seines Seins erkannte. Die Kinder des Lichtes hielten auf ihrem Weg inne und kehrten in ihrer Not und Verzweiflung nach Hause zurück. So gibt es auf eurer Erde nun etliche, die schon einige Wegstrecken hinter sich gebracht haben und dem Vaterhaus nähergerückt sind - aus der Erinnerung heraus, aus dem Heimweh und aus Liebe. Aber etliche, und diese sind in der Mehrzahl, befinden sich immer noch im weiteren tiefen Fall in die Dunkelheit. So gehen die einen zurück zum Vaterhaus, und die anderen in eine immer noch größere Entfernung.

Auf diese Weise gelangte die fremde Macht von außerhalb eures Sonnensystems zu euch, die die Spaltung unter den Menschen beobachtet hatte. Und sie wandte ihre Intelligenz, ihre Möglichkeiten und Waffen an und klinkte sich in den Schöpfungsprozeß derer ein, die sich weiter in die Dunkelheit hinein entwickelten. So entstand der Kampf zwischen Gut und Böse, zwischen Licht und Schatten. Die Energien, die in diesem Prozeß auf der Erde erschaffen wurden, bilden die Atmosphäre, in der ihr lebt.

Die Qualität der Atmosphäre ist von einer Tiefe und einer Dichte, die es der Erde, eurer Heimat, unmöglich machen, weiter zu leben. Sie konnte das Leid und die Qualität dessen, was auf ihr erschaffen wurde, nicht länger tragen. So rief die Seele der Erde zum Vater und bat um ihren eigenen Tod. Wißt, den Menschen war es erlaubt, das Leid, die Krankheiten, die Kriege und all das Ungemach auf der Erde zu erschaffen, denn es war der freie Wille, der sich selbst Ausdruck gab. Der Vater war nicht berechtigt, dem Menschen den freien Willen, das Geschenk aus Seinem Herzen, wieder zu nehmen. So aber rief die Erde selbst, und es war ihr Rufen und es waren die Bitten und Gebete jener verzweifelten Seelen, die sich wünschten, in die Einheit, in die Liebe und Vollkommenheit zurückzukehren, die es dem Vater möglich machten, einzugreifen und den Erdball wieder an Sein Herz zu ziehen. Denn kraft Gesetzmäßigkeit vom Vater selbst darf und wird der freie Wille eines lebenden Individuums niemals angetastet werden.

Da aber die Erde selbst rief, war der Zugriff und die Hilfe möglich. Einst sagte ich euch: «Bittet, so wird euch gegeben werden!» Zu bitten heißt, den eigenen freien Willen unter den Willen des Vaters zu stellen. Wenn ihr bittet, hat der Vater das Recht einzugreifen. Versteht nun den Sinn, die Größe und Tragweite meiner Worte! Und wißt wohl: Alles, worum ihr bittet und das eurem höheren Wohle dient, wird der Vater zur rechten Zeit zu euch gelangen lassen. Das liebende Vaterauge hat sich nicht einen Augenblick von Seinen Kindern, die sich aus Seinem Herzen hinausbegaben, abgewendet. Viele Male hat der Vater um sie geweint, als sie das Leid auf sich zogen. Die Liebe des Vaters ist euch durch alle Zeiten und Weltenräume, durch alle Universen, durch all euer Sein gefolgt. Niemals wart ihr auch nur einen einzigen Augenblick ungeliebt und nie verlassen. Es war der eigene Wille, der euch verführte.

Nun habt ihr Erfahrungen gesammelt und habt gelernt. Ihr habt euch umgewendet und den Heimweg angetreten. So seid ihr die, die mit Freude im großen Saal der Festlichkeit erwartet werden. Die Erde steht kurz vor ihrer Neugeburt, doch viele auf dem Erdball sind noch gänzlich unwissend. Es ist die Bitte und der Wunsch des Vaters und ebenso des Sohnes und aller, die euch aus Liebe im Geiste begleiten, daß ihr als die Erkennenden, als die Lichtvollen bewußt und kraftvoll Verbindung mit uns aufnehmt, euch eng mit uns zusammenschließt, daß wir gemeinsam in das Erdengeschehen eingreifen und den Unwissenden helfen. Aus diesem Grunde übermittle ich euch das Wissen um die Gesetzmäßigkeiten, die auf eurer Erde wirken, auf daß ihr wertvolle Mitarbeiter, Helfer und Retter werdet.

So hört, alles, was der Mensch seit Anbeginn seines bewußten Seins mit seinem Geist erschuf, ist existent und unauflöslich in alle Ewigkeit. Ein jeglicher Gedanke, ein jegliches Gefühl, ein jegliches gesprochene Wort und eine jegliche Tat gestalten in ihrer Energie und Qualität den Lebensraum des Menschen. So also lebt der Mensch in seiner eigenen Qualität.

Die Grundessenz dieser Energien, ihr rein geistiger Kern, wird an einer Örtlichkeit, auf einer astralen Energieebene aufbewahrt, die ihr die Akasha-Chronik nennt. In dieser universellen Bibliothek, die einem Archiv gleicht, werden die Grundessenzen der Gedanken, Gefühle, Worte und Taten als der Kern allen Seins, ohne die Energien, also als reine Informationen, gespeichert und nach ihren unterschiedlichen Qualitäten und Strukturen eingeordnet. Mit den Energien, die den Kern umgaben, habt ihr euren Lebensraum erschaffen. Die Grundessenz als der rein geistige Ursprung aber bleibt in alle Ewigkeit in dieser geistigen Bibliothek gespeichert.

Die Seelen, die hinzukommen, die neu aus dem Geist geboren werden und den Weg aus der Einheit hinab in die Zweiheit antreten, vergessen gänzlich ihre schöpferische Vollkommenheit. Sie vermögen nicht, aus sich selbst heraus in der Leere des Raumes eigene Ideen zu erschaffen. So gehen sie mit ihrem Bewußtsein in die geistige Bibliothek und holen sich aus diesem Archiv, in dem alle grundsätzlichen Geisteskerne der Schöpfung aufbewahrt sind, das, was ihr Ideen nennt. Es ist der eigene Wesenskern, der gemäß seiner Qualität bestimmt, wonach die neuen Seelen greifen. Sie treten in Verbindung mit dieser Informationsquelle und wählen jene geistigen Kerne, jene Essenzen, die ihrer Identität entsprechen, geben ihnen ihre Energien und gestalten den Lebensraum.

So sind die Welten, die Qualitäten, so sind die Atmosphären aus den Energien entstanden, die den Kern der Gedanken und der Gefühle umgaben. Aus diesen Energien habt ihr gelebt, mit diesen Energien habt ihr kreiert. Wißt also, alle eure Gefühle, Gedanken, Worte und Taten tragen eine große Mächtigkeit in sich! Es ist unser Wunsch und unsere Bitte, daß ihr von nun an mit diesem Bewußtsein durch die Tage eures Lebens geht und Sorge tragt für eure Gedanken, Gefühle, Worte und Taten! Erkennt in aller Deutlichkeit die Macht, die ihr besitzt! Dann wird in Kürze in und um euch Licht und Liebe sein.

Wenn ihr dies vollzogen habt, beseht euch jene, die als eure Brüder und Schwestern außerhalb eures Lebensraumes noch nicht in ihrem Geist erwacht sind! Und wenn ihr seht, daß ihre Worte, Taten, Gedanken und Gefühle im Unlicht sind, so wandelt mit eurer Schöpferkraft und eurer Liebe das, was sie aus Unwissenheit und Unbedachtheit schufen, in Licht und Liebe um! So werdet ihr die Energiestrukturen eures Ätherraums, in dem ihr lebt, von Mal zu Mal in eine höhere Qualität anheben. Gleichzeitig transformiert ihr auf diese Weise die Energiefelder in allen euren Körpern in eine immer höhere Lichtqualität. Dies ist von großer Wichtigkeit, denn die Erde hat den Vater um Hilfe gerufen, und der Vater hat die Hand der Hilfe gereicht. Die Erde selbst ist nun dabei, ihre Energiekörper in eine immer höhere Qualität umzustrukturieren, und wenn die Menschen sich nicht einfügen und ihre Strukturen nicht anpassen, wird für sie ein Leben auf diesem Erdball bald nicht mehr möglich sein.

Die Energiewellen des Lichtes, die bereits unablässig auf euch und euer Universum einströmen, werden in einer immer stärker wachsenden Kraft zu euch gelangen. Wenn eure feinstofflichen Energiekörper nicht fähig sind, diese hohe Lichtqualität in sich aufzunehmen, werden sie zerfallen und verbrennen.

Der Erdball wird nun neu geboren, und dieser Prozeß hat schon seit geraumer Zeit begonnen. Die Erde transformiert sich in eine höhere Lichtqualität, und sie wird sich in einen astralen Zustand bringen. Die, die auf ihr leben wollen, müssen ihren Körper in dieselbe Struktur, dieselbe Qualität und Substanz bringen. So habt acht, geliebte Kinder, daß ihr in der Liebe bleibt, daß ihr nicht fallt, daß ihr nicht von der Dunkelheit verführt werdet!

Es gibt viele Einflüsse, die zu euch gesendet werden und die Transformation eures Seins verhindern wollen. Etliche Wesenheiten von außerhalb haben ihr Augenmerk auf den Erdball gerichtet und sich über Generationen und Jahrtausende hinweg von den Energien des Ungemachs, die auf eurer Erde entstanden, ernährt. Sie sind von einem hohen Wissensgrad, einer großen Intelligenz und Kraft. Jedoch sind sie keiner Emotionen fähig. So ist die Emotion ein Lebenselixier für sie. Deshalb hefteten sie sich an die Unwissenden und verführten und benutzten sie, um die Qualitäten der Emotionen zu erzeugen, die für ihre Wünsche und Pläne nutzbar waren.

Wenn ihr also seht, daß der Bruder neben euch Ungemach, Zorn, Haß und all dies, was im Unlicht ist, erschafft, so wißt, in seiner wahren Identität ist auch er ein Lichtkern, der Liebe in sich trägt und vom Vater kommt wie ihr. Er ist ein Verführter, der noch nicht erkannt hat, daß er benutzt und manipuliert wird. Gewährt ihm aus eurem Herzen Verzeihen, habt Verständnis und Liebe für ihn! Wendet euch ihm im besonderen zu, indem ihr ihn still in Gedanken segnet. Öffnet eure Herzen und sendet ihm Licht! Wenn er mit der Liebe und dem Licht seines Bruders und des Vaters in Berührung kommt, wird der göttliche Funke, der in einem jeglichen von euch brennt, erwachen. Tragt jene, die verführt sind, mit und versucht, sie zu retten!

Die Manifestationen der negativen Gedanken, Gefühle, Worte und Taten, die jene erschufen, haften in eurem Ätherraum oberhalb der physischen Erde wie große Mühlsteine, die den Menschenseelen näher und näher rücken, um sie zu zermalmen. Ihr wandelt dazwischen und spürt die Macht und die Last der Energien, die auf dem Erdball entstanden. So lebt auch ihr in dem Ungemach und tragt das gemeinsame Leid mit. Doch wißt nun um euren Ursprung aus dem Lichte selbst und beobachtet, was ihr erschafft! Mit jedem Gedanken gebt ihr Energie in den Raum und die geistige Essenz des Gedankens in die Akasha-Chronik. Andere werden kommen und diesen Kern nehmen und ihre Energie hinzufügen. So wächst das Universum und es entsteht seine Qualität als Ausdruck derer, die in ihm leben und sich bewußt oder unbewußt als Schöpfer betätigen.

Legionen von Engelscharen umgeben die Erde und fangen einen jeden Gedanken, der nicht in der Liebe ist, auf und tragen ihn zu einer Lichtquelle. Dort werden alle gesammelten Energien in ihrer Struktur, Information und Qualität umgepolt, um sodann der Erde und ihrer Atmosphäre zurückgegeben zu werden. Wären diese Legionen von Engeln in der Vergangenheit nicht tätig gewesen, wäre der Erdball längst an den Schöpfungen der Menschen zerborsten. Es ist der Wunsch des Vaters, und es ist ebenso der Wunsch des Sohnes, und es ist der Wunsch der Engel und eurer geistigen Führer, daß ihr helft, die Energien zu der himmlischen Lichtquelle zu tragen, damit sie dort umgewandelt werden.

Ihr werdet aufgerufen, nun bewußt die Verantwortung für das, was euch umgibt, und für das, was ihr seid, zu übernehmen. Etliche unter euch sind in eine tiefe Krankheit gefallen. Ihnen rufe ich zu: «Habt Mut und steht auf!» Es sind der fehlende Glaube und die mangelnde Liebe zu euch selbst, die das Gesunden noch verhindern. Wißt wohl, es gibt keine Krankheit, die sich nicht in das Heil umkehren kann. Das Maß eures Glaubens und eurer Liebe bestimmt den Zeitraum, der benötigt wird, bis die Umkehr sich vollzieht. Wenn ihr Leid und Krankheit in und um euch findet, so wißt, dies sind *eure* falschen Schöpfungsprozesse. Gebt euch das Versprechen, daß ihr beginnen werdet, euch zu lieben! Nehmt euch in Liebe an und verurteilt euch nicht! Bewertet und richtet euch nicht selbst und auch den Nächsten nicht! Da ist kein Vater, der mahnend den Finger hebt und ein Urteil spricht, nein. Ihr selbst habt euch verworfen, habt es an der Liebe zu euch fehlen lassen, und aus diesem Grunde gelangten Krankheit, Leid und Ungemach zu euch.

So erkennt: Das Vaterhaus steht offen, und ein großer Saal ist in Herrlichkeit geschmückt. Von unzähligen Helfern und Engeln sind die Wege bereitet. Sie haben von diesem Saal der Herrlichkeit hinab zur Erdenwelt eine Straße aus Licht gebaut. Verzeiht euch, geliebte Kinder! Seht euch an, seht zu euch auf als Kinder des Lichtes, die in ihrem Ursprung vollkommen sind und in Bälde heimkehren! Anerkennt eure Vollkommenheit und Schönheit, denn ein jeglicher von euch trägt das Bild des Vaters in sich! Streift alle Masken ab, die ihr aus Unwissenheit erschuft als Schutz vor den spitzen Schwertern, die euch verletzten! Erkennt euch als das Licht, das vom Vater gesandt wurde und nicht der schützenden Masken bedarf!

Legt alle Masken ab, die da sind eure falschen Vorstellungen, eure Ängste und eure Unwissenheit! Streift alles ab, und wenn ihr nackt dasteht, werdet ihr die Wahrheit sehen, und diese ist Vollkommenheit, Herrlichkeit, Reichtum und Schönheit. Und so seid ihr wieder jene, die ihr im Anbeginn wart.

Erkennt euch und habt Mut! Geht voran auf der Straße des Lichts, die von denen geflochten wurde, die schon auf euch warten, die euch in Treue und Liebe verbunden sind, die in vergangenen Zeiten unter euch lebten, euch stets mit ihrer Liebe begleiteten und viele Male Tränen über euer Leid vergossen. Aus ihren Tränen, aus ihrer Liebe, Treue und Sehnsucht wurde die Straße des Lichtes geflochten, die vom Saal der Herrlichkeit hinab zur Erde führt für all jene, die das Heimweh und das Sehnen nach dem Vaterhaus in sich verspüren.

Kehrt heim, geliebte Kinder, die Lichtstraße und der Festsaal sind vorbereitet, und viele sind versammelt, euch als die Könige, als die Überwinder, als die Sieger zu empfangen. Zieht alle mit, die noch in den Masken stecken und dem Dunklen verhaftet sind! Richtet nicht, so wie auch über euch nicht gerichtet wird! Liebt sie und wißt, auch wenn sie äußerlich dunkel sind, es ist in ihnen derselbe Kern wie in euch, und es sind die Mächtigen von außerhalb, die sie bedrängen und verführen. So zieht sie kraft eurer Liebe mit auf diese Lichtstraße, damit alle in das Vaterhaus heimkehren!

Seid selbst das Licht und die Liebe! Wenn ihr in der Liebe seid, wird aus ihrer Gesetzmäßigkeit heraus die Struktur eures neuen Seins erschaffen, ihr werdet der neuen Erde angepaßt und mit ihr neu geboren. Das Licht, das in immer größeren Wellen und Fluten auf die Erde herniederschwillt, ist eure Befreiung und eure Kraft.

Nehmt jene an die Hand, die verführt wurden, und zieht sie auf die Lichtstraße! Wißt, die Tore sind weit geöffnet, und die Herrlichkeiten im Festsaal sind eure Taten, Worte, Gedanken und Gefühle, die ihr aus Liebe erschaffen habt. Alles, was ihr überwunden habt, werdet ihr im Hochzeitssaal als geistige Schätze, als Edelsteine, Perlen und Diamanten finden, die euch am Tag des Festes überreicht werden. Ein jeglicher wird den finden, den er liebt, den er kennt, von dem er lange schon erwartet war.

Ihr, die ihr geliebt, gesegnet und berufen seid, habt keine Furcht, denn niemand ist mächtiger als der Vater. Und Er hat euch das Schwert der Liebe gegeben, das die größte Kraft in allen Universen ist. Schlagt mit diesem Schwert alle Stricke, die euch in die Dunkelheit hinabziehen wollen, ab! Wenn diejenigen kommen, die euch verführen wollen, in Wut und Zorn zu geraten und schlecht zu denken und zu reden, dann zeigt ihnen euer Schwert der Liebe, und sie werden gewißlich weichen. Laßt nie wieder Furcht in eurem Leben sein! Alles kann überwunden werden. Ich kam einst im Kleid des Fleisches zu euch und gab euch das Beispiel, daß das Leid zu überwinden ist, denn das Leid, die Krankheit und der Tod sind Illusionen, sind Schöpfungen des Menschen, nicht des Vaters.

Liebt euch und haltet zusammen, denn die Wogen werden sich in immer größerem Maße erheben. Wenn ihr zusammensteht, können euch die Wogen nicht zerschlagen. Nehmt allezeit das Schwert der Liebe in die Rechte und das Schwert des Glaubens in die Linke und geht auf der Straße des Lichts! Alle Dunkelheit und alle Macht von außen wird euch nicht von dieser Straße hinwegziehen. Fürchtet nichts, ihr werdet alles überstehen, wenn ihr liebt und wenn ihr glaubt. Haltet fest an eurem Glauben, haltet fest an der Liebe, und haltet untereinander die Treue!

Liebt euch, segnet euch, vergebt euch und tragt euch gegenseitig! So werden wir uns wiederfinden im Saal der Herrlichkeit. Segen über euch, Segen, Segen! Gott zum Gruße! Es sprach der Sohn der Einheit.

Hilfe für erdgebundene Seelen

17. Juni 1995

Ihr lieben Versammelten, die ihr euch im Verbund der Suchenden, der Fragenden, der Liebenden eingefunden habt, Gott zum Gruße! Unter euch ist im Unsichtbaren nun der, den ihr in der Vergangenheit vernahmt und den ihr in der Tiefe eures Seins kennt. An meiner Seite ist Petrus, der euch ebenso aus der irdischen Vergangenheit vertraut ist. Weiterhin sind anwesend Herakles, Santus, Kushna, eure geistigen Führer und eine Vielzahl von Seelen, über die ich zu euch sprechen werde. Seid begrüßt, die ihr meine Perlen seid, die ihr meine Getreuen seid!

Dies ist eine besondere Stunde, und manche von euch haben es im voraus gespürt. So wißt: Was euch in der Vergangenheit gegeben wurde, ist vollendet. Wir haben euch den Augenblick des Beginns verkündet, und so verkünde ich jetzt den Augenblick des Beendens. Meßt, erfühlt und erkennt daran die Bedeutung der Zeit und den Punkt, an dem ihr euch befindet! Es wurde euch alles zuvor gesagt, und dieses Zusammensein soll dazu dienen, das notwendige Wissen, Verstehen und Erkennen all der Dinge, die künftig zu euch gelangen werden, noch einmal zusammengefaßt in euren Geist zu legen.

Wir haben euch Kunde gegeben von der Kraft der Elemente. Wir haben euch das Bild von den dunklen Mächten gezeigt, die von außerhalb mit ihren Greifarmen nach eurer Lichtigkeit fassen. Wir haben euch Kunde gegeben von eurem wahren Sein und von eurem Plan, der ebenso der unsrige ist. Diese Stunde soll dazu dienen, all diesem den Abschluß zu geben und euch das Wissen zu vermitteln, das noch nicht zu euch gelangt ist, und das ein besonderes ist.

So merkt wohl auf, die ihr in diesem Kreise versammelt seid! Ihr habt euch eingefunden nach dem Plan, den ihr einst selbst faßtet, als eure Seelen sich noch in den Ebenen der feinstofflichen Welt befanden. So seid ihr die, die den Ruf vernommen haben und ihm gefolgt sind, um nun die nächsten Schritte zu erfahren, die es zu tun gilt. Alle Lichtkinder auf der Erde erhalten ihren Auftrag und ihren Plan, und ein jeglicher wird zur rechten Zeit gerufen, um die nächsten Schritte zu erfahren und alle notwendigen Kräfte und Werkzeuge zu bekommen, damit das Werk vollzogen werden kann.

Zu eurem Plan gehört, den Seelen, die gebunden, die gefangen sind, die nicht mehr im irdischen Kleid unter euch weilen, die Hilfe, die Kraft und das Verständnis zu vermitteln, die vonnöten sind, damit diese große, unzählige Heerschar die Freiheit wiedererlangen kann.

Ich spreche heute zu euch, um euch besonders aufmerksam zu machen auf diese Gefangenen, die sich in den niederen astralen Bereichen befinden und seit unendlichen Zeiten als Verführte, als Mißbrauchte, als Benutzte in den Kerkern der Dunkelheit, in den Kerkern derer aus dem Reich des Unlichts harren. Es ist eine Vielzahl von Seelen, die in tiefem Schmerz und Leid gebunden sind. Ihr Schmerz und ihr Leid bilden gleichsam eine schwarze Wolke, die über euren Horizont zieht. Erkennt die große Bedeutung des Geschehens, das für euch noch unsichtbar ist und dennoch das Weltgeschehen in großem Maße lenkt!

Es sind jene Seelen, deren Bewußtsein verdunkelt war, als sie das irdische Kleid ablegten und in das Seelenreich hinübergingen. So wurden sie von denen eingefangen, die sich ebenso in der Dunkelheit befinden und die jene Seelen zu sich in ihre Bereiche nahmen, um sie in noch tieferes Unlicht zu ziehen. Diese Wesen sammeln alle ein, die von der Erde unwissend und geknechtet in das Reich der körperlosen Seelen hinübergegangen sind, und ernähren sich gleichsam von ihrer Lebenskraft. Die Schmerzen und die Verzweiflung dieser Seelen, all diese Emotionen, die dort in jedem Augenblick neu entstehen, dienen ihnen als Lebenselixier, das ihnen fortwährend zu größerer Kraft verhilft.

Die Energien des Leids und der Verzweiflung ziehen durch Raum und Zeit und wachsen ständig, und ihre Qualität wirkt auf euren Erdball ein. So wißt, die Kriege auf dem Erdenrund werden entfacht und genährt von diesen Energien, und wenn einer in der Schlacht fällt, ist da eine Seele mehr, die im Zorn, im Haß und in der Verzweiflung aufersteht und diese Energien der großen Wolke hinzufügt. So verdichtet sich die Wolke, und ihre Energien kehren in regelmäßigen Abständen zu euch zurück. Diesen Kreislauf gilt es zu durchbrechen.

So ergeht der Aufruf an euch, mit eurer Lichtkraft und eurer Liebe in den Kampf zu ziehen, jedoch im Geistigen und mit den Schwertern der Liebe und der Weisheit. Die vielen erdgebundenen Seelen, die durch einen gewaltsamen Tod die Erde verlassen, erzeugen aus ihrem Schmerz Energien der Dunkelheit. Und diese verbinden sich wiederum mit den Energien derer, die in den weit entfernten Kerkern seit Äonen im Zustand des Leidens harren.

Auf diese Weise sind die dunklen Energien in unbegrenztem Maße gewachsen. Die Engel, Lichtboten und geistigen Helfer sind kaum in der Lage, diesen Kreis zu durchtrennen. Die Seelen, die im Dunkeln ihren Schmerz durchleben, sind sich ihres Zustandes nicht bewußt, sie sind blind und taub für das Licht, das sie umgibt und zu ihrer Hilfe gesandt ist. Ihr Bewußtsein ist auf die Erde und auf die Menschen im physischen Kleid gerichtet, und mit Macht versuchen sie, dorthin zurückzugelangen. So haben sie sich von der Hilfe des Lichtes abgewendet.

Dieses Energiepotential läßt die Erde keinen Frieden finden. So bitten wir euch inniglich, daß ihr euch mit uns, die wir hier im Unsichtbaren sind, verbindet, auf daß wir in Gemeinschaft den Verführten und Leidenden Hilfe bringen. Versucht, euch mit eurem Bewußtsein zu diesen Energien zu begeben, sprecht die Seelen an! Und wißt wohl, ihr werdet deutlich vernommen. Ein jedes Wort, ein jedes Gefühl, ein jeder Gedanke von euch wird in völliger Klarheit wahrgenommen. So gehen die Bitte und der Wunsch von uns zu euch, daß ihr euch in liebender Gemeinschaft mit uns verbindet, daß ihr euch mit eurer verbundenen Liebeskraft gedanklich zu ihnen begebt und ihnen den Weg weist, der für sie Hilfe und Freiheit bedeutet. Ihr Bewußtsein und ihre Aufmerksamkeit sind gänzlich auf euch gerichtet. Sie vernehmen und sehen euch wohl. Unserer Existenz sind sie sich nicht bewußt. Uns sehen und fühlen sie nicht. Wenn aber die Wolken der dunklen Energien nicht aufgelöst werden, wird es niemals möglich sein, Frieden auf das Erdenrund zu bringen.

Wißt, daß auch unter euch, die ihr im Physischen weilt, etliche sind, die von den Mächten des Unlichts verführt und mißbraucht werden. Sie sind Gefangene, die nicht nach ihrem Willen leben können. Sie werden gelebt. Sie werden beherrscht und benutzt. Und viele greifen zu den Mitteln des Schlagens, Quälens und Tötens, und eure Gefängnisse und Kerker auf der Erde sind angefüllt mit Verführten und Mißbrauchten. Wißt wohl, alle Gesetze dieser Erde und alle Mauern, die ihr errichtet habt, sind nicht in der Lage, den Haß, die Wut, den Zorn, den Schmerz und die Verzweiflung aufzuhalten, denn diese Energien durchdringen die Mauern, umrunden den Erdball und verbinden sich wiederum mit der dunklen Wolke.

So haltet euch geistig dieses Bild vor Augen und erkennt den Zusammenhang, erkennt die Mächtigkeit des Prinzips, das hier wider das Leben und wider das Licht und wider die Liebe wirkt! Die vielen Seelen, die unbewußt und verführt in den jenseitigen Bereichen leben, werden mißbraucht und zur Erde zurückgeschickt, um schwache und labile Menschen aufzusuchen und sie als nächste Opfer in den Bereich des Unlichts hinüberzuziehen. So droht also Gefahr nicht nur von denen, die aus anderen Sonnensystemen zu euch gelangt sind, nein. Die Gefahr ist mitten unter euch und droht euch von den Menschen, die aus Unwissenheit unbewußte Opfer der Wesen des Unlichts werden.

So ergeht noch einmal unsere Bitte an euch: Gebt den Verführten das Wissen über ihr Dasein, gebt ihnen die Anweisung über die Möglichkeiten der Hilfe! Wenn ihr euch ihnen zuwendet, wißt, werden sie euch nicht glauben, werden sie euch zunächst mit Mißtrauen begegnen. Oft sind Wesen an sie herangetreten, um scheinbar Hilfe zu bringen. Hatten die armen Seelen ihre Hände bereitwillig ausgestreckt, wurden sie in die dunklen Bereiche gezogen, benutzt und geschändet. So ist es vonnöten, daß ihr ihnen euer Herz zeigt. Legt ihnen euer Herz ganz offen dar! Sie sind fähig zu fühlen, und wenn ihr in Gedanken Worte der Liebe sprecht, werden sie die Qualität eurer Liebe und eures Lichtes spüren, und ihr könnt sie nach und nach aus der Wolke befreien. Und wenn die Wolke aufgelöst wird, versiegt die Quelle der Energien, diese Quelle, die die Kriege, den Schmerz und das Leid nährt.

Es sind unzählige Heerscharen in den jenseitigen Bereichen, die sich im tiefsten Leid befinden. Dieses Leid erreicht euch in Wellen und verbindet sich mit den Energien auf der Erde, die eine ähnliche Qualität tragen. Diesen Kreislauf gilt es zu durchbrechen. Die Befreiung dieser verführten Seelen ist eine große Notwendigkeit und ist unsere Bitte. Neben mir steht der, den ihr als den Apostel Petrus kennt. Einst gab ich ihm den Schlüssel für die Türen der Kerker im unsichtbaren Bereich. Petrus ist nun in diesem Auftrag tätig, denn die Zeit ist erfüllt, die Türen zu öffnen. Jedoch die Seelen, die sich in den Kerkern befinden, sind nicht in der Bereitschaft, herauszutreten in die Freiheit und in das Licht. In ihrer Seele herrschen Mißtrauen und Furcht. Deshalb haben wir uns an euch gewandt in der Hoffnung, daß ihr ihnen Hilfe gewährt, indem ihr sie aus eurem Herzen in Liebe ansprecht, um in die Herzen dieser Verzweifelten hineinzugelangen.

Wir, die wir hier versammelt sind, haben einen großen Plan vorbereitet. Viele Hilfen, viele Möglichkeiten und Werkzeuge sind bereitgestellt. Die Türen aller jenseitigen Kerker sind geöffnet. Nun ist es vonnöten, daß ihr, die ihr die Erdenbrüder und Erdenschwestern seid, zu denen geht, die seit Äonen in den Kerkern der Dunkelheit schmachten, die benutzt, verführt, mißbraucht wurden und viele Male wider euch gesandt wurden. Sie kamen nicht aus freiem Willen, nein. Es war die Knechtschaft, die sie angetreten hatten. Ruft sie aus ihrer Dunkelheit heraus! Wißt, wenn sie die Kerker nicht verlassen, wird die Wolke sich nicht auflösen, die den Krieg und das Leid auf eurem Erdball geschaffen hat. Ruft sie, denn eure Stimmen können sie hören, eure Herzen können sie fühlen! Helft ihnen, ihren Zustand zu verstehen! Und wenn sie ihre Herzen geöffnet haben, weist sie zu uns hin, weist sie in das Licht, und sodann ist der Kreislauf durchbrochen.

Weist ihnen den Weg, wir bitten euch inniglich und herzlich! Sprecht die Seelen an, nennt sie einfach Bruder, nennt sie Schwester, denn sie stammen aus demselben Vaterhaus. In ihnen brennt dasselbe Sehnen, und ihr Heimweh ist nicht geringer als das eure. Das, was begonnen wurde, soll vollendet werden. Doch kann Jerusalem nicht zu euch gelangen, solange ihr die Schwestern und Brüder, die vergessen sind und seit Äonen sich in Schmerzen winden, nicht befreit. Geht also, geht und erlöst diesen letzten Bereich!

Alles notwendige Wissen, alle Erkenntnis und alle Kraft, die ihr braucht, um zu wirken, sind zur Erde gelangt. Wir haben euch ein genaues, klares Bild gegeben über euer wahres Sein, über den Plan des Vaters, über jene aus den fernen Sonnensystemen und über die Systeme auf der Erde. So gebe ich euch heute dieses letzte Bild. Wißt wohl, dieses gilt es zu erlösen. Sobald dieser Bereich Hilfe erfahren hat und aufgelöst ist, wird vollendet. Die Engel der vier Elemente werden ihre Hände öffnen, und der Geist des Windes, der Geist des Wassers, der Geist des Feuers und der Geist der Erde werden sich verbinden und vollenden, was begonnen ist.

Es soll und wird eine jegliche Seele und eine jegliche Kreatur, die auf der Erde oder in Verbindung mit der Erde ist, von dem Plan der Hilfe erfahren. Noch aber haben die Botschaften, die Hilfen und das Licht den Bereich der gefangenen Seelen nicht erreicht. Petrus hat die Kerkertüren aufgeschlossen, alles ist vorbereitet. Nun geht, die ihr auch ihre Brüder und Schwestern seid! Ruft sie aus ihren Gefängnissen heraus, ruft sie ins Licht! Für sie ist der Platz im Hochzeitssaal bereitet wie für euch. Er ist bereitet für einen jeglichen, der ins Vaterhaus zurückgelangen will.

Die Seelen in den Kerkern haben kein Bewußtsein mehr vom Vaterhaus, sie haben ihren Ursprung, sie haben die Liebe und das Licht vergessen. Jedoch ihr Schmerz ist groß, und ebenso das Sehnen ihrer Herzen. So gewährt ihnen Hilfe, wir bitten euch sehr! Wenn ihr euch an sie wendet, sprecht von der Liebe, vom Licht, vom Vaterhaus! Zeigt euer Selbst, öffnet euch, als ob ihr euren Mantel öffnet! Zeigt das, was euer ist, in aller Nacktheit! Zeigt euer Licht und eure Liebe! So werden sie durch euch angezogen, werden nach und nach Mut fassen, Vertrauen gewinnen und sich in kleinen, unbeholfenen Schritten aus den Kerkerlöchern hervorwagen. Durch eure Offenheit, eure Wahrhaftigkeit und eure Liebe wird wieder die Erinnerung daran entstehen, was einst auch ihnen zu eigen war, und sie werden Mut fassen, Hoffnung schöpfen, aus den Türen heraustreten und die Knechtschaft und das Joch verlassen.

Jene, die sie geknechtet haben, werden nicht mehr in der Lage sein, nach ihnen zu greifen und sie zurückzuziehen. Sie werden ihre Macht verlieren, und die schwarze Wolke wird sich nach und nach lichten und in ein strahlendes Weiß verwandeln. Hierzu bedarf es keiner großen Heere, es bedarf nur eurer Liebe, eurer Wahrhaftigkeit und eurer Bereitschaft, ihnen zu helfen und durch das eigene Beispiel Mut und Hoffnung zu machen.

Ruft sie also aus ihren Kerkern heraus! Dann wird Sarahel, der Gesendete, mit seinem Heer von Helfern alle Ketten abschlagen und alle Fesseln trennen. Wenn dieser Bereich gereinigt und durchlichtet ist, werden die vier Elemente vom Vater selbst den Befehl erhalten, ihren Auftrag zu erfüllen. So findet die Reinigung zuerst in den astralen Bereichen statt, und sodann auf dem Erdball. Ihr aber, die ihr die Berufenen, die Verabredeten, die Verbündeten seid, sollt euer Haupt erheben und frohlocken. Nicht Furcht wohne in eurem Herzen, erschallen sollen euer Jubelschrei und das neue Lied.* Alles ist vorbereitet, es ist vollendet. Es gilt, dieses eine noch zu tun.

Ihr aber, fürchtet nichts! Tut einen Schritt nach dem anderen ganz ohne Furcht, denn allezeit sind bei euch die Liebe und das Licht selbst. Siehe, ich bin bei euch bis an der Welt Ende. So blickt euch um! Jeder, der neben euch ist, trägt in sich ebenso mein Licht, mein Sein. Seht euch immer wieder in die Augen, und ihr werdet mich finden. Niemals wart ihr verlassen, niemals wart ihr allein. Eure Augen waren getrübt durch den Staub. Eure Ohren waren taub und eure Herzen stumpf. Niemals habe ich euch auch nur einen Augenblick verlassen. Ihr habt euch einstmals tiefer und tiefer in den Staub begeben. Und mit jeder Stufe, die ihr hinabgestiegen seid, habt ihr mein Rufen weniger vernommen. Nun, da ihr euch aus dem Staub erhoben habt und die Stufen wieder hinaufgeklommen seid, werdet ihr immer deutlicher schauen, hören und fühlen. Ich bin bei euch bis an der Welt Ende.

In meinem Herzen lebt der Wunsch, daß auch ihr seid, wo ich bin, denn alle Herrlichkeit des Vaters ist da, um mit euch geteilt zu werden. Ich bitte euch inniglich: So wie einst ich euch viele Male Hilfe sandte, so sendet nun auch ihr denen Hilfe, die eure Brüder und Schwestern sind! Und wenn sie auch Diebe und Mörder waren, wißt, in ihnen leuchtet dasselbe Licht, sie haben denselben Ursprung und denselben Weg zurück. Richtet nicht, sondern helft ihnen, wie auch euch geholfen wurde!

---

* Näheres zu dem Lied in der Botschaft des Sohnes vom 27. Mai 1995.

Holt eure Brüder und Schwestern heim! Nehmt sie mit und laßt sie nicht zurück! Denn der Vater auf Seinem Thron wartet auf einen jeglichen. Die Perlentore sind geöffnet und werden sich erst schließen zum großen Fest, wenn der Liebesruf «Kehr heim!» eine jede Seele erreicht hat. So seid ihr also direkt in die Dunkelheit gesandt. Ich habe euch zuvor alles gesagt. Fürchtet nicht das Dunkle, denn ihr seid Licht, und das Dunkle kann das Licht nicht löschen.

Beachtet jene nicht, die am Wegrand lagern und mit Schlingen nach euch werfen, um auch euch in diesen Bereich zu ziehen! Geht weiter, geht mit dem Wunsch im Herzen, die Brüder und Schwestern aus den Kerkern herauszuziehen und in den Festsaal mitzunehmen. Geht ihnen entgegen, ruft sie und zeigt ihnen durch euer Beispiel den Weg! So seid ihr gesandt, wie auch ich einst gesandt war. Wißt allezeit, um euch ist das Licht selbst, um euch ist die Hilfe im Sichtbaren und im Unsichtbaren.

Wachset noch mehr im Vertrauen und im Glauben! So ihr Hilfe wünscht, um diesen Seelen zu helfen, ruft Petrus! Er wird euch begleiten, er wird euch in jene Bereiche führen. Holt die Geschwister nach Hause und kehrt heim, kehrt heim ins Vaterhaus! Während das Fest beginnt, werden die Elemente die Neugeburt der Erde vollziehen, wird das neue Jerusalem entstehen und wird die Erde im Gold erstrahlen. Während ihr euch mit den vielen Lieben vereint, die euch im Sichtbaren und Unsichtbaren umgeben und umgaben, während ihr auf dem großen Fest seid, geht die Erde in ihre Neugeburt hinein.

Im Festsaal werdet ihr sodann beschließen, wo ihr euer Leben weiterführen werdet. Dort werden die neuen Pläne geschmiedet. Etliche von euch werden auf den neuen, den goldenen Erdball zurückkehren. Etliche werden sich auf andere Planeten begeben, und wieder andere werden in die Einheit, zum Throne des Vaters, gehen. All dies liegt in eurem freien Willen, geschieht nach euren Wünschen. Ihr werdet zur gegebenen Zeit darüber entscheiden, und dieser Augenblick ist nicht in allzu weiter Ferne.

Alles, was euch in der Vergangenheit übermittelt wurde, habt ihr behutsam aufgenommen, habt es verwaltet und weitergegeben. Wir haben es mit großer Freude, mit großer Dankbarkeit gesehen. Nun hegen wir die Hoffnung, daß ihr den Auftrag und den Wunsch erfüllt, eure Geschwister aus den Kerkern heimzuholen. Dies ist, was es noch zu tun gilt.

Das Wehklagen und die Schreie des großen Heeres der erdgebundenen Seelen sind unaufhörlich in unseren Regionen vernehmbar und dringen allezeit zum Vaterherzen. Die Zeit ist vollendet. Sie ist erfüllt. So seid ihr die Hoffnung. Wirkt als die Retter, als die Lichtvollen, als die Gesendeten, als die Gesegneten, als die Wissenden, als die Verstehenden! Geht, meine Geliebten, ich bin bei euch bis an der Welt Ende! So fürchtet nichts! Segen über euch, Segen, Segen!

Es sprach zu euch der Sohn der Einheit. Gott zum Gruße!

Diesem großen Aufruf des Sohnes der Einheit, an der Befreiung der Heerscharen erdgebundener Seelen mitzuwirken, sind die Seminar- und Arbeitskreisbesucher stets bereitwillig und mit großer innerer Anteilnahme nachgekommen, bis schließlich Ende Juli 1997 die geistige Schule wegen der veränderten Verhältnisse auf der Erde und in der Erdatmosphäre von diesem Auftrag entbunden wurde. In vielen Stunden intensiver geistiger Arbeit wurden durch Susannes mediale Vermittlung Kontakte mit den Astralbereichen der Erdgürtelzone aufgenommen, und dank der Zusammenarbeit mit den Engeln und Lichtwesen wurde es möglich, daß zahllose Seelen, ja ganze Völkerstämme in den astralen Ebenen Aufklärung und Erlösung erfuhren.

Die Gelegenheiten, dem Aufruf Folge zu leisten, mußten nicht gesucht werden. Immer wieder wurden Menschen zu den Seminaren geführt, die in einer besonderen Beziehung zu erdgebundenen Seelen standen oder in das Karma alter Völker verwickelt waren, so daß sich die Situationen, helfend einzugreifen, von selbst ergaben. Solche Fälle kündigten sich beispielsweise dadurch an, daß jemand, der ein Wochenende für eine andere Veranstaltung bereits verplant hatte, sich fast unwiderstehlich gedrängt fühlte, dort abzusagen und an unserem Seminar teilzunehmen.

Die Mitwirkenden waren mehr und mehr in der Lage, das Geschehen nicht nur gefühlsmäßig zu begleiten, sondern auch mit dem inneren Auge zu beobachten. Wer auf diese Weise einmal miterlebt hat, wie beispielsweise Soldaten der napoleonischen Kriege, die sich immer noch verkrüppelt und blutend auf dem Schlachtfeld wähnten, schließlich Mut faßten, sich zu erheben und ins Licht zu gehen, wird diese Szenen nie vergessen. Die Arbeit an erdgebundenen Seelen war auch für die irdischen Helfer eine tiefempfundene Bereicherung und erfüllte sie mit Dankbarkeit und Freude.

Die hierbei gemachten Erfahrungen bildeten zugleich einen großartigen Anschauungsunterricht über Zusammenhänge im multidimensionalen Kosmos und über die Verbundenheit aller Wesen. Um die Leser an dieser Art der geistigen Schulung teilhaben zu lassen, nicht aber, damit sie die jetzt gefähr-

licher gewordene Arbeit wiederholen, wird in einem der Folgebände eine Auswahl von Protokollen der Sitzungen und Durchsagen wiedergegeben. Mit den Berichten über die Zusammenarbeit zwischen geistiger Welt, irdischen Helfern und dem Milliardenheer leidender Seelen soll nicht zuletzt ein Geschehen festgehalten werden, das inzwischen zur Geschichte dieser Erde zählt.

Die Arbeit war nicht ungefährlich, da manches Mal mächtige dunkle Wesenheiten einzugreifen versuchten, weil sie ihren Einfluß auf die Seelen nicht verlieren wollten. Deshalb wurden die Teilnehmer stets von der geistigen Welt angehalten, sich zuvor nicht nur mit dem weißen Licht zu reinigen und mit dem violetten Licht zu schützen, sondern darüber hinaus dafür Sorge zu tragen, daß alle Mitwirkenden durch ein Lichtband sowohl untereinander wie mit den anwesenden Lichtwesen und der höchsten Quelle geistig verbunden waren. Die sorgsam getroffenen Schutzvorkehrungen bewahrten die Teilnehmer davor, von den fremden Energien berührt zu werden, und ließen entsprechende Ängste, mit denen sie den dunklen Wesen eine Resonanzfläche geboten hätten, erst gar nicht in ihnen aufkommen.

Schon in der obigen Botschaft wurde der hauptsächliche Grund genannt, warum bei diesem Erlösungswerk die Mithilfe irdischer Menschen erforderlich ist: Die leidenden Seelen sind mit ihrer Aufmerksamkeit noch gänzlich auf die physische Welt konzentriert und nehmen deshalb zumeist die Engel und Lichtwesen nicht wahr, die ihnen voller Liebe den Weg ins Licht weisen möchten, aber nicht gesehen und gehört werden. Die erdgebundenen Seelen aber sehen und hören sehr wohl die physisch inkarnierten Menschen, die deshalb bessere Voraussetzungen vorfinden, sie anzusprechen und ihnen zu helfen.

Die Dringlichkeit des Aufrufs an die Menschen, jetzt für ihre Brüder und Schwestern im Astralbereich tätig zu werden, wurde nachdrücklich mit der besonderen Zeitqualität begründet: Die Reinigung der astralen Ebenen muß der bevorstehenden Reinigung der Erde vorausgehen, weil die feinstoffliche Astralsphäre um die Erde das Geschehen in der physischen Wirklichkeit beeinflußt, ja das vorwegnimmt, was sich hernach im Physischen realisiert.

In einigen Seminaren und Arbeitssitzungen wurden die Teilnehmer bereits vor Mitte 1995 an die Problematik erdgebundener Seelen herangeführt, und zwar in Fällen sogenannter Besetzungen, wenn also «Verstorbene» sich in der Aura lebender Menschen eingenistet hatten und sie unerlaubt beeinflußten. Nicht immer handeln diese aus böser Absicht. Oft können sie sich einfach nicht von Familienangehörigen trennen und suchen hartnäckig deren irdische Nähe, statt sich den Aufgaben in ihrem neuen astralen Umfeld zuzuwenden.

Andere wiederum, die mit nicht bewältigten Süchten hinübergegangen sind, wählen gern labile Menschen als Opfer, um über sie ihre Süchte auszuleben. Menschen, die zu irgendwelchen Abhängigkeiten oder gar Drogen neigen, ziehen erdgebundene Seelen mit gleichen unerlösten Aspekten magnetisch an. Haben sich diese einmal in ihrer Aura festgesetzt, verspricht eine Drogentherapie nur Erfolg, wenn auch die Besetzung aufgelöst wird.

Gelegentlich baten auch Seminarteilnehmer oder Außenstehende, in deren

Aura sich astrale Wesen festgesetzt hatten, selbst um eine Ablösung. Sie hatten sich unfrei und fremdbestimmt gefühlt und die Besetzung selbst diagnostiziert. An diesen Beispielen lernte dann die ganze Gruppe unter Anleitung der geistigen Welt, was zum Wohle sowohl des Besetzten wie des Besetzers getan werden kann. Gelegentlich stellte sich dann heraus, daß auch der Besetzer nur die Vorhut dahinter steckender dunkler Wesenheiten war, die eine gewaltige Macht verkörperten und nur dank der stets mächtigeren Hilfe des Engels Sarahel und seiner Legionen abgetrennt werden konnten.

Der Arbeitskreis der Heiler, in dem Ärzte, Therapeuten, Psychologen und Heilpraktiker mitwirkten und der sich zu Beginn des Jahres 1995 als erster bildete, fand die Tatsache bestätigt, daß viele psychische Leiden, von der Depression bis zur Schizophrenie, nicht selten auf Besetzungen durch erdgebundene Seelen zurückzuführen sind. Die Möglichkeiten der Befreiung von solchen Fremdenergien sind vielfach erprobt, doch zu wenig bekannt. Im Interesse vieler unnötig Leidender, aber auch im Interesse der Kostensenkung im Gesundheitswesen wurde ein Pilotforschungsprojekt in Zusammenarbeit mit einer psychiatrischen Klinik angestrebt, damit diese Heilmethoden auf breiterer Ebene zum Einsatz kommen können. Leider scheint, jedenfalls in Deutschland, die Zeit hierfür immer noch nicht reif zu sein.

Die vorstehende Botschaft des Sohnes der Einheit führte zu einer Neuorientierung der Arbeit der geistigen Schule. Die Texte in Teil I dieses Buches stammen zumeist aus den halbtägigen Seminaren, die an Samstagen stattfanden und die der Sohn der Einheit nun für beendet erklärte, denn: «Es wurde euch alles zuvor gesagt». Dies wurde als Aufforderung zu einer aktiveren eigenen Tätigkeit verstanden, und in der Folge bildeten sich neben dem bereits bestehenden Arbeitskreis der Heiler eine Reihe weiterer, sich regelmäßig treffender Gruppen, die sich speziellen Themen zuwandten und hierzu über Susanne Unterricht aus der geistigen Welt erhielten. Außerdem wurden, wiederum unter der Anleitung feinstofflicher Meister, dreitägige Arbeitsseminare durchgeführt, in denen vieles von dem, was bislang im großen Überblick dargestellt worden war, differenziert und vertieft wurde. Das dabei übermittelte spirituelle Wissen wird in den weiteren Büchern wiedergegeben.

Betrachtet das Samenkorn!

18. Oktober 1997

Den Schluß des ersten Teils dieses Buches soll eine Botschaft Jeschuas bilden, die uns anläßlich eines Seminars über die vier Elemente erreichte und die alle Teilnehmer in einer ganz besonderen Weise bewegt hat. Es war das letzte Seminar, bevor wir begannen, die Veröffentlichung des vorliegenden Buches vorzubereiten. Sie vermittelt einen geistigen Vorgeschmack auf die späteren Kundgaben Jeschuas in den Jahren 1996 und 1997 und leitet zugleich auf Teil II mit dem Thema vom neuen Leib (und seiner neuen Speise) über, wenn es heißt, daß wir auf die Erde gekommen seien, um die äußere Hülse, die unseren inwendigen Geist ummantele, in eine leichtere Form zu bringen, auf daß sie in ihrer Substanz dem innewohnenden Kern ähnlicher werde.

Wie ehedem habt ihr euch abermals versammelt an einem Ort, um das Wort zu vernehmen. Wer aber hat euch gerufen und wessen Wort wünscht ihr zu hören? Es ist der Geist, der in euch wohnt, der euch niemals in der Ruhe, in der Untätigkeit belassen wird, der immer wieder angefacht wird durch das Feuer, das Element, welches der göttliche Ausdruck des Lebens selbst ist. So also hat der Geist in euch euch hierher berufen. Wer aber ist dieser Geist in euch? Es ist der Teil dessen, der ausgegangen ist vom Ursprung allen Seins. So bin ich es also, der in euch ist, und so habe ich mich selbst zu mir zurückberufen.

Im Anfang war das Wort. Dieses ist es, was ihr vernehmen wollt, und dieses ist es, wonach der Geist, der in euch ist, ruft. So habt ihr also allesamt einen Teil aus mir in euch. Das lebendige Wort, welches ich selber bin, ruht in einem jeglichen von euch. Ich habe euch geliebt, noch ehe der Weltgrund gelegt ward, und ich habe euch aus meiner Weisheit mit vielerlei Namen benannt. Ich habe euch aus der Einheit meines Seins abgetrennt und in das Weltenall entsendet, auf daß ihr von mir hinfortgeht, um euer eigenes Ich, eure eigene Freiheit und den Willen aus mir in euch für euch selber zu erfassen und zu erfahren. Hätte der Geist euch nicht entsandt und wäret ihr nicht von mir abgetrennt worden, wäret ihr niemals in die Freiheit, in das Verstehen eures eigenen Seins und eurer eigenen unabhängigen Identität gekommen.

Betrachtet das Samenkorn! Auch ihr seid Samenkörner, ihr

seid die Samenkörner, die vom Himmel zur Erde herniedergefallen sind. Das Korn ist eine Umhülsung der geistigen Kraft, die sich darinnen verbirgt. Das Inwendigste des Samenkornes ist die göttliche Idee des Lebens selbst. Diese Idee ruht im Zustande der Untätigkeit, denn es ist die äußere Hülle, die dichte und materielle Form der Umhülsung, welche noch verhindert, daß die innewohnende göttliche Idee in eine Tätigkeit gelangt. Dies ist die Trennung. Da der Geist vollkommen immateriell ist, ist er getrennt von der äußeren Hülse.

Wenn aber das Samenkorn auf einen fruchtbaren Boden fällt, wird es alsdann erfaßt von den Elementen des Raumes. Es ist das Wasser, welches in der Erde wohnt, das die Umhülsung auflöst. So beginnt die äußere Umhülsung sich zu zersetzen und geht aus der ursprünglichen Form in eine ätherische, dem Geist ähnliche Form über. Sodann beginnt die göttliche Idee, der Geist im Samenkorn, sich zu beleben, sich zu betätigen. Da die äußeren Bestandteile der Umhülsung dem Inneren ähnlich werden, ist eine Verbindung des Geistes mit dem äußeren Körper möglich, und es entsteht aus der äußeren Auflösung und der innen beginnenden Tätigkeit die neue Form des Lebens, und es keimt empor die Pflanze.

So betrachte ein jeglicher sich selbst als das geistige Samenkorn, das vom Himmel zur Erde niederging, um die äußere Auflösung aller Begrenzung und aller Dichte der Materie zu erfahren und diese als die Einschränkung für das eigene unbegrenzte Wollen und Tun zu erkennen. Wenn ihr also in eurem Geist bestrebt seid, das Materielle in euch und um euch zu erhalten, wird euer inwendiger göttlicher Funken in seiner Tätigkeit gebunden sein. Dies ist der Lebenskampf, dem eine jegliche Kreatur ausgesetzt ist, um die Gesetzmäßigkeiten aller Prinzipien in der Natur an sich selber zu erfahren, zu erkennen und zu verstehen. Dies ist das Erwachen des Lebens, dies ist das Erwachen eines jeglichen Bewußtseins zu sich selbst.

Unzählige göttliche Gedankenideen verlassen unablässig in einem jeden Augenblick das innerste Sein des Geistes aus der Einheit, treten hinaus in das Reich der Polarität. Es findet ständig auf diese Weise eine Trennung statt. Diese Trennung ist ein Schmerz für einen jeden, der ihn erfährt. Wenn aber diese Trennung nicht vollzogen würde, wäret ihr niemals frei, hättet ihr niemals die Möglichkeit, einen eigenen Willen zu bilden. Und niemals wäre es euch möglich, euch als das eigene Selbst anzuerkennen und zu verstehen, denn innerhalb des einen vollkommenen Ganzen ist eine jegliche Idee verbunden, und ein jegliches geistiges Atom ist zusammengefügt und kann für sich allein nicht wirken. Es ist angeschlossen an alle Ideen des göttlichen Seins und nimmt unablässig in der Einheit all diese Gedankenideen gleichzeitig in sich auf. Es ist nicht die Möglichkeit, sich als einzig, als etwas abgetrenntes Unabhängiges zu erfahren, wenn die geistige Substanz im Bereich der Einheit eingebunden ist.

So werdet ihr also von den tausendfältigen Ideen Gottes als eine Idee abgetrennt, und es wird euch aus dieser einen Idee ein Körper gegeben. Dieser Körper ist die Umhülsung, die euch von Anbeginn eures Seins einschränkt, und es ist der Geist, die Idee Gottes darinnen, die ständig sucht, aus dem Drang nach der Freiheit und aus dem Sehnen zurück nach der Einheit diese äußere Ummantelung aufzulösen, um die Freiheit wieder zu gewinnen.

So ist dies, was ihr den Prozeß des Sterbens nennt, ein natürlicher Vorgang, der euch als Schule des Lebens gegeben wurde, damit ihr auf diese Weise die Gedanken Gottes nach und nach aufnehmen, erkennen und verstehen könnt. Ihr werdet auf dem langen Wege dieser Schule den inwendigen Geist in euch entzünden und in euch wachsen lassen. Es ist das Maß des inneren Geistes, welches euch in der äußeren Form in aller Deutlichkeit zeigt, wie viele Ideen Gottes ihr bereits in euch integriert, verwirklicht, erkannt, aufgenommen und ausgedrückt habt. So habt ihr euch zusammengefügt aus vielerlei Ideen Gottes. Es ist eine unbegreiflich große Intelligenz in einem jeglichen von euch, und das Getrenntwerden ist notwendig, damit ihr erkennt: ICH BIN, und ICH BIN einzigartig, unwiederholbar in meinem Sein.

Als ihr im Ursprung aus der Einheit in die Polarität gegangen seid, habt ihr wohl gewußt: ICH BIN. Ihr wußtet aber nicht von der eigenen Identität dieses ICH BIN, denn ihr meintet in jenen Augenblicken, als ihr euer damaliges Bewußtsein des ICH BIN in einen Tropfen des Wassers einfügtet: ICH BIN der Tropfen des Wassers. Und ihr meintet, der Stein zu sein, die Pflanze, das Tier, der Dampf in den atmosphärischen Bereichen. Ihr meintet, die Wolke und auch der Strahl der Sonne zu sein. Das Abgetrenntsein ist notwendig, damit ihr erkennt, daß ihr weder der Stein, noch die Blume, noch der Tropfen des Wassers seid, sondern vielmehr das geliebte Kind Gottes, das ausgegangen ist aus dem Vaterhaus, um sich selbst in der Freiheit, im eigenen Willen und in der Identität zu erfahren. Dies ist der Grund, warum ihr ausgesendet wurdet. Dies ist der Weg, der einzige, der euch die Möglichkeit verschafft, euch selbst zu erfassen und zu erfahren.

Das Wort ist der Anbeginn allen Seins. Wenn ihr das Wort in seiner Ursächlichkeit versteht, wißt, es ist die Intelligenz des Schöpfers selbst. Im Anfang war der Logos, und der Logos begann, sich im sichtbaren Bereich auszudrücken. Und aus diesem Anbeginn der Intelligenz Gottes folgte die Schöpfung, und es wurde der erstgeborene geistige Sohn geschöpft, welcher euch als das Prinzip der Weisheit vertraut ist, ausgedrückt durch das Licht, benannt mit dem Namen Luzifer. So also war dies der erstgezeugte eingeborene Sohn aus der Einheit, entsendet in die Polarität. Dies war der Anbeginn der sichtbaren materiellen Schöpfung, die sich noch im geistigen, feinstofflichen Zustand befand.

Es nahm das Wort ebenso seinen Weg aus der Einheit in die Abgetrenntheit der Polarität und wurde Fleisch. Das Wort ist euch gefolgt. Was euch hierher berufen hat, ist der Geist in euch, der ICH selber BIN, um das Wort zu hören, welches ICH ebenso BIN, denn ICH BIN das Alpha und das Omega. Ein großer Schöpfungsakt wurde begonnen, und alle, die ihr euch hier eingefunden habt, seid jetzt einem Punkte und einer Zeit eures Seins begegnet, da ein Vielfältiges vollendet werden soll.

Abgeschlossen und vollendet ist eine lange Zeitepoche. Viele sind mir vertraut aus jenen Tagen, da ich euch auf den Hügeln von Jerusalem die Lehre aus dem Geiste erteilte. Wieder und wieder ist euch das Wort gefolgt. Ihr habt Wissen und Verstehen aus dem reinen Geist erhalten, der euch nachgesendet worden ist und sich durch das fleischgewordene Wort offenbart hat. Allezeit hattet ihr Menschenkinder in den Bereichen eures Lebens Propheten, die euch das Wort aus dem Geiste übermittelten. Ihr habt die Propheten verfolgt und viele Male getötet, so wie auch ich den Tod im Fleische fand.

Dies aber ist ein göttliches Gesetz, daß dem Propheten das Amt übertragen wird, die Wahrheit aus dem Geiste in die Unwissenheit der Dunkelheit weiterzugeben. Und wenn das Menschenkind den von Gott entsandten Propheten tötet, erfüllt sich das Gesetz, an dem ihr die noch schlafende göttliche Substanz im Bewußtsein des Menschengeschlechts erkennen könnt.

Wenn also der Mensch die zu ihm gesandten Propheten tötet, ist die Reife, ist der Geist, ist das Feuer der Wahrheit in ihm noch nicht erwacht. Wenn dieser Geist erwacht ist, bedarf das Menschenkind der Entsendung der Propheten nicht mehr. So also erfüllt sich hier ein Gesetz. Und wißt wohl, es weiß der Vater und es weiß ein jeglicher Prophet, der entsandt wird, zuvor um dieses Gesetz und seinen Werdegang. Wenn der Prophet sich dennoch berufen hat, in Demut und Liebe diesen Dienst zu tun, habt ihr den Akt der Liebe aus dem Vater selbst gefunden.

Mit großen Schmerzen habe ich viele Male zur Erde herniedergeblickt, da ihr jene verfolgt habt, die meinem Ruf gefolgt sind. Viele Male habt ihr jene verfolgt und in große Drangsal gebracht, die aus reinster Liebe zu euch gekommen waren. Auch in dieser letzten Zeit der Vollendung der noch bestehenden Form der Erdenwelt haben sich viele erhoben, die entsandten Botschafter zu verfolgen und ihnen das Ende zu bereiten. Dieses aber wird nicht mehr seine Vollendung finden, denn ich als das fleischgewordene Wort habe es auf mich genommen, dieses Gesetz zu erfüllen. Auf diese Weise habe ich die Notwendigkeit aufgehoben, daß weitere Opfer erbracht werden.

Versteht also, ihr seid an diesen Ort gekommen, um die äußere Hülse, die euren inwendigen Geist ummantelt, in eine leichtere Form zu bringen, auf daß sie in ihrer Substanz dem innewohnenden Kern ähnlicher werde. Dies ist die Schwelle, an der ihr steht. Ein jeglicher sichtbarer Ausdruck der Schöpfung auf dieser Erdenwelt hat einen langen Weg des Gerichtes durchschritten. Auch ihr wurdet gerichtet in euch selbst durch die beständige Ummantelung des inwendigen Geistes, welcher ICH BIN.

Nun aber ist der Geist in euch so weit entzündet, daß er ruft, sich selbst in seinem wahren Sein auszudrücken. Es ist eine Liebe und ein Sehnen, die manches Mal wie ein sturmgeprägtes Meer in euch wogen. Dies ist der Kampf in euch und das, was die vielerlei Tränen in euch gebärt. In euch ist der Ruf, daß ihr heimkehren wollt. In euch ist der Ruf, daß ihr vollenden wollt. Und in euch ist der Ruf, daß ihr alle Ketten und Fesseln sprengen wollt, die noch bei euch und die noch um euch sind.

Seid denn also getröstet! So wie ich einstmals auf den Hügeln von Jerusalem zu euch niederkam und euch das Wort, die Weisheit aus dem Geiste selbst gab, so bin ich euch allezeit gefolgt und habe durch vielerlei Art und durch vielerlei Boten zu euch gesprochen. Wenn ich euch begegnet bin, habe ich gesucht, den Geist in euch zu entzünden und ein Feuer in euch zu entfachen, das euch verzehren soll. Denn es ist die Liebe, die Liebe zu eurem Schöpfer, die Liebe zu mir, die euch ruft und die euch niemals zur Ruhe kommen lassen wird. Ihr werdet allezeit, wo immer ihr auch euren Fuß hinsetzt, diese unstetige Ruhelosigkeit in euch verspüren. Es ist das Sehnen zurück nach der Einheit.

Nun also werdet ihr bald in dieser noch bestehenden äußeren Form eures jetzigen Seins eine Veränderung erfahren. Die euch außen umgebende sichtbare Hülle wird sich in einen lichteren, leichteren und höherschwingenden Zustand verändern. Wohl werden sich eure Körperformen für euer physisches Auge nicht gleich sichtbar verändern, aber nach und nach wird euer Fleischeskörper die sichtbare Erscheinung verwandeln, bedingt durch das Feuer, welches jetzt mehr und mehr in euch brennt, und bedingt durch das Licht, das von außen auf euch scheint. Im Inwendigsten dieses geistigen Lichtes, welches die Wahrheit, die Weisheit und die Erkenntnis selber ist, wohnt das Bewußtsein des Prinzips aus dem Christus.

So brennt also in euch das Feuer, das zur Liebesglut entfacht ist, und von außen strahlt das geistige Licht aus dem Bewußtsein des Christus. Zwischen diesen beiden befindet sich eure äußere Umhülsung, das physische Fleisch. Unter den Einwirkungen der beiden Konfrontationen, dessen, was vom Innersten in euch, und dessen, was vom Äußeren, aus eurem Lebensraum, auf den Körper eindringt, beginnt die äußere Hülle nun, sich zu verändern. Die atomaren Strukturen in eurem fleischlichen, körperlichen Sein beginnen, sich anders zu formieren als bisher, und nach und nach wird auf diese Weise auch der Fleischeskörper lichter und leichter. Wenn ihr den

Augenblick erreicht, da die fleischliche Form so weit geläutert ist, daß die Dichte der Strukturen sich aufgelöst hat, werdet ihr in einen neuen Raum angehoben. Dieser ist lange schon vorbereitet. Ihr geht nicht für euch allein, ihr werdet den Erdball mit euch ziehen. Denn die Erde ist ebenso in dem Gerichte gewesen und wird es weiterhin sein, wie ihr. Auch die Erde als der äußere Planet hat das Bewußtsein von der Möglichkeit eines höheren und lichteren Seins für sich erfahren, für sich erkämpft. So wird all das von der Erde hinweggenommen, was diesem Durchlichtungsprozeß widerstrebt.

Ihr habt augenblicklich das große Weltengericht bei euch, welches sich von Tag zu Tag vollzieht. Wenn ihr dies mit eurem geistigen Auge beschaut, werdet ihr das Weltengericht erkennen. Denn das Gericht ist, daß dort Schatten und Licht kämpfen und daß der Schatten sucht, die dichte Struktur des eigenen Seins zu erhalten, daß aber der Lebensraum [die Erde] das höhere, das lichtere und leichtere Sein für sich errungen hat. So wird denn getrennt werden. Und es werden jene abermals zusammengefügt werden, die in der Dichte bleiben wollen, und jene, die das Gericht verlassen, um in eine höhere Form aufzusteigen.

Viele Male habe ich auf diese und ähnliche Weise zu euch gesprochen, auf den Hügeln von Jerusalem, im Garten Betanien und im Tale von Gethsemane. Wieder und wieder habe ich euch die Lehre aus mir selber, dem lebendigen Worte, erteilt, und viele Male nahm ich Abschied von euch [starke Rührung in der Stimme]. Ihr weintet in meinen Armen und fragtet unablässig, wann kommst du wieder? Lange nachdem mein Fleischeskörper hinweggenommen und mein Geist zu seinem Entsendungsort zurückgekehrt war, bin ich viele Male zu euch wiedergekommen und habe euch vor den Mauern von Jerusalem still, unerkannt und im Geheimen weiter unterrichtet über das, was war, was ist und was sein wird. So habe ich euch allenthalben immer wieder mit meinem Geist besucht, und ich habe mich selbst in euch zurückgelassen. Wenn wir uns also begegnet sind in der Vergangenheit, habe ich jedes Mal einen noch größeren Teil meines Geistes in euch hineingelegt, und ihr seid gewachsen in dem Feuer des Geistes, der Liebe, die euch beinahe verzehrt.

Nun also ist jener Augenblick gekommen, da bald vollendet

werden soll, da jene Verheißung* sich erfüllen soll, daß ich sichtbar in den Wolken kommen werde, um euch zu mir zu nehmen, auf daß ihr seid, wo ich bin, denn ich habe euch einen Ort bereitet, der dem Innersten eures Seins entspricht.** Die äußere Hülle muß vorbereitet sein, dieses Reich zu ertragen. Wenn ihr also meine Herrlichkeit, wenn ihr dieses Reich antreten wollt, um es zu ererben, wie es euch von Anbeginn eures Seins verheißen ward, so rufe ich euch, so bitte ich euch mit der Kraft meiner Liebe: Strebt einen jeden Augenblick danach, euren Wunsch abzutrennen, das Materielle zu erhalten, laßt los und gebt eure Kraft und eure Wünsche nicht in das Materielle hinein. Häuft nicht die Schätze auf dieser Erdenwelt, denn dies alles wird euch ein großer Ballast, eine Grenze und eine Verhinderung sein.

Geht und sucht den Schatz, der nicht aus glänzendem Golde besteht und der sich nicht in einem steinernen Palast ausdrückt, sondern der aus dem Edelstein der Schönheit und Weisheit aus Gott ist, der zusammengefügt ist aus der Wahrheit, welche ihr als geistiges Gold verstehen könnt. All dies drückt sich nicht nur als das Prinzip aus, welches in jenem Lebensraum wirkt, nein. Auch diese geistigen Prinzipien haben kraft ihres natürlichen Gesetzes für sich eine äußere Form des sichtbaren Ausdrucks erschaffen. Diesen sichtbaren Ausdruck aber könnt ihr nicht vergleichen mit dem, was jetzt bei euch ist, was ihr jetzt kennt aus eurem physischen Auge und Anblick heraus. Die äußere Ausdrucksform ist sichtbar und wird einem jeglichen von euch sodann zugänglich sein.

Die Formen und Weisen jedoch sind vollkommener, leichter und lichter, und diese Ausdrucksformen der geistigen Prinzipien in diesem höherschwingenden Lebensbereich haben nicht die Macht und Möglichkeit, euch in eurer Entwicklung zu blenden, festzubinden und euch in eurem Sein einzugrenzen. Dies ist die Vollendung, daß ihr das Gericht der dichten Materie vollendet und daß ihr nach unzähligen Inkarnationen und Verdichtungsprozessen endlich aufsteigt in ein leichteres, lichteres Sein. Dies ist, was sich alsbald erfüllen wird.

---

* Matt. 24,30; Markus 13,26; Lukas 21,27
** Johannes 14,2

In großer Freude werdet ihr von denen erwartet, die euch voraufgegangen sind, denn es wird vielen Seelen, die sich bereits in den feinstofflicheren Bereichen befinden, durch das Prinzip der Gnade gewährt werden, an diesem großen Prozeß der Erlösung, der Vervollkommnung teilzuhaben. Es sind jene astralen Seelenkörper, die da harren, nicht mehr zur physischen Erde zu gelangen, sondern vielmehr an dem Fest, das da vorbereitet ist, teilzunehmen. Ihr werdet also im großen Saal des Festes jene wiederfinden, die augenblicklich noch von euch getrennt sind, die ihr mit den Augen des Fleisches nicht erschauen könnt, da sie in das Seelenreich hinübergegangen sind. Sie sind bereits in dem großen Saal eingetroffen und erwarten euch.

Viele werdet ihr wiederfinden, die euch vertraut sind von alters her. Der Augenblick wird kommen, und dieser wird wahrlich bald sein, daß [starke Bewegtheit in der Stimme bis zum Schluß dieses Absatzes] wir von Angesicht zu Angesicht voreinander stehen. Meine Arme der Liebe, die euch viele Male umfangen haben - auch wenn ihr es in eurem dichten Fleisch nicht bemerkt habt -, ihr werdet sie spüren, ihr werdet sie erschauen, und es wird keine Trennung, es wird kein Leiden mehr sein, und ihr werdet wissen, wer ihr seid.

Die Schätze, die ihr in der Tiefe eures unbewußten Seins gesammelt habt, und die Erkenntnisse, die ihr im Bewußtsein eurer Zellen verankert habt, werden euch die künftigen Lehrer sein, von denen ihr die Wahrheit aus dem Geiste empfangen werdet. Und es wird nicht Krieg mehr sein, noch Hungersnot noch Geschrei wird sein, denn ihr seid erwacht im Verständnis eures Selbst. Ihr habt durch das Gericht gelernt und an euch selbst die Wirkung eines jeglichen Gesetzes erfahren. So also werdet ihr aus diesem Gericht und aus dem neuen Bewußtsein heraus eure Erde fernerhin nicht mehr mit Unwissenheit belasten, ihr werdet getreulich den Gesetzen aus Gott folgen, da ihr durch euer Fleischesgericht die Wirkung dessen, was ist, verstanden habt. Aus dem Bewußtsein, daß eine jede Ursache nach vorgegebenem Gesetz seine Wirkung zeigt, werdet ihr die gereinigte, euch neu anvertraute Erde abermals bevölkern und in ein neues Leben und zum Erblühen bringen.

Und dort, wo ihr noch nicht alle Gesetze erkannt und verstanden habt, da ihr diese Erfahrung noch nicht durchwandert habt, werdet ihr aus dem in der Vergangenheit Gelernten die Brücke des Glaubens zu nutzen wissen. Ich habe eine Brücke aus purem Gold geschaffen, welche über die tausendfältigen Gräben eurer noch vorhandenen Unwissenheit gebaut ist. Wenn ihr euch weiterhin im Vertrauen und in der Liebe stärkt und noch nicht alle Gesetze aus dem Geiste in der Wirksamkeit ihres natürlichen Prinzips anwenden könnt, so rate ich euch aus der Liebe, wählt in diesen Augenblicken die Energie des Glaubens und geht voller Vertrauen euren Weg weiter! Wenn ihr euch auf die goldene Brücke des Glaubens begebt, werdet ihr die tiefen, dunklen Gräben der Unwissenheit überqueren.

Denn versteht wohl, wie könntet ihr, da ihr als eine einzige Idee von den tausendfältigen Ideen Gottes getrennt seid, die Zeit und Raum durchweben, wie könntet ihr da als dieses getrennte Einzige das Gesamte mit dem jeweils innewohnenden Prinzip verstehen? So bleibt euch die Möglichkeit des Glaubens. Und so ihr hier vertraut und über die Brücke des Glaubens schreitet, um die Kluft der Unwissenheit zu überbrücken, werdet ihr, angekommen am anderen Ufer, euch umkehren und sehen, daß der Graben der Unwissenheit sich verschlossen hat, und die Brücke des Glaubens wird für euch nicht mehr sichtbar sein. Ihr aber werdet euch dann im Verstehen und Erkennen dessen wiederfinden, was ihr nicht durch die eigene Intelligenz und durch Suchen und Lernen erfahren habt. Dieses wird durch das Prinzip des Glaubens als göttliche Weisheit in euch verankert sein. So werdet ihr also in der neuen Beschaffenheit eures künftigen Seins mit diesen goldenen Brücken des Glaubens wirken. Dies ist der Rat aus meiner Liebe.

Ihr, meine geliebten Brüder und Schwestern, die ihr mir damals gefolgt seid, die ihr meinem gegenwärtigen Ruf gefolgt seid und die ihr künftig meinem Rufe folgen werdet, wahrlich, wahrlich, ich sage euch, eine jegliche Schöpfung ist aus mir, und in einem jeglichen wohnt der Funken des Geistes aus Gott. Unablässig rufe ich diesen innersten Geist. Und so ist nur der Zeitpunkt unterschiedlich, daß der eine Funke bald und der andere Funke später folgt. Die gesamte Schöpfung aber wird schlußendlich dem Rufe meiner Liebe nicht mehr widerstehen können, und jeglicher Ausdruck dieser Schöpfung aus mir wird meinem Rufe folgen.

Erkennt also, daß ihr diejenigen seid, die nicht mehr standhalten können, die den äußeren Widerstand aufgegeben haben und nun meinem Rufe folgen. Ich habe euch geliebt, noch ehe der Weltgrund gelegt war, und ich habe euch in Dunkelheit, in Kälte und in Einsamkeit entsandt. Dies war der größte Akt meiner Liebe, denn da ich in euch bin, nehme ich an allen Gedanken und Gefühlen, die in euch sind und von euch ausgehen, teil. Wenn ihr also in Dunkelheit und Kälte weintet und zittertet, habe ich dieses Zittern und Weinen in mir mitverspürt. Und so wußte ich denn aus meiner Weisheit, daß ich dies nicht allzu früh beenden darf, denn ihr bedurftet dieser Erfahrung, damit ihr versteht, wer ich bin, damit ihr erkennt, was in euch ist: Ihr seid ein Teil aus mir, und ich bin in euch bis in alle Ewigkeit. Ihr werdet diesen inwendigsten Teil aus mir wachsen lassen, bis ihr gänzlich nur noch aus diesem einzigen Teil besteht. Sodann werdet ihr heimkehren, und wir werden auf ewig eins sein.

Wißt, daß dies, was vor euch steht, nur eine bemessene Zeit noch dauern wird. Haltet fest an eurem Glauben und erkennt, was er in Wahrheit ist: Die goldene Brücke, die euch aus Liebe von Gott gegeben ward, da ihr noch nicht fähig seid, die vollkommene Intelligenz aus Gott in euch zu erfassen. So wurde euch die goldene Brücke erbaut. Erst wenn ihr all eure äußeren Begrenzungen und Körper sprengt und nur dieser inwendigste göttliche Geist in euch ist, seid ihr fähig, auf die goldenen Brükken zu verzichten. Wenn ihr euch wieder vollkommen an die Einheit anschließt, werdet ihr augenblicklich teilhaben an allen Intelligenzen, an allen Ideen aus Gott. Dann bedürft ihr des Glaubens nicht mehr, da ihr sehen, da ihr verstehen werdet, da ihr selbst ein Teil des Ganzen sein und unablässig an jeglicher Idee aus Gott teilhaben werdet.

Nun aber seid ihr noch getrennt und habt noch nicht die Möglichkeit, die große Intelligenz in euch zu fassen, denn das Gefäß, das ihr euch selber erschaffen habt, ist viel zu klein, als daß die große Weisheit aus Gott sich darin einfüllen ließe. Auf diese Weise betrachtet all jenes, was ihr noch nicht zu verstehen fähig seid. Geht in diesen Augenblicken nicht den Weg des Zweifels, geht nicht den Weg des Spotts, geht vielmehr im Vertrauen über die goldene Brücke des Glaubens, denn auf der anderen Seite der Brücke erwarten euch viele liebende Hände.

Es ist an euch, euren Willen für diese oder jene Sache zu betätigen. Dieser euer Wille wird aus unserem Bereich niemals gebrochen werden. Daran denkt allezeit! Ihr habt den Willen, ihr habt die Wege, und so entscheidet euch! Vieles habt ihr bereits hinter euch gelassen. Ihr befindet euch augenblicklich in einem großen Weltgericht. Ihr seid gerichtet in euch selbst durch die Ausdrucksform eures dichten Seins. Dies ist das Gericht, daß euer Geist sich nicht in seiner ursprünglichen Wahrhaftigkeit und Identität auszudrücken vermag, da das äußere Gericht der Materie dies verhindert.

Und euer Erdball befindet sich ebenso in diesem Gericht. Die Erde in ihrem inwendigsten Sein ist ebenso aus dem Geiste Gottes beschaffen, der intelligent ist und der des ICH BIN und des Selbst bewußt ist. So ist das Weltgericht das Gericht dieses Planeten in allen materiellen sichtbaren Ausdrucksformen seines Seins, und ihr seid parallel zur Erde ebenso in diesem Gericht. Wenn das Gericht bald vollendet sein wird, werdet ihr aufsteigen in ein höheres, in ein lichteres, in ein liebendes Sein.

So wie ich in dieser Stunde zu euch gesprochen habe, habe ich in der Vergangenheit zu euch gesprochen. Wenn ich euch verheißen habe: «Ich komme bald», so glaubt daran allezeit! Ich habe euch einstmals das Gebet gegeben, daß ihr den Vater bittet: «Dein Reich komme.» Und zur gegebenen Zeit, da es notwendig war, gab ich euch die neue Lehre, angepaßt an das Maß eures neuen Seins, daß ihr nun rufen sollt: «Dein uns verheißenes Reich komme jetzt.» Dieses ruft, meine geliebten Brüder und Schwestern, ihr Kinder des Vaters! Dieses ruft in euren Gebeten, und so wird dieses Reich näherrücken, das da vorbereitet ist für euch.

Jerusalem, Jerusalem, wie habe ich dich damals geliebt, und wie hast du mich verworfen! So habe ich das neue Jerusalem erbaut, die Stadt im Geiste, die an Schönheit nicht zu übertreffen ist. Ihr alle habt mit dem Geist, der in euch ist, diese Stadt gemeinsam mit mir erbaut. Die vielzähligen Türme, Paläste, Wege und Straßen sind von einer Schönheit, die euer physisches Auge noch nicht erschaut hat. Es ist euer Sehnen, es sind eure Wünsche, mit denen ihr Stein für Stein in dieser Geistesstadt aufeinandergelegt habt. Aus euch selbst, aus euren Seelensubstanzen, aus eurer geistigen Essenz habt ihr durch das

Sehnen nach mir und durch das Heimweh, das in euch ist, diese Stadt unwissentlich erbaut, indem ihr von einem besseren Sein träumtet, indem ihr euch nach Frieden und nach Liebe sehntet. Dies waren die Augenblicke, da ihr unbewußt aus euch selbst Seelensubstanz und Geistesessenz schöpftet. Ihr habt durch euer Wünschen und Träumen diese Substanzen zusammengefügt, und es entstand diese geistige Stadt.

Jerusalem ist vorbereitet, auf die Erde herniederzukommen, wenn dieser Erdball, der weltliche Körper, fähig ist, diese geistige Stadt aufzunehmen und ihr die Heimat zu geben. Dies wurde lange vorbereitet. Euer Lohn wird sein, daß ihr Bürger sein werdet, daß ihr ein Anrecht auf dieses Reich Gottes habt, daß in dieser heiligen geistigen Stadt Jerusalem für euch die zwölf Tore allezeit geöffnet sind und ihr eintreten könnt, wenn ihr nur den Wunsch danach habt. Und in dieser Stadt werden die Weisheit, die Liebe und der Friede allezeit als wirkender Geist anwesend sein. Ihr werdet in Jerusalem ein- und ausgehen und eure Gefäße mit den Elixieren der Weisheit, der Liebe und des Friedens füllen. Ihr werdet diese Gefäße hinaustragen und sie an jenem Ort ausschütten, wo ihr sein werdet, und der ganze Erdball wird in Weisheit, Liebe und Frieden erstrahlen.

Dies ist euer Weg, dies ist euer Plan von Anbeginn eures Seins gewesen, bevor ihr diese Erde in der Form des Menschen betreten habt. Freut euch also, denn bald wird vollendet sein! Sucht nicht die materiellen Sicherheiten und Schätze aufrechtzuerhalten, sondern vertraut und stärkt euren Glauben und sucht Liebe zu sein, sucht Liebe zu geben, dann habt ihr gewiß teil an dem, was euch verheißen ist. Ich nehme Abschied aus dieser Stimme. Wißt aber allezeit: Ich bin bei euch, ich werde auch in der kommenden Zeit bei euch sein. Segen über euch! Meine Arme der Liebe umfangen euch. Gott der Vater läßt euch grüßen, und es nimmt Abschied euer Bruder Jeschua.

Jeschua spricht von Luzifer (wörtlich «Lichtträger») als dem erstgezeugten Sohn der Einheit. In einem Seminar hat er dies näher erläutert (am 17. August 1997):

Wenn der Vater ein Kind zeugt und die Mutter es gebiert, lieben sie dann nicht das erstgeborene Kind? So zeugte Gott den ersten Sohn, und dieser war die Manifestation des weiblichen Aspektes aus dem Schöpfer, in der Ausdrucksform des Lichtes, welches die Weisheit ist. Vater und Mutter aus der Einheit liebten den erstgeborenen Sohn, der den Namen Luzifer trug, mit übergroßer Liebe. Das geborene Licht wurde aus der Einheit der Vollkommenheit in das Zweigeteiltsein außerhalb der Einheit gesandt, in das Gesetz und den Raum der Polarität. Dieser Sohn, der erstgeborene, begann seine Identität als Verkörperung der Weisheit auf der anderen Seite innerhalb der Polarität zu aktivieren, und so begab sich das Licht als Unlicht auf seinen Weg.

So schuf denn Vater-Mutter-Gott den zweiten Sohn, der die Liebe genannt wurde [Christus]. Diesem Sohn wurde zuteil, die Aufgabe des ersten Sohnes mitzutragen. So war der Zweitgeborene das Licht und die Liebe zugleich. Dieser zweitgeborene Sohn folgte dem erstgeborenen nach, um dort, wo das Licht in der Polarität als Unlicht tätig war, die andere Seite zu ergänzen. So wurde das Gleichgewicht aufrechterhalten. Dies war der Urbeginn ...

Ich sage euch, wahrlich, der Vater liebt Seinen gefallenen Sohn Luzifer nicht weniger als jeden einzelnen von euch, und auch ich habe Judas niemals aus meiner Liebe entlassen. Ich habe euch auch geliebt, als ihr im Garten Gethsemane in meiner schwersten Stunde mich verlassen hattet und schlieft. Dennoch habe ich euch geliebt, und allezeit werde ich euch lieben.

Diese Botschaft, die in ihrer Gänze später veröffentlicht wird, endet mit den Worten, die auch den Abschluß dieses ersten Buchteils bilden sollen:

In großer Liebe umarme ich euch. Der Segen des Allerhöchsten ruhe auf euch! Fürchtet nichts, denn ich bin bei euch allezeit! Gott der Vater läßt euch grüßen. Euren Frieden belasse ich euch, meinen Frieden gebe ich euch. Euer Licht belasse ich euch, das Licht des Schöpfers gebe ich euch. Eure Liebe belasse ich euch, und die Liebe der göttlichen Einheit, die Liebe aus mir und die Liebe aus all jenen, die mit euch sind, seien euch Trost und Kraft für die nächsten Tage. Auf ein Bald! In froher Hoffnung, in Erwartung und Freude des Kommenden nehme ich Abschied. Euer Bruder, euer Freund, euer Mitstreiter Jeschua.

TEIL II

«Gib uns das neue Brot für den neuen Leib»

Ernährung und Transformation - Ratschläge der geistigen Welt

Einführung

Fast zwei Jahrtausende haben die Menschen gebetet: «Unser tägliches Brot gib uns heute.» Als uns für unsere Zeit das neue Vaterunser gegeben wurde, in der die Bitte lautet: «Gib uns das neue Brot für den neuen Leib», erahnte kaum jemand von denen, die der Botschaft Jesu lauschten, wie weitreichend, ja revolutionär die Bedeutung dieses Satzes ist. Er weist mit den Worten vom «neuen Brot» auf eine veränderte Nahrung und mit dem «neuen Leib» auf einen sich verwandelnden Körper hin. Nimmt man die weitere Aussage des Sohnes der Einheit «Ihr werdet lernen, euch aus dem Geist zu ernähren» hinzu, so wird klar, daß das «neue Brot» nicht die physische Nahrung sein wird, wie wir sie bis jetzt zu uns genommen haben. Vielmehr ist eine Entwicklung des kurz bevorstehenden dritten Jahrtausends angesprochen. Diese ist aber bereits in vollem Gange. Denn so wie das Licht des Photonenrings bereits mit Macht auf unseren Planeten einstrahlt und die in den Schriften angekündigte «neue Erde» vorbereitet, so wirkt dieses Licht auch auf die Körper aller irdischen Lebewesen ein, die auf die eine oder andere Weise darauf reagieren werden.

Das Schwingungsfeld eines Körpers ist immer seinem Lebensraum angepaßt. Speziell für ihn ist der Körper konzipiert, aus seinen Bestandteilen ist er zusammengesetzt, damit er und die Geistseele in ihm überhaupt hier existieren können. Das ist auf jedem bewohnten Planeten so. Der äußere Körper hat notwendigerweise immer die Schwingungsfrequenz des Raumes, in dem er lebt, besitzt die körperliche Ausdrucksform, die ihn hier und nirgendwo sonst lebensfähig macht, so wie ein Fisch nur im Wasser gedeiht und nicht übergangslos als Vogel im Element der Luft fliegen kann. Wenn nun die Erde von der dritten in die vierte und dann in die fünfte Dimension emporsteigt, können unsere Körper nur überdauern, wenn sie diese Entwicklung ebenfalls durchlaufen. Darauf wurde in verschiedenen Botschaften hingewiesen:

Wenn die Erde nun durch die äußeren Einwirkungen den Prozeß der Reinigung und der Vervollkommnung beginnt, unterliegt auch euer physischer Körper diesem Prozeß. Alles, was sich an der Erde vollzieht, vollzieht sich auch an euch. (Aus dem Kapitel «Der Ätherleib und die vier Qualitäten des Äthers»)

Ihr habt erfahren, daß euer Körper, eure Seele und euer Geist sich in immer schneller werdenden Schritten in einen anderen Seinszustand hinein entwickeln. So werdet ihr bereits der künftigen Erdatmosphäre angepaßt. Der Erdball verändert sich in derselben Weise wie ihr. In den kommenden Zeiten wird nur der lebensfähig sein, der mitwächst, sich mitentwickelt und versteht, was in seinem Leben geschieht. (Aus dem Kapitel «Das neue Vaterunser»)

Der hier angesprochene Entwicklungsprozeß, den unser Körper parallel mit der Erde vollziehen muß, kann durch die Art der Ernährung gefördert oder behindert werden. Die folgenden Hinweise aus der geistigen Welt möchten genau diesen Entwicklungsprozeß unterstützen. Es geht also nicht allein um eine gesunde Ernährung im Interesse des physischen Körpers. Auf sie zu achten gebietet schon die Schadstoffbelastung so vieler, ja fast aller Nahrungsmittel. Darüber gibt es zahlreiche gute Bücher, die das Dilemma der Ernährung in den Industriestaaten aufdecken und alternative Wege weisen. Hier finden wir die Empfehlungen zu vegetarischer Ernährung, zu lebendiger Rohkost, zu Vollkorngetreide und Vollkornreis, zu Keimlingen und Jungpflanzen, sodann die Warnungen vor genmanipulierten Nahrungsmitteln, vor Fabrikzucker, Konserven, vor dem «Zerkochen» von Speisen und der Zubereitung mit Mikrowellen sowie die notwendige Aufklärung über Milch, Milchprodukte und viele andere Erzeugnisse unserer Nahrungswirtschaft.

Wer all dies kennt und beherzigt, wird voraussichtlich wenig Schwierigkeiten mit den aufklärenden Hinweisen haben, die uns als eine zusätzliche Hilfe aus höheren Dimensionen erreichten. In einigen Botschaften findet sich Grundsätzliches zur Ernährung. Die nachfolgend zusammengefaßten Einzelhinweise aber bilden keineswegs einen systematischen Katalog, sondern wurden mehr sporadisch bei diesem oder jenem Anlaß erfragt, weshalb sie auch die wertvollen Erkenntnisse der Industrie-unabhängigen alternativen Ernährungslehre nicht ersetzen können und wollen. In der weiter unten angeführten großen Botschaft Sarahels, die wie kein anderes Dokument dieses Buches die eminente Bedeutung der Ernährung für unsere Zeit des Umbruchs klarstellt, heißt es ausdrücklich: «Setzt euch mit der Wissenschaft der Nahrungsmittel auseinander!»

Um die Bedeutung, die die physischen Nahrungsmittel eben auch für die spirituelle Entwicklung haben, richtig einschätzen zu können, müssen wir uns vergegenwärtigen, daß jede stoffliche Speise nicht nur auf der materiellen Ebene Reaktionen im Körper bewirkt, sondern immer zugleich dem Zellbewußtsein geistige Informationen vermittelt. In einem der folgenden Texte wird dieser wichtige Sachverhalt so ausgedrückt: «Euer Geist wird ständig und klar mit Informationen gefüttert, die aus dem physischen Lebensmittel zu euch gelangen.»

Der Gedanke, sich rein geistig zu ernähren, ist – wie so manches, was in dieser Wendezeit noch auf uns zukommen wird – ohne Zweifel revolutionär. Dennoch zeigt sich, daß viele Menschen nach anfänglicher Irritation nicht abgeneigt sind, sich mit diesem Zukunftsthema auseinanderzusetzen, weil es eine tiefe Sehnsucht nach Freiheit und Unabhängigkeit in ihnen anspricht und weil sie bei sich selbst veränderte körperliche Reaktionen auf das Essen festgestellt haben.

Bei anderen Lesern wiederum mag der Gedanke an eine nichtphysische Ernährung ein ebenso vehementes wie definitives Gefühl der inneren Ablehnung auslösen. Ein solches Gefühl ist nicht nur verständlich, es hat auch seine eigene Richtigkeit und ist zu respektieren. In einer Durchsage vom 7. Juni 1997 legte Herakles großes Gewicht auf die Klarstellung, daß seine Anregungen zur Ernährung nur jene Menschen betreffen, die sich aus den Bewußtseinsebenen ihres Geistes und ihrer Seele zu einer Transformation entschlossen haben. Wörtlich sagte er:

Für die Menschen und Lebensformen auf der Erde, die aus ihren Seelenbewußtseinsebenen bereits andere Pläne eingeschlagen haben, sind die übermittelten Informationen über diese Weise der Ernährung nicht gültig ... Es betrifft sie in keiner Weise, da sie als ihren Weg Transformationsprozesse in anderen Ebenen gewählt haben. Was euch hier als Rat und Information gegeben wird, betrifft jene Seelen, die sich entschlossen haben, von der Schwingung der dritten Dimension in die der fünften zu gehen. Dieser Wachstumsprozeß ist die Anpassung an eine neue Lebensform, an einen neuen Daseinsbereich. Für Menschen, die sich aber entschlossen haben, in der dritten Dimension zu verbleiben, ist jene Nahrung, die ständig die Information der Verdichtung und der Erhaltung des materiellen Seins übermittelt und wiederholt, lebensnotwendig.

So muß also jeder Leser für sich prüfen, was er sich von den Ratschlägen zur Ernährung zu eigen machen will, denn auch die Verantwortung dafür muß er allein übernehmen. Sie kann ihm weder von den Autoren dieses Buches noch vom Verlag abgenommen werden.

Die geistige Ernährung (I)

Am Anfang stand die Aussage des Sohnes der Einheit in seiner Botschaft vom 8. April 1995 (Kapitel «Das Wasser des Lebens»):

Das neue Brot, um das ihr in dem Gebet bittet, ist ein geistiges Getränk. Es wird eure Zellstrukturen verändern. Je öfter ihr von diesem neuen Brot genießt, desto schneller gelangt ihr in einen Zustand höheren Lichtseins ... Heute sollt ihr das neue Brot empfangen, und viele Male noch wird es euch dargereicht werden, bis ihr den Zustand gänzlicher Erneuerung erreicht habt.

Anschließend wurden in feinstofflichen goldenen Bechern «Lichtsubstanzen in ihrer reinsten Essenz» gereicht und als «das Wasser des Lebens, welches das Licht selbst ist» bezeichnet. Und weiter hieß es: «Es ist das Wasser der Erkenntnis und der Weisheit.» Sehr konkret sprach der Sohn der Einheit dann am 22. April 1995 von der Ernährung «aus dem Geist.» Wir zitieren aus dem Kapitel «Das schöpferische Wort»:

Die Erde ist dabei, sich in immer höhere Frequenzen einzuschwingen, und auch eure Frequenzen werden ständig erhöht. Bald werde ich euch weitere Möglichkeiten zeigen, wie ihr euch über Behinderungen und Grenzen erheben könnt. Ihr werdet lernen, alles aus der Kraft des Geistes zu überwinden ...

Ihr werdet lernen, euch aus dem Geist zu ernähren. So beobachtet eure physischen Körper! Sie werden sich in der kommenden Zeit in ihren Bedürfnissen und in ihrer Beschaffenheit verändern. Eure Seele wird euch deutlich und immer deutlicher kundtun, was ihr an geistiger und was ihr an stofflicher Nahrung zu euch nehmen sollt. Ihr werdet immer deutlicher die Veränderung in euch und an euch verspüren.

Wenn ihr dies bemerkt, hebt eure Augen im Glanz, freut euch und wißt: Das geistige Jerusalem ist euch näher gerückt. Jerusalem wird zu euch gelangen, wenn ihr vorbereitet und fähig seid, es zu empfangen.

Diese Vorhersage hat sich bereits insoweit bewahrheitet, als Menschen in zunehmender Zahl von sich aus ihre Eßgewohnheiten verändern, weil sie feststellen, daß manche liebgewonnene Speise ihrem Körper plötzlich nicht mehr bekommt. Häufig suchen sie die Ursachen im persönlichen Bereich und wissen nicht, daß bei vielen anderen Menschen ähnliche Verträglichkeitsprobleme aufgetaucht sind. Hier mit Informationen zu dienen und darauf aufmerksam zu machen, daß ungewohnte Reaktionen des Körpers sehr wohl auch ein Zeichen für Fortschritte im persönlichen Transformationsprozeß sein können, war einer der Gründe, diesen Teil über Ernährung bereits in diesem Buch einzufügen.

Die wichtigste Aufforderung in den Botschaften über Ernährungsfragen ist gewiß die, daß wir sensibel auf die Signale unseres Körpers und unserer Seele hören, um daraus die jeweils individuell gültigen Konsequenzen zu ziehen. Keine der Empfehlungen will die Autonomie des einzelnen, seine Freiheit und seine Verantwortung, einengen. Was für den einen jetzt angezeigt ist, mag für den anderen viel zu früh sein. Jedweder Ehrgeiz, sich selbst zu bestimmten Verzichten zu zwingen, obwohl sie noch «gegen die eigene Natur» sind, trägt einen Zwang in sich und ist kein guter Ratgeber. Die Veränderungen im Speiseplan sollten sich also natürlich herausbilden, ein Schritt sollte sich auf dem anderen aufbauen, und vor allem: Jeder Schritt sollte sich in Übereinstimmung mit dem inneren Selbst ergeben.

Sollte aber jemand feststellen, daß ihm zum Beispiel Brot «immer schwerer im Magen liegt», kann die Erklärung der geistigen Wesenheiten hilfreich sein, daß alles Getreide zwar in den Ähren das Sonnenlicht einfängt, aber in besonderer Weise eben auch die Information der Erddichte in sich trägt. Er mag dann vielleicht eine Zeitlang das als schwer empfundene Vollkornbrot reduzieren oder es durch das leichtere Knäckebrot oder durch Reiswaffeln ersetzen. Wenn die spürbaren Signale seines Körpers dazu führen, daß er schließlich selbst ein solches «Grundnahrungsmittel» wie Brot mit Freude und buchstäblicher Erleichterung gänzlich vom Speiseplan absetzt, hat dies für ihn seine Richtigkeit.

Bei der Abwägung, welche Lebensmittel unser physisches und seelisches Wohlbefinden fördern, gilt es allerdings zu unterscheiden zwischen der Stimme des Körpers, die uns immer untrüglicher sagt, was er braucht, und den Wünschen unserer Geschmacksorgane, die auf höchst fragwürdigen Eß- und Trinkgewohnheiten beruhen oder gar auf Suchtabhängigkeiten.

Die alleinige «Ernährung aus dem Geist», wie sie von Vorreitern der Menschheit (man denke an die Yogis des Ostens oder an Nikolaus von Flüe) bereits in der Vergangenheit praktiziert wurde und zur Zeit beispielsweise von der Australierin Jasmuheen vorgelebt und bekannt gemacht wird, bedeutet völlige Unabhängigkeit von stofflicher Nahrung. Die Ernährung wird also keineswegs eingestellt, sondern es handelt sich um eine neue Form der Ernährung. Die ätherische Lebenskraft, das «Licht Gottes», auch Prana oder Prana Shakti genannt, ist vollkommen. Als ideale Nahrung erhält sie den Körper gesund und jung und enthebt mit einem Schlage aller Sorgen über krankmachende Giftstoffe in den Nahrungsmitteln oder über Vitamin- und Nährstoffmängel. Bevor wir näher auf die Fragen zur Lichtnahrung eingehen, bringen wir zunächst die Hinweise, die wir bei verschiedenen Anlässen zur physischen Ernährung erhielten, denn noch ist sie unsere Wirklichkeit.

Lebendige und tote Nahrung

In einer langen Unterrichtsstunde im Rahmen eines dreitägigen Seminars sprach Herakles am 7. Juni 1997 über die Umwandlung und Integration der von uns geschaffenen Gedankenschöpfungen (Elementale), unserer unerlösten Aspekte und jener Bewußtseinsanteile von uns, die sich in anderen Bereichen entwickelt haben. Er machte klar, daß jetzt die Zeit sei, wo diese «unsere Kinder» sich wieder mit uns vereinen wollen, bevor wir in die höheren Dimensionen gehen. Dies wird eines der wichtigen Themen des Folgebandes sein. Im letzten Teil seiner Lektion ging Herakles auf das Thema ein, das uns hier beschäftigt (und erklärte, warum unsere Wissenschaftler meinen, auf den anderen Planeten unseres Sonnensystems gäbe es kein Leben).

Ich möchte über die Ernährung sprechen. Ihr habt in euren Verhaltensweisen die Muster eurer physischen Ernährung noch nicht abgelegt. Wohl habt ihr vieles bereits verändert. Ihr habt gelernt und verstanden, daß ihr eure Brüder in der anderen Form, die Tiere, nicht in euren physischen Kreislauf hineinnehmen sollt. Nun will ich euch noch einmal in einer Übersicht zusammenfassen, worauf ihr bitte achten sollt, wenn ihr eurem physischen Körper in dieser so bedeutungsvollen Zeit physische Nahrung oder Flüssigkeiten zuführt.

Wenn ihr Nahrung zu euch nehmt, die aus Totem gewonnen ist, habt ihr die Programmierung und die Frequenz des Unlebendigen. Wenn ihr lebendige Lebensmittel nehmt und sie kocht, sterben die lebendigen Strukturen, und die Programmierungen und Impulse, die ihr durch die Form und den Zustand dieser Nahrung erhaltet, sind tot, nicht lebendig. Beobachtet die Menschen dieser Erdenwelt, sie essen ständig tote Nahrung. Dies ist der Grund, warum das Muster des Sterbens in ihrer Vorstellung und in ihrem Bewußtsein verankert ist. Sie essen das Tote, und sie werden programmiert zu sterben, sie werden programmiert, sich aufzulösen. Es ist eine Information, übermittelt durch den Zustand dessen, was sie zu sich nehmen.

Wenn ihr also in dem Bewußtsein erwacht, daß ihr lebendig seid, daß ihr unsterblich seid und daß ihr euren Körper nicht mehr durch ein physisches Sterben zu verlassen wünscht, sondern lernen wollt, mit der Kraft eures Geistes die Strukturen eurer Zellen und die molekularen Bewegungen in euren

Atomen und Zellen so zu gestalten, daß ihr euren physischen Körper umzubauen fähig seid nach jenen Vorschriften, die für den Lebensraum gelten, in den ihr gelangen wollt, so müßt ihr darauf achten, daß ihr lebendige Nahrung zu euch nehmt.

Wählt jene physische Nahrung, die in ihrer Substanz die Programmierung Leben, die Programmierung Licht trägt, also alle Früchte auf der Erde, die dem Sonnenlicht zugewendet sind. Alles, was unter der Erde, was materiell im Erdreich wächst, empfängt die Schwingungen der Umgebung. Wenn die Frequenz der Erde auf das einwirkt, was in und unter dem Boden wächst, wie die Kartoffel oder die Rübe, habt ihr in der Substanz dieser Früchte die Information der Umgebung. Die Erde befindet sich in einer Dichte, in einer tiefschwingenden Form des materiellen Seins, und diese Information ist geistig in all dem enthalten, was sich in und unter der Erde befindet. Wenn ihr dies also eßt, gebt ihr dem Bewußtsein eurer Zellen die Information Verdichtung, Manifestation der Dichte. So erhaltet ihr die Dichte und festigt die niedrige Frequenz der Wellen. Auf diese Weise ist es eurem Körper sehr schwer, dem Transformationsprozeß zu folgen, der sich in euren Energiekörpern ständig vollzieht.

So habt ihr auf der einen Seite die Einflüsse, die Programmierungen und Informationen aus dem kosmisch höherschwingenden atmosphärischen Bereichen durch das, was im Auftrage eurer geistigen Helfer und im Auftrage eures Hohen Selbst geschieht. Auf der anderen Seite habt ihr durch eure Verhaltensweise im Bereich der Nahrungsaufnahme eine Gegenprogrammierung, indem ihr Lebensmittel in euren Körper einfügt, die Informationen als Impulse in eure Zellen senden, die die Qualität Tod, Sterben und Verdichten der Materie haben.

Dies ist der Prozeß, den wir beobachten. Wir möchten euch bitten, daß ihr über das Gesprochene ernsthaft nachdenkt. Wir bitten euch sehr, daß ihr euch vor Augen haltet, daß ihr eurem physischen Körper den Umbau auf diese Weise sehr erschwert ...

Ihr, die ihr euch entschlossen habt, in einen Zustand des Feinstofflichen, des Halbmateriellen zu gelangen, euch sei das Bild vom Lebendigen und Lichtvollen auf der einen Seite und vom Toten und Lichtlosen auf der anderen Seite gegeben. So orientiert euch in groben Umrissen an diesen beiden Kriterien und wißt, daß ihr die Möglichkeit habt, über die Ernährung Informationen in euren Körper hineinzugeben, indem ihr entweder Nahrungsmittel wählt, die lebendig sind, die ständig Licht in sich aufnehmen und speichern, oder aber solche, die im Erdreich wachsen und die Programmierung des Verdichtens auf sich ziehen. Wenn zur Information des Verdichtens und des materiellen Seins noch das Sterben hinzugefügt wird, indem die Frucht durch die Zubereitung und die Form der Verwertung getötet wird, habt ihr die Programmierung Tod.

Die Verhaltensmuster der Menschen auf der Erde sind geprägt, und diese Prägung wird ständig durch die Lebensweise wiederholt. Denkt also daran, wenn ihr wünscht, feinstofflicher zu werden, wenn ihr wünscht, daß euer Körper durchlässiger und astraler wird, nehmt jene Nahrung in euren Körper auf, die lebendig ist und die in sich die Programmierung des Lichtes trägt, um auf diese Weise euren Transformationsprozeß in einen freudvolleren und schöneren umzuwandeln.

Ich spreche über euer Planetensystem, über eure kosmische Heimat, weil es wichtig ist, daß ihr das gesamte Geschehen versteht und nicht nur einzelne Aspekte. Jetzt seid ihr noch in eurer Wahrnehmung gefangen und auf euer Umfeld begrenzt. Ihr nehmt die eigenen Veränderungen, die eigenen Prozesse, wahr. Ihr beobachtet die Veränderungen in eurem Lebensbereich, ja auch in den atmosphärischen Bereichen eurer Erde. Dennoch seid ihr in eurer Wahrnehmung nur auf das Geschehen auf der Erde ausgerichtet. Es ist jedoch wichtig, daß ihr euren Geist für das Geschehen außerhalb dieses Planeten öffnet, denn ihr habt eine Vielzahl von Nachbarn, die euch Brüder und Schwestern sind, die euch in den Entwicklungs- und Transformationsprozessen voraufgegangen sind.

So versteht, die Planeten, die euch umgeben und die euch vertraut sind als die Venus, als Saturn, Pluto oder Mars, all diese Planeten waren einstmals ebenso von physischem Leben bewohnt wie der Planet Erde. Die dort inkarnierten Lebewesen haben sich in einer kontinuierlicheren Weise entwickelt, als dies auf der Erde möglich war, denn die Lebensbedingungen auf diesen Planeten waren damals einfacher, nicht bedrohlich. Die natürlichen Lebensräume wurden nicht von außerhalb bekämpft, und die einzelne Kreatur in ihrer Individualität konnte ihre Entwicklung in dem harmonischen Lebensraum ungestört vollziehen. So haben sich diese Kulturen zum größten Teil von ihrer physischen Dichte nach und nach in andere Dimensionen und höherschwingende Körper ungestört transformieren können.

Das ist der Grund, warum ihr auf den euch umgebenden Planeten kein physisches Leben wahrnehmen könnt. Die dort befindlichen Kulturen haben sich transformiert und höherentwickelt und leben in halbstofflichen Bereichen, die diese Planeten umgeben. Als die Planeten durch die atmosphärischen Einflüsse unbewohnbar wurden und die Lebensbedingungen nicht mehr vorhanden waren, hatten diese Kulturen in der Vergangenheit durch eine hochentwickelte Technologie und das erworbene Wissen bereits die Vorherschau auf die kommenden Ereignisse und haben sich rechtzeitig andere Lebensräume urbar gemacht. So ist zum Beispiel vom Planeten Venus ein großer Teil der Bevölkerung in benachbarte Sonnensysteme ausgewandert, und viele Wesenheiten haben sich in höherschwingende Dimensionen transformiert.

Es sind also die geistigen und astralen Bereiche, die jeden physischen Planeten umgeben, in denen sich das Leben abspielt und die Evolution vorangeht. Es war also auf der Erde eine solche ungestörte kontinuierliche Evolution nicht möglich, denn die Erde wurde aus dem Schwingungsmuster dieses Sonnensystems herausgenommen und durch ein Energiegitternetz abgekapselt, um hier eine Lehrstatt zu erschaffen, auf der die Bedingungen des Lebens und Wachsens besonders beschwerlich waren. Der Planet Erde ist eine Schule für Seelen, die sich berufen haben, den höchsten Schwierigkeitsgrad der Entwicklung zu vollziehen.

So versteht euch alle als die Lernbegierigen und als die besonders lernwilligen Seelen, die eine Vielzahl von Mühseligkeiten auf sich genommen haben. Ich werde nun von der geistigen Führerin dieses Instrumentes gerufen, den Körper zu verlassen, da die Kraftquelle erschöpft ist. So werde ich mich aus diesem Körper herausbegeben, damit der physische Kern des Menschen sich erholen kann. Ich, Herakles, verabschiede mich nun für den Augenblick und werde euch in anderer Form durch diesen Mund die weiteren Erläuterungen geben. So geht in eine Phase der Entspannung! Ihr habt alle einen Mangel an Sauerstoff, ihr seid ermüdet und könnt meinen Ausführungen nicht mehr genügend folgen. So nehme ich Abschied und gebe euch den Liebesgruß aus dem Bewußtsein eurer geistigen Führer. Gott zum Gruße! In großer Freude sprach zu euch Herakles.

Bereits in einer Botschaft am 29. Dezember 1996 hatte Herakles die Unterscheidung zwischen toter und lebendiger Nahrung angesprochen, aber ebenso die Menge der Ernährung und die Genmanipulation. Noch einmal wird verdeutlicht, daß die physische Nahrung eben nicht nur auf den physischen Körper Einfluß hat, sondern auch auf die feinstofflichen Körper.

Eure physischen Körper unterliegen einer beständigen Veränderung, einer aktiven Transformation, und die physische Nahrungsaufnahme gestaltet hier einflußreich mit, was vor sich geht. So wollen wir euch bitten, daß ihr darauf achtet, euch in einer Weise zu ernähren, daß ihr euch auf das Lebendige, auf das Frische ausrichtet, und nicht auf das Tote und das Verdichtete.

Die Energiekreisläufe eurer Körper haben bereits in großem Maß erhöhte Frequenzen, und eure verschiedenen Körper sind in ihrer Dichte in einer gänzlich anderen Struktur, als dies noch vor kurzer Zeit der Fall war. Wenn ihr also Nahrung zu euch nehmt, die kein Licht und keine Lebendigkeit in sich trägt, erschwert ihr den Transformationsprozeß, und ihr werdet ständig mit Frequenzen bombardiert, die in euren psychischen und emotionalen Ebenen Schwächung und Verwirrung hervorrufen. Daraus folgt ein ständiger Kampf in euren feinstofflichen Körpern, die einmal in das Verdichten und danach wieder in das Lichte, das Durchlässigere gelangen.

Auch wenn ihr zuviel Nahrung zu euch nehmt, erschweren sich die Prozesse. Versucht also, eure Ernährung auf das Maßvolle einzustellen, auf das Leichte, das Lichtvolle, und achtet vor allen Dingen darauf, daß ihr eurem Körper keine genmanipulierte Nahrung zuführt, denn sie gereicht gerade den transformierenden Menschen in großem Maße zum Schaden.

Eure Körper haben sich inzwischen so weit transformiert, daß sie ab und zu fähig sind, über die Haut und über die Atemwege kosmische Energien aus der Atmosphäre aufzunehmen, und wenn ihr zuviel der stofflichen Nahrung und vor allen Dingen der toten, dichten Nahrung zu euch nehmt, verzögert sich die Transformation eurer feinstofflichen Körper.

Euer physischer Körper ist bereits in der Lage, sich aus der Atmosphäre zu ernähren. Beobachtet euch, die Bedürfnisse haben sich in großem Maße verändert. Allein die Verhaltensweisen, die alten Muster aus der Gewohnheit, verleiten euch immer wieder, zu den alten Lebensmitteln zu greifen. Wenn ihr euch die notwendige Zeit einräumt, euren Körper für sich selber sprechen und aussuchen und entscheiden zu lassen, werdet ihr in aller Klarheit aus euch selbst konkrete und genaueste Informationen erhalten, welche Nahrungsmittel ihr zum jeweiligen Zeitpunkt zu wählen habt. Eure Körper sind befähigt, euch über die Form des Appetits genau mitzuteilen, welches Nahrungsmittel benötigt wird. Lernt also, euren Körper aufmerksam zu beobachten.

Ich fasse noch einmal zusammen: Es bedarf nicht mehr der großen Menge an physischen Nahrungsmitteln. Es bedarf der Aufmerksamkeit und der genauen Wahrnehmung der Mitteilungen, die aus dem Körper selbst in euer Bewußtsein gelangen. Ihr werdet hier mehr und mehr übermittelt bekommen, daß ihr mehr der Flüssigkeit und mehr der lebendigen und der lichtvollen Nahrung bedürft. Wählt Nahrungsmittel, die viel Sonnenenergien gespeichert haben.

Das Getreidekorn

Im Vaterunser, wie es vor zweitausend Jahren gelehrt wurde, war «unser tägliches Brot» gleichbedeutend mit Nahrung überhaupt. Jetzt werden wir aufgefordert, umzudenken. Ausgerechnet das Brot, so erfahren wir, kann wegen seiner Erdenschwere unseren Transformationsprozeß behindern. Das «neue Brot», um das wir im neuen Zeitalter bitten sollen, bedeutet also eine allmähliche Abkehr vom Getreidekorn. Am 8. Juni 1997 antwortete Herakles in einem TerrAmor-Seminar auf eine Frage zur Ernährung:

Das Korn, das auf der Erde oberhalb des Bodens wächst, trägt aus der Sonne die Information des Lichts in sich. Es trägt jedoch in großem Maße aus den Wurzeln in der Erde auch die Information des physischen Seins. So möge jeder das Korn genießen, der in eben solcher Weise sein Leben verbringt, daß er mit einem Teil seines Bewußtseins fest auf dem Boden dieser Erde verankert ist, auf dem Boden der Tatsachen steht, wie ihr es so schön nennt, und mit dem anderen Teil seines Selbst der Sonne zugewandt ist, die das Licht im Korn speichert. Wenn er seine Wurzeln aus der Erde lockert, wird er von Mal zu Mal das Korn weniger genießen. Wenn er seine Wurzeln völlig hinweghebt von der Erdenwelt, wird er von sich aus nicht mehr zum Korn greifen.

Habt mehr Vertrauen in eure innersten Instanzen! Eure Zellen und Organe teilen sich selbst mit und signalisieren euch, was sie brauchen. Allein ihr habt die Sprache eurer Organe und Zellen nicht mehr zu hören gelernt. Die Aufgabe besteht darin, daß ihr wieder lernt, die inneren Botschaften zu vernehmen, und daß ihr auf eure Organe und Zellen hört und ihnen nur dann Nahrung gebt, wenn sie der Kraft und Unterstützung bedürfen, und daß ihr ihnen das gebt, was sie euch signalisieren. Ihr spürt in euch über das Organ der Zunge und über euer Bewußtsein des Appetits, wessen der Körper bedarf. Von Mal zu Mal deutlicher und intensiver wird euer Körper euch mitteilen, ob er Salziges, Süßes, Festes, Flüssiges oder geistige Nahrung wünscht.

Wißt nur allezeit: Wenn ihr das Tote in euch hineinnehmt, programmiert ihr immer wieder aufs neue eure Zellen mit der Information Sterben. So ihr aber Lebendiges eßt, werden eure

Zellen die Botschaft des Lebendigen in großer Freude aufnehmen. In dem Maße, wie ihr bereit seid, bewußt und unbewußt die Idee des physischen Sterbens loszulassen, in dem Maße werdet ihr von euch aus mehr und mehr zu den Nahrungsmitteln greifen, die die Botschaft Leben in sich tragen.

In einer Einzelsitzung am 18. Juni 1995 wurde die Frage des Besuchers «Was kann ich von der Ernährung her tun, um in höhere Schwingungen zu gelangen?» wie folgt von einem Mitglied der Weißen Bruderschaft beantwortet:

Versuche, alle Lebensmittel zu meiden, die wie das Korn Schwere in sich tragen! Das Korn ist die Manifestation der Erdinformation. Es ist euer Brot, das euch erdet. Wenn du viel Korn ißt, erneuerst du beständig jene Energien, die die Erdung begünstigen und potenzieren.

Wähle jene Lebensmittel, die luftig und leicht sind: die Früchte von den Bäumen und von den Sträuchern! Versuche, dich von den Früchten zu ernähren, die in deinem Lebensbereich wachsen. Der Lebensbereich und die Früchte, die dort wachsen, sind deinen Schwingungsfrequenzen angepaßt. Segne die Früchte und verbinde den Segen mit deinem Wunsch, leichter, feinstofflicher zu werden! Und dann nimm sie zu dir!

Meide das Fleisch, den Verzehr von Tieren, denn auch das bindet an die Erde! Alles, was in der Substanz schwer ist, wirkt sich auch als Schwere in dir aus.

Genußmittel und die Fähigkeit zu geistiger Arbeit

Die Botschaft von Herakles im Arbeitskreis der Heiler am 2. Januar 1996, die in Teil I abgedruckt ist, wies bereits darauf hin, daß die Menschen durch äußere Beeinflussung, vor allen Dingen durch Genußmittel, welche stoffliche Abhängigkeit erzeugen, die Fähigkeit des bewußten, konzentrierten Denkens verloren haben und daß die Gehirnzellen von Generation zu Generation mehr und mehr degeneriert sind. Wie sehr die Ernährung Einfluß auf die geistige Erlebnisfähigkeit haben kann, zeigt die folgende Ermunterung, die ein Schwarzafrikaner im Juli 1996 erhielt, nachdem er ein halbes Jahr zuvor über Susanne Kontakt mit der geistigen Welt aufgenommen und seitdem konsequent seine Ernährung umgestellt hatte.

Habe zuerst Dank dafür, daß du die Botschaften ernst genommen hast, die dich erreichten. Du wirst gebeten und ermuntert, in deiner neuen Art des Lebens fortzufahren. Ich spreche von deiner neuen Weise der Ernährung. Diese hat bereits bewirkt, daß deine Gedächtniszellen sich begonnen haben zu aktivieren. Wenn du konsequent bei dieser Ernährungsweise bleibst, wirst du bald die Explosion deiner Gedächtniszellen erleben. Dies bedeutet, daß du dich an alles erinnern kannst, was in dir als Erfahrung aus vergangenen Leben gespeichert ist. Auch die Erfahrungen, die du in den Phasen deines Tiefschlafes machst, das, was du die Träume nennst, all dies wird in dem Augenblick offenbar, wo deine Gedächtniszellen explodieren.

Aufgrund deiner neuen Lebensweise wirst du bald selbst über die Möglichkeit verfügen, dich auch in deinem Tagesbewußtsein mit unseren Bereichen zu verbinden. Deine Gedächtniszellen sind bereits sehr aktiv, und bald wird der Schleier, der den Namen Vergessen trägt und auf deinem Unterbewußtsein liegt, fortgenommen werden. Bald wird das Tor geöffnet, und du wirst eintreten in deine Vergangenheit und in deine Zukunft. Und es wird dir deine Weisheit offenbart werden, die du in den vielen Zeiten deiner bereits gelebten Inkarnationen angesammelt hast. Wir geben dir diese Information aus Liebe und aus Dank und zu deiner Ermunterung in dein Tagesbewußtsein.

Die Umwandlung schädlicher Stoffe mit geistigen Mitteln

In einer Unterrichtsstunde am 18. Januar 1996 sprach der große Weise und Lehrer aus den Sternenwelten, Xenoc, über die Gedankenkraft und über unsere Schwierigkeit, einen Gedanken gezielt über einen längeren Zeitraum bewußt festzuhalten. Bei der geistigen Arbeit mit der Gedankenkraft bestehe die Gefahr, daß wir während der Übung die Konzentration verlieren, daß wir abschweifen oder uns von äußeren Reizen und Impulsen ablenken lassen, so daß wir auf der Strecke das Vorhaben aus den Augen verlieren und das Ziel nicht erreichen. Es ginge also darum, wieder zu lernen, wie wir die Gedankenkraft bewußt sammeln, zusammenhalten und durch den Willen gezielt kanalisieren können. In einem der Folgebände werden wir auf all diese Texte und Übungen näher eingehen. An dieser Stelle geht es zunächst nur um den Zusammenhang mit der Ernährung.

Durch die Gifte, die schon lange Zeit unsere Gehirnzellen und Nervenbahnen überlagern, sowie durch die manipulativen Einflüsse aus den Bereichen des Dunklen sei die Aktivität der bewußten Gedankenkraft eingeschränkt worden. In diesem Zusammenhang sagte Xenoc zur Ernährung:

Lernt fernerhin, alle Nahrungsmittel, die ihr künftig zu euch nehmt, geistig zu reinigen, bevor ihr sie eurem Körper übergebt. Ihr habt die Möglichkeit, mit Hilfe des Gebetes, mit Hilfe der Gedankenkraft, alle disharmonischen Schwingungen in euren Nahrungsmitteln und Getränken so umzuwandeln, daß sie euren eigenen Schwingungsfrequenzen entsprechen. Dies kann ein einfacher Akt des Gebetes sein, indem ihr den Vater bittet, alle Gifte aus dieser Speise zu entfernen und sie so zu segnen, daß sie euch zur Gesundheit dient. Wenn ihr dieses Gebet sprecht, werden geistige Helfer beauftragt, die Energiefelder eurer Nahrungsmittel und Getränke so umzuwandeln, daß sie euch zum Guten dienen.

Ihr könnt dies aber auch aus der eigenen Kraft vollziehen. Wichtig ist, daß ihr das Essen, das ihr für euch bereitet, mit dem Bewußtsein zu euch nehmt, daß alle darin enthaltenen Substanzen aus dem Urgrund allen Seins bestehen. Eure Atmosphäre ist vergiftet und überlastet. Dennoch habt ihr keinen Grund zur Angst, denn ihr könnt mit der Kraft eures Geistes, mit Hilfe eurer Gedankenkraft die geistige Substanz der Nahrung und der Getränke so umwandeln, daß sie euch dienen und nicht schaden. Das Bewußtsein ist wichtig.

Gebt euch Zeit, wenn ihr mit Hilfe eurer Gedankenkraft die Umwandlung in Gang gesetzt oder die Engel um die Umwandlung gebeten habt! Bedenkt, daß die Energie einer gewissen Zeit bedarf, um die Materie zu durchdringen. So stellt euch vor, wie von außen Lichtenergien in das bereitete Essen vor euch einströmen, um die Substanzen in ihrer Qualität umzuformen. Dieser Umwandlungsakt bedarf eines gewissen Zeitraumes. Daran denkt bitte immer!

Auf diese Weise werdet ihr euch künftig nicht neuerlich vergiften und belasten. Erkennt und versteht die Bedeutung des Gebetes, die dem Menschen in den früheren Zeiten bewußt und vertraut war!

Als Beispiele wurden die folgenden zwei Tischgebete für dieses Buch aus den geistigen Ebenen übermittelt:

Vater der Liebe, Mutter der Weisheit,
In Dankbarkeit begebe ich mich an die Kraft dieser Speise
und bitte Dich: Nimm alles hinweg, was unlicht darin ist,
und ersetze es mit dem göttlichen Geist
des Lichtes, der Liebe, der Wahrheit und der Demut.
Im Namen Deines geliebten Sohnes,
unseres Bruders Jesus, erhöre mich,
auf daß ich im Bewußtsein des Christus wirken kann.

Amen.

Ich bitte die geistige Kraft des weißen Lichtes
um die Reinigung dieser Speise.
Mit meinem Dank segne ich sie,
damit sie mir im Guten dienen möge.

Amen.

Auf die Frage einer jungen Frau, ob der Kaffeegenuß schädlich sei, erhielt sie in einer Schutzgeistsitzung am 16. März 1996 die folgende Antwort:

Die materiellen Substanzen und Inhaltsstoffe des Kaffees sind in ihrer Konsistenz Gift und belasten in großem Maße die Nieren und das Lymphgefäßsystem. Die geistige Information der Inhaltsstoffe dieser Droge ist ein geistiges Gift, das sich als eine Energie der Blockade um die Gehirnzellen manifestiert.

Dennoch könnt ihr mit Hilfe der Geisteskraft die Droge in ihrer Wirkung umwandeln. Ihr habt die Möglichkeit, auch die geistige Information mit eurer Gedankenkraft auszulöschen. Aber dann hat dieses Getränk nicht mehr die von euch gewünschte Wirkung.

Auch wenn man bedenkt, daß die ersten europäischen Kaffeehäuser nicht vor dem 17. Jahrhundert aufkamen, um den Konsum dieses neuen Getränks zu verbreiten, der Europäer also noch nicht sehr lange Kaffee trinkt, ist diese Droge doch so sehr vom gesellschaftlichen Bewußtsein akzeptiert und im Lebensalltag verankert, daß gerade in diesem Falle der Gedanke, sich davon zu trennen, vielen schwerfällt. Wer trotzdem das Argument der «Blockade um die Gehirnzellen» für gewichtiger hält als das der anregenden und verdauungsfördernden Wirkung des Kaffees, kann sich eine Brücke bauen, wie sie von deutschen Familien im letzten Weltkrieg beschritten wurde, als «echter» Kaffee immer knapper wurde und bald gar nicht mehr zu kaufen war: man mischte ihn in immer kleineren Dosen in den Getreidekaffee, an den sich der Gaumen auf diese Weise schnell gewöhnte.

Die Aufnahme von Flüssigkeit

Regelmäßig zu trinken und vor allem mehr zu trinken ist ein Rat, der übereinstimmend von der Schulmedizin, der alternativen Ernährungswissenschaft und der geistigen Welt erteilt wird. Nicht mehr so einheitlich ist die Empfehlung, mit welchen Getränken der Bedarf – eineinhalb Liter als tägliches Minimum – gedeckt werden soll. Sicherlich sollte vornean das klare Wasser stehen, sodann Kräutertees und Natursäfte. In welchen Getränken die geringste Menge an Schadstoffen enthalten ist, kann man der Literatur der alternativen Ernährungswissenschaft entnehmen. Während eines dreitägigen Seminars gab Herakles am 10. Mai 1996 den Rat, zur Erleichterung der Arbeit viel klares Wasser zu trinken. Dabei machte er deutlich, daß dies nicht nur im Hinblick auf den Körper wichtig ist.

Ich habe gesagt, daß euer Körper das lebendige Resonanzgefäß darstellt, das wahrnehmen kann, was sich unsichtbar zu euch hinbewegt. So will ich euch zur Erleichterung einen ersten Rat geben.

Sucht in den Stunden der gemeinsamen Arbeit dadurch Unterstützung und Erleichterung, daß ihr leichte Speisen wählt! Trinkt viel klares Wasser, denn euer Körper ist von großer Dichte. Wenn diese Dichte nicht verfeinstofflicht wird, haben die geistigen Führer an eurer Seite große Schwierigkeiten, die Informationen und Impulse klar und deutlich wahrnehmbar zu übermitteln.

Sodann laßt fort das Korn der Erde! Lernt bei dieser Gelegenheit, daß alles, was wie das Korn direkt mit der Erde verbunden ist, euch die Erdenschwere gibt. Wendet euch dem Luftigen zu, den Früchten an Baum und Strauch! Dies bewirkt, daß die Energiekleider, die euren physischen Körper ummanteln, sich ins Lichtere und Feinstofflichere transformieren, und dies bedeutet für den geistigen Führer an eurer Seite eine große Erleichterung.

Eine Schutzgeistsitzung 1997 enthielt neben einer Erklärung, warum Flüssigkeit im Körper für die Kommunikation mit geistigen Wesenheiten von Bedeutung ist, eine Ermunterung zum Verzehr von Reis, durch den, zusammen mit viel Flüssigkeit, abgelagerte Gifte aus dem Körper ausgeleitet werden können. Die Erklärung, wodurch das Bedürfnis nach Süßem in uns ausgelöst wird, bestätigt bekannte Theorien.

Deine Weise, dich körperlich zu ernähren, ist bereits in großer Weise der Transformation angepaßt, die du augenblicklich vollziehst. Doch es gelangt immer noch zu wenig Flüssigkeit in deinen Körper. Du bist hier wohl bemüht, dennoch ist der Bedarf nicht genügend gedeckt. Flüssigkeit wird in großem Maße benötigt. Es sind nicht nur die Reinigungsorgane des physischen Körpers, die hier bedacht werden müssen.

Das Wasser und die Körperflüssigkeit sind im physischen Körper jene Mittel, die uns ermöglichen, Energien aus unseren Bereichen als elektromagnetische Impulse zu übersenden. Wenn wir also zu wenig der Körperflüssigkeit im physischen Instrument vorfinden, ist es uns nicht möglich, jene Impulse und hohen Frequenzen zu übermitteln, die ihr erbittet und die euch wichtige Aufschlüsse geben werden. So brauchen wir Körperflüssigkeit, um unsere Energien transformieren zu können. Der Körper ist in einer inneren Erhitzung, und wenn die notwendige Flüssigkeit fehlt, ist es uns nicht erlaubt und nicht möglich, euch Impulse und Informationen zu senden. Gehe also nicht davon ab, viel Wasser zu trinken!

Versuche lediglich noch, dich bei deiner Ernährung mehr auf Reis zu konzentrieren! Dies ist ein Mittel, abgelagerte Gifte aus dem Körper aufzunehmen und dann abzutransportieren. Es befinden sich in deinen Nieren manifestierte Körpergifte, die seit langem schon eingelagert sind und die durch das natürliche Trinken von Wasser nicht genügend ausgeschwemmt wurden. Wenn du also über einen längeren Zeitraum mehr Reis ißt, hast du die Möglichkeit, abgelagerte alte Giftschlacken hinauszutransportieren.

Du empfindest häufig ein Bedürfnis nach etwas Süßem. Dies ist zum einen Teil eine Reaktion aus dem psychischen Bereich, da dein Emotionalkörper angestaute, ungelebte Energien nicht fließen lassen kann. Ein weiterer Punkt ist, daß deine Arbeit grundsätzlich zu sehr deinen nervlichen Bereich belastet. Diese beiden Aspekte führen zu dem Verlangen nach dem Süßen. Aber wenn du den Rat [die Emotionen zuzulassen] anwendest, wirst du bemerken, daß sich dies nach und nach ändert.

Angeregt durch den Satz «Wenn die notwendige Flüssigkeit fehlt, ist es uns nicht erlaubt und nicht möglich, euch Impulse und Informationen zu senden», berichtete uns einer der Ärzte aus dem TerrAmor-Arbeitskreis der Heiler von seiner Erfahrung, daß Menschen unter Wassermangel weder testbar noch mit feinstofflichen Mitteln behandelbar sind. Erst nach dem Genuß von Wasser und nach körperlicher Bewegung wird die Aufnahme feiner Energien wieder möglich. Er schreibt:

«Wasser ist nicht nur das Symbol des Lebens (Leben auf der Erde begann im Meer), es ist auch ein Werkzeug der Spiritualität. Wasser – chemisch gesehen eine Verbindung von Wasserstoff und Sauerstoff – ist sonnenhaft, denn Wasserstoff ist Bestandteil der Sonne. Sauerstoff ist das Atom, welches am stärksten durch Sonnenlicht zu den einzelnen Sauerstoffstufen aktiviert wird (auch zu dem die Erde schützenden Ozon).

Wasser als Flüssigkeit und Eis unterliegt der Gravitation, als Nebeltröpfchen (Boden- und Hochnebel, Wolken) steht es zwischen Schwerkraft und kosmischer Saugkraft, als Wasserdampf wird es in große Höhen levitiert. So stellt sich Wasser als verbindendes Element zwischen Himmel und Erde dar.

Obwohl reines Wasser eine klare Kristallstruktur zeigt, die nur in Form von Eis festgelegt ist, besitzen flüssiges und dampfförmiges Wasser mehr Adhäsions- als Köhäsionskräfte, das heißt, verbinden sich leichter mit anderen Substanzen als mit sich selbst. Man kann auch sagen, Wasser ist selbstlos; es liebt andere, die es annehmen, mehr als sich selbst.

Wasser ist (als Kristall) ein Aufnahme- und Speichersystem von Informationen. Lebendiges, fließendes Wasser bildet Wirbelstrukturen, welche als Ebenbild kosmischer Wirbel (Galaxien) erscheinen. Es formt damit lebende Strukturen, auch unsere Eiweiß- und DNS-Ketten, die sich in Faden- oder Lamellenbildung unterschiedlicher Drehung und Beugung entwickeln. Der Wassergehalt zwischen den organischen Strukturen ist ein Garant für deren Schwingungsfähigkeit. Ein Zuwenig an Wasser führt zum Verkleben der Lamellen. Die hohen Frequenzen kosmischer Information können dann nicht mehr in unseren Empfangsbereich transformiert werden.

Wasser durchspült all unsere Gewebe und Abfallausleitungsorgane. Es reinigt unser Gehirn und unseren Körper. Ohne Wasser kann eine Vielzahl von Stoffwechselreaktionen nicht stattfinden.

Wasser ist ein ausgleichendes Element. Es schützt die Erde und unseren Körper vor zu hohen und zu niedrigen Temperaturen sowie vor schädlichen Strahlen. Es verlangsamt Temperaturwechsel, da es Wärme und Kälte länger als andere Elemente speichern kann.»

Da das Wasser vielfach denaturiert ist und von seiner Lebendigkeit verloren hat, empfiehlt es sich, es vor dem Trinken geistig umzuwandeln. Der folgende Text mag als Anregung dienen.

Ich sende mein göttliches Schöpferlicht in dieses Wasser
und beauftrage das Licht,
alle darin enthaltenen Schadstoffe, Disharmonien und
negativen Schwingungen
in positive Kräfte umzuwandeln,
damit es die göttlichen Informationen
wieder aufnehmen, speichern und abstrahlen kann
und wieder zu dem wird,
was Gott als Wasser gedacht und erschaffen hat.
Ich danke dem Licht,
und ich danke dem Schöpfer für dieses Geschenk.

Amen.

Die geistige Ernährung (II)

Am 10. Februar 1996 gab Herakles zunächst Ratschläge zum richtigen Verhalten während der prophezeiten drei dunklen Tage und Nächte (vgl. Teil I, Seite 120) und erklärte dann zur Lichtnahrung:

Viele Male wurde zu euch von der geistigen Speise gesprochen. Wißt, die geistige Speise ist die Essenz aller Nahrungsmittel und aller Stoffe auch im Materiellen, die ihr braucht, um zu leben. Jedoch ist die geistige Speise nur die Information, ohne die Ummantelung durch die Materie. Wenn ihr euch in die Ebene des Geistigen begebt, könnt ihr euch geistig ernähren ... Ihr seid durch euer geistiges Bewußtsein mit eurem physischen Körper verbunden. Dieser empfängt aus der Ebene der Einheit all die Nahrung, den Sauerstoff, das Licht und die Kraft, die ihr braucht, um zu überleben ... Dies ist die geistige Speise ... Alle weiteren Substanzen, die ihr an Vitaminen, an Mineralien braucht, all dies ist hier ebenso vorhanden, jedoch nur als geistige Information.

Diese Weise, sich aus dem reinen Geist zu ernähren, vermeidet die äußeren Verunreinigungen, die ihr durch die materielle Nahrung in euch aufnehmt. So wird euer Körper gänzlich rein werden.

Ihr werdet lernen, die giftigen Energien, die ihr durch die Nahrung und über die Atemwege in euren physischen Körper aufnehmt, durch eure Geisteskraft umzuwandeln, wenn ihr die in euch vorhandenen Resonanzflächen gereinigt habt. Danach werdet ihr lernen, zu der materiellen Ernährung die geistige hinzuzufügen. So werdet ihr euch selbst reinigen und stärken und euch in den Zustand der Vollkommenheit bringen. All dies wird möglich sein in einer Atmosphäre, die gänzlich vergiftet, die bedrohlich ist, doch nur für den unwissenden Geist. Der wissende Geist, das erwachte Bewußtsein ist nicht einen Augenblick in Gefahr. Der Geist weiß um seine Unsterblichkeit, um seine Schöpferkraft. Aus der Weisheit, die in ihm ist, wird er in einem jeden Augenblick das Richtige tun. Seid also beruhigt! Ihr seid unsterblich, ihr seid unantastbar. Und wenn ihr den physischen Körper erhalten wollt, wißt, gibt es viele Möglichkeiten, das Kommende zu überstehen.

In einer Sitzung im engsten Kreis am 11. Januar 1998 gab Susanne als Information aus der geistigen Welt die folgenden Erklärungen zur Lichtnahrung:

Wir können die Lichtnahrung als eine geistige Essenz verstehen, die unterschiedliche Aspekte und Qualitäten in sich birgt. So wie die Ätherenergie sich aus vier Qualitäten zusammensetzt - aus der kinetischen, der sensiblen, der prägenden und der kreativen -, und wie es vier physikalische Elemente gibt (Feuer, Wasser, Luft und Erde), so gibt es auch vier geistige Elemente oder Qualitäten, aus denen die Lichtenergie sich zusammensetzt und die jeweils einer eigenen Gesetzmäßigkeit folgen: die Liebe, die Weisheit, die Wahrheit und die Demut. Diese vier großen Bereiche und Qualitäten der Lichtessenz sind in weitere Qualitäten unterteilt.

Wenn wir uns zur Meditation hinsetzen, um Lichtnahrung aufzunehmen, fließt sie uns im Verbund der vier Qualitäten zu. Aber wenn wir von diesem oder jenem mehr brauchen (so wie manche Menschen bei Erkältung mehr Vitamin C benötigen), kann man den einen oder anderen Aspekt der Lichtnahrung besonders ansprechen und aktivieren, wie bei der Ätherenergie auch. Wenn wir uns beispielsweise an den Aspekt der Wahrheit anbinden, dann fließt diese Energie in uns ein, dann genießen wir jene Form des Lichtes, welche das Prinzip der göttlichen Wahrheit darstellt. Und ebenso können wir aus der Essenz des Lichtes den Aspekt der Liebe, der Weisheit oder der Demut aktivieren.

Als uns in den Seminaren im Anschluß an das neue Gebet «Unser Vater» das Wasser des Lebens gereicht wurde, nannte es der Sohn der Einheit «das Wasser der Erkenntnis und der Weisheit». So haben wir damals eine Qualität der Lichtnahrung bekommen, die wir ganz spezifisch brauchten, um weiterzukommen: eine Öffnung für die Weisheit.

Natürlich kann man einem Menschen keine Nahrung verabreichen, die er noch gar nicht verdauen kann. Man kann nicht einfach jemandem eine Übung nennen und meinen, daß er schon dadurch Lichtnahrung aufnehmen kann. Das ist eine Frage des Bewußtseins. Er muß in seinem Wachstumsprozeß eine bestimmte Frequenz erworben haben, daß er den Weg zu dieser Ernährungsweise findet.

Hinweise für diesen Weg haben wir bekommen, nämlich zunächst alles wegzulassen, was uns blockiert, also Drogen, Alkohol und alle Aufputschmittel. Das ist der wichtigste Schritt überhaupt. Dann sollte man nach und nach die Ernährung umstellen und überlegen, was man wegläßt: das Fleisch, das Getreide, das Gekochte, und so weiter. Und man wählt bewußt aus, was man noch essen möchte, die lebendigen Früchte von Baum und Strauch, alles, was als leicht empfunden wird, bis hin zur Flüssignahrung: Säfte, Suppen und andere Speisen in flüssiger Form. Das sind gute Brücken. Gleichzeitig beginnt man, mehr zu meditieren, und irgendwann wird man merken, daß man weniger Nahrung braucht. Dann die Düfte als Nahrungsquelle erkennen, und ebenso die Farben und die Töne. So geht man vom Grobstofflichen zum Feinstofflicheren bis hin zum Geistigen.

Der Weg, den die Menschen bei der Ernährung gehen, ist ähnlich dem, der in der Medizin eingeschlagen wurde. Angepaßt an den Bewußtseinsstand werden zunächst materielle Medikamente wie Tabletten, Pillen, Dragees, Salben usw. genommen. Ein weiterer Schritt sind die sanfteren Naturheilmittel. Dann die astrale Medizin: die Homöopathie, die Bachblüten usw. Jetzt aber geht es darum, daß wir rein geistig mit den Ätherenergien und deren Qualitäten heilen.

Am Anfang ist es bei der Ernährung meist so, daß man am Gewohnten festhält, sich aber bewußt wird, daß manches davon nicht zum Guten dient. Das ist die erste Öffnung und führt zur Bereitschaft, etwas zu verändern. Dann beobachtet man genauer, wie der Körper reagiert, wenn ihm die als schädlich erkannten Nahrungsmittel weiter zugeführt werden. Die Erfahrung wird automatisch weiterhelfen, dieses und jenes wegzulassen, was nicht bekommt.

In einer Sitzung am 11. Mai 1997 traf sich eine kleine Gruppe von Menschen, weil sich bei ihrer heilerischen Tätigkeit nicht mehr der gewohnte Erfolg einstellte und sie sich angegriffen fühlten. Es meldete sich Sarahel, den die Leser dieses Buches bereits als den Engel kennen, der den Auftrag hat, mit seinem Lichtschwert dunkle Wesen, die andere Seelen bedrängen, abzutrennen. Ein weiteres Mal bestätigte sich eine der ganz frühen und immer wieder bestätigten Vorhersagen, als Sarahel der Gruppe mitteilte, daß es für die Lichtwesen «gar schwer, ja mehr und mehr unmöglich» werde, sich in die Dichte der phy-

sischen Erde zu transformieren, und daß er nicht mehr wie in den vergangenen Jahren mit dem Lichtschwert kämpfend die unerlaubten Machenschaften abtrennen könne. Nun müßten wir gelernt haben, uns selbst zu helfen (was auch mit Erfolg geschah).

Überraschenderweise wurden Sarahels ernste und grundsätzliche Ausführungen (hier ohne die an einzelne Anwesende persönlich gerichteten Passagen) zu einer wichtigen Lektion über die physische Ernährung. Von ihr, so riet er, sollten wir uns in kleinen, aber beständigen Schritten trennen, und wir sollten lernen, uns aus dem Licht zu ernähren. Nicht nur unerlöste Aspekte in uns würden uns anfällig für ungute Einflüsse machen. Auch Nahrungsmittel können, so Sarahel, die Funktion unserer Lichtzellen vermindern, so daß Einlaßtore für dunkle Kräfte geschaffen werden. Damit brachte Sarahel eine neue Seite der stofflichen Ernährung zur Sprache.

Wir sind, so Sarahel, «elektromagnetische Lichtfelder», die sich bis zu fester Materie verdichtet haben mit dem Ziel, in der Dunkelheit der Erde eine Resonanzfläche zu bilden für die Lichtwesen aus den geistigen Bereichen, die anders sich nicht mit der Erde verbinden und auf ihr wirken können. Sarahel weist auf die Gefahr hin, daß wir durch falsche physische Nahrung, insbesondere durch jede Art von Drogen, in uns eine Resonanzfläche für diametral entgegengesetzte Kräfte erschaffen, denen es dadurch möglich wird, sich mit uns zu verbinden, uns zu programmieren und zu manipulieren. Besser läßt sich die Rolle der Ernährung in dieser Zeit des entscheidenden Kampfes zwischen Schatten und Licht wohl kaum verdeutlichen!

Ihr habt euch an diesem Ort eingefunden, um gemeinsam mit uns aus der Kraft des Geistes und der Liebe zu wirken. Sarahel wurde im Namen des Sohnes aus der Einheit zu euch gesandt, und an meiner Seite befindet sich der euch ebenso vertraute geistige Arzt mit Namen Santus.

Wir haben die Aufgabe übernommen, euch über die Situation in eurem Lebens- und Arbeitsbereich, in der ihr euch augenblicklich befindet, zu informieren. Ihr habt euch dazu bekannt, ein jeder für sich, im Dienst der Liebe an den Menschen zu wirken, die in der Vergangenheit in unterschiedlicher Weise zu euch gesandt wurden und künftig gesendet werden. So geht ihr im Lernen, im Verstehen und im Wachsen der eigenen Kräfte vorauf. Ihr habt euch an unsere Seite gestellt, auf daß wir gemeinsam im Verbund der Liebe und des gegenseitigen Dienens und Helfens durch die Geschehnisse der kommenden Zeiten schreiten. So sehen wir in euch die physischen Mitarbeiter, die sich berufen haben, gemeinsam mit uns zu arbeiten.

Vieles habt ihr bereits in der Vergangenheit im Verbund mit uns erwirkt. Nun seid ihr an Grenzen gestoßen, die euch den Stand des eigenen Seins offenbaren. Erkennt an dem, was um euch ist, den Grad eures geistigen Bewußtseins! Erkennt die Möglichkeit der eigenen Kraft und des eigenen Wirkens! Hier habt ihr etliche Male die Grenzen erfahren. So erging an uns der Auftrag, euch die Hilfe, das Wissen zu geben, wie ihr diese Grenzen öffnen könnt, um weiter zu schreiten im Verständnis und in der Kraft, um an denen zu wirken, die zu euch gesendet werden.

Ihr, die ihr euch berufen habt, zu helfen, müßt verstehen, daß bei euch und an euch und in euch kein Fehl sein darf. Wenn ihr einem anderen die Hand reicht, um ihm zu helfen, und der Geist der Wahrheit und der Liebe durch euch als lebendige Instrumente fließen soll, müssen Wahrheit und Liebe in euch sein. Ihr habt in den Energiefeldern eurer feinstofflichen Körper, die euch durchdringen und umgeben, viele Unregelmäßigkeiten und Disharmonien. Dies sind die Früchte der von außen einströmenden Energien, die sich mit den noch unerlösten und zum großen Teil unbewußten Aspekten in euch verbunden haben, die es jetzt zu erkennen und umzuwandeln gilt, damit ihr gänzlich reine Instrumente werdet. Ihr habt gesehen, wie groß die Möglichkeiten der Hilfe sind, denn ihr habt alle mit Menschen gearbeitet, die im Leid, im Schmerz und hilflos zu euch gekommen sind. Ihr habt auch die Hand der Hilfe aus unserem Bereich erfahren.

So versteht, augenblicklich gibt es in der Atmosphäre eurer Erdenwelt eine Vielzahl von Energien und Wesenheiten, die sich zu einem Verbund verdichten. Ein großer dunkler Ring aus Energien der Lichtlosigkeit, der negativen Programmierungen umschließt den Erdball und versucht ständig, sich auszudehnen und mit großer Macht auf alles einzuwirken, was sich auf der Erde und in ihrer Atmosphäre befindet. So wird es gar schwer, ja mehr und mehr unmöglich, uns aus unseren Bereichen in den Bereich der physischen Erde hinab zu transformieren. Wenn ihr wünscht, mit uns in Kontakt zu kommen und gemeinsam mit uns zu wirken, seid ihr gebeten und aufgerufen, euch zuerst zu bemühen, die unbewußten Aspekte in euch zu entdecken, zu erforschen, ein jeglicher an sich selbst, und sie sodann in die Reinheit und in die Schwingung der Liebe und Harmonie umzuwandeln.

Ihr seid gebeten, mit großer Ernsthaftigkeit in eurem Lebensbereich dafür Sorge zu tragen, daß ihr alles abtrennt, was euch behindert, in die Reinheit, Wahrheit und Liebe zu gelangen. Dies ist ein Punkt von großer Bedeutung, denn es ist ein Unterfangen auf der Erde, daß ihr ständig über die Nahrung, die ihr in euch aufnehmt, programmiert werdet. Was ihr an Früchten aus der Ebene der Erde in euren physischen Körper gebt, ist eine Manipulation, deren große Bedeutung und Tragweite ihr mit eurem menschlichen Verstandesbewußtsein noch nicht erkannt und erfaßt habt. Ihr werdet programmiert, und dies vermindert die Funktion der Lichtzellen, die ständig als lebendige Photonenpunkte in euren Körpern pulsieren. Auf diese Weise werdet ihr mehr und mehr von den Informationsbereichen des Lichts abgeschnitten.

Ich habe nun die Aufgabe, euch aufzuweisen, was es zu tun gilt, denn die Weise der Ernährung ist wichtig. Ihr nehmt hier Informationen in euch auf, die dafür Sorge tragen, daß euer geistiges Bewußtsein degeneriert. Dies ist der Kampf, in dem ein jeglicher sich befindet, denn in euch ist eine Sternensaat eingepflanzt, die die Information, die Programmierung in sich trägt, euch so zu gestalten und euch so zu leiten, wie es eurem ursprünglichen wahren Sein entspricht. Ihr habt euch einstmals entschieden, den Weg des Lichts, den Weg der Wahrheit zu gehen. Was euch durch die Programmierung über die Ernährung erreicht, bringt euch vom Willen eurer Lebensplanung ab.

Versteht eure Herkunft! Ihr seid in der Grundessenz eures wahren Seins eine Verdichtung von Photonen, von Lichtmolekülen, die sich aus eigenem Wunsch und Willen aus dem Bereich des geistigen Seins in die tieferschwingenden Bereiche der astralen Sphären transformiert haben, um sich von dort weiter zu verdichten in den physischen Bereich. Ihr habt diesen Weg angetreten, um durch euer Vorhandensein auf der materiellen Ebene jener Empfänger und jener Sender zu sein, der in der Dunkelheit dieser Erdenwelt ständig sein Signal, seinen Lichtimpuls in den Kosmos hinaussendet. Dieser Lichtimpuls ist eine Notwendigkeit für uns, damit wir uns mit dieser Erde verbinden und auf ihr wirken können.

Die Programmierungen, die durch die Manipulation mittels eurer physischen Nahrung entstehen, wirken dem Lebensplan, der aus euch selbst entsprungen ist, entgegen. Diese Weise der Ernährung ist nicht notwendig. Ihr seid nun in der Lage, euch von ihr zu trennen. Dies ist nicht unmöglich. Es soll in kleinen, aber beständigen Schritten vollzogen werden.

Wir bitten euch sehr, daß ihr euch immer wieder in Erinnerung ruft, aus welcher Quelle ihr entstammt und aus welcher Essenz euer wahres Sein besteht. Ursprünglich wart ihr in der völlig geistigen, körperlosen, nichtmateriellen Form der Gedanke mit dem erwachten Bewußtsein: «ICH BIN Licht, ICH BIN Liebe, ICH BIN Freiheit, ICH BIN Wahrheit und wünsche durch meine Wahrhaftigkeit und Liebe, mich mit dem Werkzeug des Lichts auch im Bereich der physischen Welt auszudrücken.»

Und ihr nahmt Gestalt an. Das Lichtbewußtsein, das ihr seid, bedarf nicht der physischen Nahrung. Dessen bedarf nur eure jetzige äußere Form. Ihr sollt lernen, euch aus dem Lichte zu ernähren, indem ihr euch erinnert, daß ihr eine Verdichtung von elektromagnetischen Energiefeldern seid, die ständig in sich schwingen, die pulsieren und mit dem Ursprung verbunden sind. So ihr euer Bewußtsein dorthin richtet, ist euch die Möglichkeit gegeben, jene Lichtpunkte, die sich im Innern einer jeden Körperzelle befinden, immer neu aufzuladen, zu stabilisieren und die Kraft, die darin vorhanden ist, zu potenzieren.

Versucht, euch daran zu erinnern, daß ihr elektromagnetische Lichtfelder seid, die sich verdichtet haben und über die Möglichkeit und die Kraft verfügen, die äußere Form der Erscheinung so zu gestalten, wie es dem eigenen Wunsch und Willen entspricht. Macht euch nicht abhängig von der physischen Nahrung, denn hier seid ihr manipulierbar! So bitten wir euch, daß ihr euch ernsthaft bemüht, euch von jeglicher Form der Ernährung zu trennen, die die Möglichkeit der Manipulation von außen beinhaltet.

Ich spreche hier von der Wirkung des Alkohols, der Drogen. In eurer Nahrungsmittelkette, in diesen Kreisläufen sind Substanzen und Informationen aus dem Bereich des Alkohols und der Drogen eingebaut, vielfach versteckt und euch nicht bewußt. Auch im Bereich der Medizin, bei den Medikamenten, haben der Alkohol, die Droge und die Betäubung einen großen Wirkungsbereich und rufen euch immer wieder in die physische Abhängigkeit zurück. So bitten wir euch, setzt euch mit der Wissenschaft der Nahrungsmittel auseinander! Wir bitten euch, reinigt euch nicht nur im Geiste, nein, auch körperlich! Denn der Geist vermag nicht in einem Instrument zu wirken, das verunreinigt ist. Ihr tragt in euren Energiefeldern deshalb Energien der Dunkelheit, weil ihr dem Unlicht und den Programmierungen von außen durch die Ernährung eine sich immer wieder neu belebende Resonanzfläche bietet.

Die Substanz der Nahrung, die ihr eurem physischen Körper einfügt, verdichtet sich. Deshalb trägt diese Nahrung das Programm des Verdichtens in sich. Was an Nahrungsmitteln auf der Erde gewonnen wird, ist nicht nur durch Gifte aus der Atmosphäre verschmutzt, nein. Ihre Substanz ist darauf programmiert, die physische Form zu erhalten. Dies ist eine natürliche Aufgabe der Nahrung. Ihr habt Nahrung zu euch genommen, damit die Dichte eurer elektromagnetischen Lichtfelder, damit die physische Form des Körpers erhalten bleibt. So war es in der Vergangenheit.

Nun aber steht ihr vor diesen Schranken und seid aufgerufen, euch bewußt zu werden, daß der Augenblick gekommen ist, die Dichte eures physischen Körpers aus eigener Willenskraft zu verändern. Der Anfang besteht darin, daß ihr bewußt Nahrungsmittel wählt, die nicht die Verdichtung eures physischen Körpers und nicht die Vergiftung, die Manipulation eurer Energiekreisläufe bewirken, daß ihr also eine Nahrung wählt, die die Essenz des Lichtes und nicht der Erde in sich trägt.

Wendet euch also den Früchten zu, die Licht gespeichert haben! Wendet euch jenen Gemüsearten zu, die rein sind! Ernährt euch fortan bewußt und sucht, konsequent und gründlich zu überprüfen, welche Nahrungsmittel die physische Form eures Körpers verdichten oder aber die Lichtimpulse und energetischen Kreisläufe in eurem Sein unterstützen und stabilisieren.

Als Hilfe kann euch euer Sonnengeflecht dienen. Wir bitten euch sehr, übt, mit den Lebensmitteln, die ihr in eure Hände nehmt, Kontakt aufzunehmen und sie dann in den Bereich des Sonnengeflechts zu halten, um die Reaktion dieses Energiesystems zu erfassen. Wenn sich dieses Energiezentrum zusammenzieht, erkennt ihr, daß die in den Händen gehaltene Frucht oder das Lebensmittel eurem körperlichen Zustand nicht förderlich ist.

Ihr habt in vergangenen Zeiten vielfältige Ernährungsmöglichkeiten erlernt, die gut oder weniger gut waren. Nun aber ist der Augenblick gekommen, wo ihr verstehen müßt, daß es um die Auflösung der Dichte in eurem physischen Körper geht. Diese Umwandlung darf nicht von außen geschehen, sondern muß von euch selbst ausgehen im Bewußtsein und in der Bereitschaft, die volle Verantwortung für das eigene Wachstum zu übernehmen. Prüft also, was ihr eurem physischen Körper an Flüssigkeiten und festen Stoffen zuführt. Seid bemüht, herauszufinden, welche Nahrung Licht in sich trägt oder aber die Programmierung der weiteren Verdichtung eures physischen Seins.

Solange in euch die Resonanz vorhanden ist, werdet ihr immer wieder von Energien und Wesenheiten des Unlichts in unangenehmer, ja schmerzlicher Weise betastet. So seid ihr aufgerufen, alles aus eurem körperlichen und ebenso aus eurem geistigen Bereich herauszufiltern und zu reinigen, damit ihr gänzlich rein werdet, damit ihr unantastbar für die Bereiche des Unlichts seid.*

Wir hatten in der Vergangenheit die Erlaubnis, mit dem Schwert des Lichtes aktiv in einer kämpferischen Aktion die unerlaubten Machenschaften abzutrennen. Wir haben euch und die eurigen etliche Male von den Manipulationen derer, die gottabgewandt waren, getrennt. Nun aber ist der Augenblick gekommen, wo ihr durch die Verunreinigung der atmosphärischen Bereiche der Erdenwelt in großem Maße gewiesen seid, euch selbst zu helfen. Es ist uns nicht möglich, in die Dichte dieser dunklen Energien einzutauchen und in diesen niederen Bereichen zu wirken. Es ist an euch, in eurer Schwingungsfrequenz, in eurer Lichtigkeit, in eurem geistigen Bewußtsein aufzusteigen und ständig bemüht zu sein, keine Resonanzflächen in euch zu tragen, die es der anderen Seite ermöglichen, sich mit euch zu verbinden.

---

* Siehe die Übung «Entgiftung der Zellen» im letzten Teil dieses Buches.

Dies könnt ihr tun, indem ihr beginnt, eure Nahrungsmittelkette kritisch zu beobachten und Veränderungen vorzunehmen. Ihr seid fernerhin gebeten, in der geistigen Entwicklung darauf zu achten, daß ihr die Energien Aggression, Zorn und Wut zu beherrschen lernt, denn sie sind weitere Verbindungspunkte, bilden eine Resonanzfläche im geistigen Bereich, die es ermöglicht, daß das Unlicht sich mit euch verbindet und von außerhalb in und an euch wirkt.

So wird der Kampf in der kommenden Zeit nicht mehr aktiv geführt, sondern inaktiv! Geht nicht in die Resonanz, wenn das Unlicht euch kämpferisch angreift, sondern wendet euch ab! Antwortet nicht, indem ihr mit dem Lichtschwert schlagt, nein. Legt die Schwerter zur Erde nieder und kämpft aktiv aus der Weisheit! Wenn ihr nicht auf den Kampf reagiert, bleibt er einseitig, und es kann keine Verbindung zu euch und euren Lebensbereichen stattfinden. Antwortet immer passiv, indem ihr euch kontrolliert und die Energien der Angst, der Wut, des Zorns und der Aggression in euch selbst umwandelt. Dies sind die Kämpfe, die ihr in euch und mit euch führen sollt.

Wenn ihr physisch und geistig rein seid, könnt ihr barfuß, völlig ohne Schutzkleid, in die Bereiche der tiefsten Dunkelheiten gehen. Es tobt der Kampf um euch herum, und es werden die Schwerter gewetzt, um sie wider euch zu erheben. Seid ihr aber geistig und auch körperlich rein, werdet ihr unantastbar sein. Ein Lächeln sei auf euren Lippen, und in euren Augen sei der Glanz des Bewußtseins, daß ihr die Sieger seid! Es gibt keine Macht, die die Möglichkeit hätte, euch zu betasten und euch in Schmerz und Leid hinabzuziehen, wenn ihr euch daran erinnert, was ihr in eurem Ursprung seid: Ihr seid der Gedanke und das Bewußtsein des Lichtes, der Liebe und der Wahrheit, der Weisheit und der Demut. Und es ist Freiheit in euch und bei euch. Was sich im Äußeren physisch verdichtet hat, ist der Ausdruck eures Willens, eures Wunsches. Erkennt, daß ihr befähigt seid, dieses äußere Erscheinungsbild mit der Kraft eures Willens so zu gestalten, daß ihr in dieser Ebene unfehlbar und vollkommen seid.

Allezeit, allezeit habt ihr unsere Unterstützung, habt ihr unsere Hilfe. Doch bedenkt, unsere Kleider sind rein, wir schwingen im reinsten Licht. Es ist uns nicht möglich, in die Dichte des Hasses, der Unliebe und der Dunkelheit einzutauchen, denn dies können wir an uns nicht ertragen. So stehen wir auf den goldenen Höhen und erwarten euch. Wir blicken auf die Erdenwelt hinab, und unsere Arme sind ständig ausgebreitet und euch entgegengestreckt, damit ihr sie erfaßt. Es ist an euch, daß ihr euch von unten nach oben begebt. Es ist nicht mehr an uns, daß wir denn zu euch herabsteigen. Steigt auf, ihr werdet von einer Vielzahl von Freunden erwartet [starke Ergriffenheit in der Stimme], die in tiefer, großer Liebe mit euch verbunden sind. So seid ihr nicht verlassen, so seid ihr nicht in Gefahr.

Ihr seid in der Schule des Lebens, die ihr selber gerufen habt. Nehmt also euer Los auf euch und fürchtet euch nicht! Was sich in euren Lebensbereichen als Ungemach oder scheinbare Gefahr findet, ist die Schule des Lebens, die ihr selber gerufen habt, damit ihr erwacht und erkennt, wer ihr seid. So gehe nun also ein jeder in seinen Lebens- und Wirkungsbereich und trenne ab, indem er aus der Ebene seines starken Willens spricht [Sarahel legte eine große Kraft in diese letzten Worte] und alles fortschickt, was er nicht bei sich haben will. Ihr werdet bald durch diesen Mund und durch andere Worte, die euch aus unseren Bereichen gesendet werden, die konkrete, detaillierte Hilfe hierzu erhalten.

Ich, Sarahel, hatte heute den Auftrag, euch diese Unterweisung zu geben, denn in der Vergangenheit habt ihr mich etliche Male gerufen, damit ich mit meinem Schwert der Trennung wirke.* Ich habe euch weiter die Information zu geben, daß ihr bald klare Informationen und Schulungen erhalten werdet, wie ihr, ein jeder aus sich selbst, im Verbund mit unseren Bereichen wirken könnt. Jedoch wißt, es ist an euch, aufzusteigen, und nicht an uns, hinabzusteigen. Seid herzlich willkommen in unseren Bereichen und fürchtet nichts! Dankt für all das Ungemach, das sich augenblicklich bei euch befindet, denn es ist zugelassen, es ist unter Kontrolle, und es wird unablässig von

* Gemeint ist Sarahels Hilfe bei der Befreiung erdgebundener Seelen im Astralbereich gemäß dem Auftrag des Sohnes der Einheit in der Botschaft vom 17. Juni 1995 (im Kapitel «Hilfe für erdgebundene Seelen») und Sarahels Eingreifen bei der Abtrennung von dämonischen Besetzern.

euren geistigen Führern beobachtet, die sofort eingreifen werden, wenn ihr denn wahrhaft in Gefahr seid. Erkennt allezeit: In keinem Augenblick herrscht wirkliche Gefahr! Es ist Schulung, Erwachen, Erkennen und Verstehen, damit ihr sodann aus eigener Erkenntnis fähig seid, aus euch selbst zu wirken.

Euch allen sei gesagt: Das Unlicht ist deshalb in euren Lebensbereichen tätig, weil ihr alle noch unerlöste Aspekte in euch tragt. Ihr seid nun aufgefordert, in allen Ebenen dafür Sorge zu tragen, daß ihr diese Möglichkeit abschneidet. Die Erde ist im Begriff, sich ständig höher zu schwingen, und dieser Planet transformiert sich kontinuierlich. So seid auch ihr bemüht, euren eigenen Transformationsprozeß kritisch, bewußt und bereitwillig in die eigenen Hände, in die eigene Verantwortung zu nehmen, denn ihr habt euch berufen voraufzugehen, damit ihr denen, die euch nachfolgen, helfen könnt!

Die Arbeit ist eine große und ernste und eine, die nicht ungefährlich ist. So ist es an euch, dafür Sorge zu tragen, daß ein jeglicher von euch gänzlich ohne Fehl sei, auf daß ihr durch die Bereiche des Unlichts schreiten könnt, ohne daß sie euch berühren können. So ihr diesen Status erreicht habt, werden die Schranken geöffnet und die Völkerscharen werden strömen, um über und durch euch Hilfe aus unseren Bereichen zu erfahren. Ihr seid die Wege, die Brücken, die Werkzeuge, auf die wir angewiesen sind, zu wirken. So bitten wir euch inniglich, tragt nun Verantwortung für euch selbst und seid ernsthaft bestrebt, alles aus euch herauszuwaschen, was nicht dem Licht und eurem wahren Sein entspricht.

Diese Worte sind von großer Bedeutung und mit tiefem Ernst an einen jeglichen von euch gerichtet. Es ist Liebe, die in ihnen schwingt. Es ist eine Ermahnung für den Weg, den es zu gehen gilt, damit ihr allezeit geschützt und unantastbar seid, denn die kommenden Zeiten werden sich sehr beschwerlich gestalten. Die kommenden Zeiten werden sich so gestalten, daß die Menschen nicht mehr wissen, welche Ebene oben und welche unten ist. Ihr werdet aufgefordert, eure Klarheit und eure Reinheit zu festigen. Ihr werdet in naher Zukunft die große Schwierigkeit erkennen und erfahren, Klarheit zu bewahren und zu stabilisieren. Kämpft also um Klarheit, um Reinheit in eurem Sein! Stabilisiert euch, geht euren Weg geradeaus und blickt nicht nach links und nicht nach rechts, und ihr werdet das Ziel erreichen, das ihr euch vor vielen Äonen selbst gesetzt habt!

Wir werden allezeit bei euch sein. Die augenblickliche Stagnation wird sich wieder in den Fluß der natürlichen Bewegung verwandeln. Seid also zuversichtlich, nicht traurig! Und wißt: Diese Stagnation hat dazu gedient, euch aufmerksam zu machen, damit ihr euren Blick noch einmal auf uns werft und fragt, was es zu tun gilt, denn ihr wart alle sehr beschäftigt. Diese Situation ist dazu angetan, daß ihr innehaltet und fragt, warum es hier und dort keinen Fortschritt gibt. Versteht, wenn Stagnation eintritt, soll dies für euch das Zeichen sein, daß ihr eure Augen nach oben wendet und fragt, denn dies ist der Augenblick, wo es gilt, große Veränderungen vorzunehmen, um Erkenntnisse zu gewinnen und größere Kraft in sich zu festigen.

Segen über euch! In großer Liebe nehme ich Abschied. Haltet diese Worte nun in eurem Herzen als den Beginn eines neuen Verständnisses von der großen Notwendigkeit, die Aufmerksamkeit auf die eigene Entwicklung zu lenken! Die Geschehnisse werden viel von euch erfordern. So ihr selbst rein seid, werdet ihr allezeit sofort Verbindung mit uns aufnehmen können und unsere Hilfe erfahren. Dies ist die Schule des Lebens, in die ihr euch selbst gestellt habt. Denkt bitte allezeit daran: Ihr seid verdichtete elektromagnetische Lichtfelder, die nach eigenem Willen und Wunsch schwingen. So ihr wünscht, nicht mehr in dieser Dichte zu sein, ist es an euch, daß ihr all das beiseite laßt, was die Verdichtung des physischen Seins aufrechterhält und festigt.

Es grüßen die geistigen Führer in eure Bereiche hinab. Segen über euch, Segen über diesen Tag! Die Wesenheit Maria läßt euch grüßen, die augenblicklich mit ihrem Prinzip aktiv über diesem Erdball tätig ist. Es ist die Energie und das Prinzip der Mutterschaft, das ihr Erdenmenschen an diesem Tag [Muttertag] besonders würdigt. So gedenkt noch einen Augenblick der Kinder und Mütter dieser Erde! Schenkt ihnen eure Liebe! So nehme ich, Sarahel, Abschied. Segen über euch! Es grüßen die euch Vertrauten aus den Sternenbereichen. Es grüßt euch euer Bruder Jeschua, es grüßen euch Santus und Maria, und es nimmt Abschied Sarahel. Gott zum Gruße!

Nachdem Sarahel von der körperlichen Reinigung gesprochen hat, «weil der Geist nicht in einem verunreinigten Instrument wirken kann», mahnt er, auch nicht durch Gedankenenergien (Aggression, Zorn, Wut) Resonanzflächen für das Unlicht zu erschaffen. «Seid ihr aber geistig und auch körperlich rein, werdet ihr unantastbar sein.» Die Sorge um die Reinheit des Körpers soll also die Bedeutung der Herzensreinheit und der Liebesmotivation, die Bedeutung der Einkehr nach innen und der Hinwendung zur spirituellen Welt nicht vergessen machen.

Ernährung durch Klänge, Farben und Düfte

Im kleinen Kreis wiederholte Jeschua im Mai 1997 einige Aussagen Sarahels und ergänzte sie um den interessanten Aspekt der Ernährung durch Töne, Düfte und das Leuchten der Farben. Da diese Auskünfte im Wechselgespräch erteilt wurden, werden sie hier in einer Zusammenfassung wiedergegeben.

Die elektromagnetischen Lichtfelder, als die wir uns erkennen sollten, und die sich bis hinunter in die physische Materie verdichtet hätten, seien nun dabei, den Prozeß wieder umzukehren. Dies wolle die dunkle Macht verhindern, indem sie die niederen Aspekte füttere. Noch einmal wurde vor jeder Art von Drogen gewarnt, deutlich auch vor dem Alkohol. All dies seien Brücken, die die Wesen des Unlichts auszubauen versuchen, um an die Menschen heranzukommen. Sie würden verführt mit den Argumenten, daß Alkohol, maßvoll genossen, nicht schädlich sei, daß man sich auch etwas gönnen müsse, und so fort.

Ausdrücklich wurde bei dieser Gelegenheit bestätigt, daß das «neue Brot» das Licht sei und daß wir in Vorbereitung auf die fünfte Dimension lernen sollten, uns geistig zu ernähren - von Lichtenergien, aber auch von Klängen, von Farben und von Düften. Die Töne der Musik, das Leuchten der Farben und die reinen Duftessenzen, all dies könne unsere Nahrung sein. Und wir wurden aufgefordert, mit Tönen, Farben und Düften zu experimentieren. Wenn wir uns ständig an die Quelle anbinden - und wir sollten lernen, ständig angebunden zu sein - würden wir keinen Hunger spüren.

In einer Durchsage am 11. Januar 1998 wurde verdeutlicht, daß mit Klängen nicht nur Musiktöne gemeint sind, sondern auch Klangschalen. Sie können den Emotionalkörper harmonisieren. Das ist wichtig, weil die Abhängigkeit von stofflichen Nahrungsmitteln immer vom Emotionalkörper signalisiert wird. Wenn er in Harmonie ist, wird er keine solchen Bedürfnisse mehr anmelden.

Auch die Ernährung mit Klängen, Farben und Düften kann sich gänzlich vergeistigen. Zunächst wird man den Duft im Raum noch real erzeugen, indem man Duftlampen mit ätherischen Ölen benutzt, und Musiktöne wird man durch Abspielen einer CD erklingen lassen. Später wird man ohne jede materielle Unterstützung mit den geistigen Sinnen die Duftessenzen riechen oder Töne hören - als rein geistige Informationen.

Der «neue Leib» und die Umpolung der Erde

Am 3. August 1997 gab Susanne eine Sitzung, bei der eine Freundin Fragen zur Lichtnahrung stellte. Es meldete sich als Sprecherin vieler Lichtwesen eine geistige Führerin von Susanne («wir sind viele und doch eins»), die zum ersten Mal das Zusammenspiel zwischen den feinstofflichen Energiekörpern und dem physischen Leib bei der Umpolung erklärte.

Frage: *Wären wir jetzt schon fähig, uns wirklich nur von Licht zu ernähren, wenn wir wollten? Warum fällt es uns so schwer, uns konsequent nur von Früchten, Gemüse und Wasser zu ernähren? Verleiten wir uns gegenseitig zu den Genußmitteln, sind es Manipulationen von außen oder ist unser Wille zu schwach?*

Es ist von vielem etwas. Verstehe, ihr habt nun diese Evolution in euren Energiekörpern, und ihr wäret bereits jetzt fähig, ganz aus der Substanz des Lichtes und des Wassers zu leben. Ihr greift immer wieder auf die euch vertrauten und von euch geliebten Nahrungs- und Genußmittel zurück, weil ihr verbunden seid und in Resonanz steht mit dem physischen Umfeld, in dem ihr lebt. Ihr schwingt parallel. So habt ihr, solange diese physischen Dinge vorhanden sind, die Resonanz und die Verbindung. Dies erschwert es euch, von diesen Nahrungs- und Genußmitteln wegzukommen.

Weder euer physischer noch die energetischen Körper würden Schaden nehmen, wenn ihr euch nur von Licht und Wasser ernähren würdet. Ganz im Gegenteil. Ihr würdet eure Alterungsprozesse aufheben und eure Entwicklung beschleunigen. Aber ihr kämpft mit dem, was noch als Lust und als Verlangen in euch vorhanden ist. Es sind eure psychischen Verhaltensmuster, die hierfür verantwortlich sind. Begebt euch also in eure Psyche und beginnt hier, euer Bewußtsein zu klären, und dann entscheidet euch konkret für die Entwicklung aus dem Lichte! Dann wird diese Resonanz sich auflösen, die noch als paralleles Schwingungsfeld von eurem körperlichen Sein zur physischen Umgebung besteht.

Frage: *Ist der Transmutationsprozeß nicht hauptsächlich ein Bewußtwerdungsprozeß?*

Es ist in großem Maße ein Bewußtseinsprozeß, aber jeder Bewußtseinsprozeß und jeder Transformationsprozeß zieht kraft seiner eigenen Gesetzmäßigkeit auch eine äußere sichtbare Veränderung nach sich. Dies sind natürliche Vorgänge. Wenn sich im Geistigen etwas verändert, wird sich nach der dafür benötigten Zeit auch im äußeren Ausdruck eine Veränderung zeigen.

Auf der einen Seite erfolgt durch die Bewußtwerdung im Geistigen eine Erleichterung und Durchlichtung, und auf der physischen Seite erfolgt eine Verdichtung, denn auf der Erde existieren innerhalb der polaren Gesetzmäßigkeit im Übermaß die Dunkelheiten und die Verdichtungen der materiellen Bereiche. Diesem Schwingungsfeld seid ihr immer noch ausgesetzt.

So verstehe, dies ist ein Entwicklungsweg, der vollkommen natürlich ist. Ihr geht mit euren feinstofflichen Energiefeldern und eurem geistigen Bewußtsein auf einer Leiter, die euch - bildlich gesprochen - nach oben führt, und gleichzeitig geht parallel das physische Schwingungsfeld auf einer Leiter, die nach unten führt. Wenn der Augenblick gekommen ist, daß diese beiden Schwingungsfelder sich wegen ihrer Differenz nicht mehr berühren, wird eine Abtrennung erfolgen, und ihr werdet in den Zustand der Neutralität geführt werden.

Aus diesem Nullpunkt des neuen Energiefeldes werdet ihr einen Körper von einer physischen Substanz erschaffen, die in einer leichteren und höheren Form schwingt. Euer physischer Körper wird sich nicht für das Auge sichtbar entfernen und auflösen, um einem neuen Körper Platz zu machen, nein. Wie gesagt, begeben sich die Schwingungsfelder, die vom physischen Körper ausgehen, in eine immer tiefere Frequenz, und die Schwingungsfelder, die von eurem geistigen Bewußtsein ausgehen, begeben sich in ständig höhere Frequenzen. Wenn die Differenzen so groß sind, daß die beiden Schwingungsfelder sich nicht mehr berühren, findet hier eine energetische und schwingungsmäßige Abtrennung statt.

Das bedeutet die schlußendliche Mutation für den physischen Körper, der im Augenblick der Abtrennung neu programmiert und umgepolt wird, das heißt, an die bereits vorhandenen Schwingungsfrequenzen des geistigen Bewußtseins angepaßt wird. Auf diese Weise wird sich euer physischer Körper durchlichten und leichter werden.

Bei einer weiteren Sitzung im kleinsten Kreis am 5. Dezember 1997 wurden die Fragen zum «neuen Körper» noch einmal aufgegriffen. Dabei kamen völlig neue Gesichtspunkte zur Sprache hinsichtlich des Ausbruchs unseres Planeten aus seiner Umlaufbahn um die Sonne und hinsichtlich des Prozesses, der zum Verlassen der Umlaufbahn führt. Zum ersten Mal wurde auch die Parallelität verdeutlicht zwischen der Abstoßung des Planeten aus der Umlaufbahn und der Trennung unseres sich verdichtenden physischen Schwingungsfeldes vom Geist- und Seelenkörper, sowie die Parallelität zwischen der anschließenden Verfeinstofflichung des Planeten und unseres physischen Körpers.

An zwei Stellen wurde bereits kurz auf die drei Tage und Nächte hingewiesen, in denen sich eine völlige Dunkelheit über die Erde legt. Diese Finsternis wird eine Reaktion darauf sein, daß die Erde aus ihrer Achse kippt und ihre übliche Umlaufbahn verläßt. Die Atmosphäre wird so vergiftet sein, daß ein Überleben nur in geschlossenen Räumen möglich ist. Das nächste Buch wird Hinweise enthalten, wie wir uns in diesen 72 Stunden verhalten müssen, um sie zu überleben.

Frage: *Wie können wir uns den Prozeß der Abtrennung, Neuprogrammierung und Umpolung des physischen Körpers vorstellen? Ist das ein Vorgang, der länger andauert?*

Dies ist ein Vorgang, der sich parallel mit eurem Planeten Erde vollzieht. Auch euer physischer Erdball transformiert sich in ein astrales Sein. So wird der physische Planet künftig ebenso ein feinstofflicher sein, der von physischen Augen nicht mehr wahrgenommen werden kann. Das physische Lebensschwingungsfeld des Planeten Erde verdichtet sich ständig, und dies ist der Prozeß, wo bereits die Lockerung beginnt, da dieser Planet sich von der jetzigen Umlaufbahn, an die er magnetisch festgebunden ist, abzulösen beginnt. Die ständige Verdichtung der Schwingungsebenen des physischen Planeten bewirkt einen Gegendruck zur magnetischen Anziehung an die Umlaufbahn, in die der Planet eingebunden ist.

Stelle dir dies vor wie eine Art Implosion innerhalb der Frequenzen, die beständig tiefer und langsamer schwingen. Wenn die Schwingungsfrequenz die tiefste Stelle und der Planet die größte Verdichtung erreicht hat, wird dies der Auslösefaktor dafür sein, daß die Erde sich aus der jetzigen Umlaufbahn herauskatapultiert. Für die Körper, die darauf verharren, wird der gleiche Prozeß stattfinden: Wenn, wie gesagt, der Abstand der Schwingungsfelder des Geist- und des Seelenkörpers zum physischen Körper so groß geworden ist, daß die beiden Seiten sich nicht mehr erreichen können, wird der physische Körper in einem Augenblick umgepolt und höher schwingen, um dem bereits vorbereiteten Geist- und Seelenkörper angepaßt zu werden.

Es ist ein konkretes Beeinflussen aller Anziehungskräfte, an die ihr noch gebunden seid. Die Erde wird zu trudeln beginnen und sodann von der jetzigen Umlaufbahn abgestoßen werden. Dann wird von dieser Erde alles hinfortgenommen sein, was nicht den höher schwingenden Frequenzen entspricht. Die Frequenzen werden beginnen, sich neu zu aktivieren, und das physische Feld wird sich neu gestalten. Die Frequenzen werden von Mal zu Mal ansteigen, und auf diese Weise wird euer physischer Körper völlig neu programmiert. In den Atmosphären, in die die Erde sich dann bereits eingetrudelt hat, beginnt also eine schwingungsmäßige Neueinstellung des physischen Körpers. Und das gleiche vollzieht die Erde.

Frage: *Könnten wir den Durchlichtungsprozeß beschleunigen, wenn wir nichts mehr essen und trinken würden?*

Das Aufnehmen von Flüssigkeit ist für euer jetziges Stadium lebensnotwendig. Würdet ihr hiervon ablassen, wäret ihr nach einiger Zeit in ernstlicher Gefahr, was euren physischen Körper betrifft. Ich bin jedoch dankbar für diese Frage, denn wir haben euch schon früher gesagt, daß ihr lernen sollt, euch aus dem Astralen die Nahrung zu nehmen. Wir haben euch darauf hingewiesen, daß ihr mit der Erde, mit dem Physischen, verbunden seid, solange ihr die Kost aus ihr entnehmt. Jedesmal, wenn ihr irdische Nahrung, gleich welcher Form, in eure Körper gebt, erneuert und aktiviert ihr die Schwingungsfrequenzen, die euch mit dem Physischen der Erde verbinden. Das heißt, ihr stellt immer wieder einen Einklang mit dem Physischen und mit dem Irdischen her, und auf diese Weise ist der Transformationsprozeß eures Seelen- und Geistkörpers in gewisser Weise noch behindert. Die geistige und seelische Entwicklung kann nur bis zu einem bestimmten Grade vorwärtsschreiten, da ihr euch selbst immer wieder durch diesen Verdichtungsprozeß zurückholt, indem ihr in eine direkte stoffliche Verbindung mit dem Planeten tretet.

Wenn ihr also beginnt, alle physische Nahrung hinwegzunehmen, begebt ihr euch in eine deutliche Distanz zu allem Materiellen, und die Impulse des physischen Planeten werden euch immer weniger erreichen, so daß euer Geist- und Seelenkörper sich nicht mehr zurückholen läßt durch die tieferschwingenden Frequenzen des physischen Seins. Es ist eure geistige Entwicklung dann schneller und leichter möglich.

Dies hat große Auswirkung auf euren Emotionalkörper. Wenn ihr diesen Schritt tut, werdet ihr klar werden in eurem Geist, und ihr werdet nicht mehr den vielfältigen Emotionen unterliegen, die euch in der Vergangenheit Abhängigkeit und Schmerz beschert haben. Das heißt, die Situationen, in denen ihr euch befindet, werden immer klarer wahrnehmbar für euch, da ihr nicht mehr durch die physischen Ebenen beeinflußt werdet.

Indem ihr physische Nahrung zu euch nehmt und gleichzeitig diesen geistigen Öffnungsprozeß betreibt, nehmt ihr immer intensiver und deutlicher die geistige Information dessen, was ihr eßt, in euch auf. Das heißt, euer Geist wird ständig und klar mit Informationen gefüttert, die aus dem physischen Lebensmittel zu euch gelangen. Verstehe, dies ist eine Manipulation durch den Lebensraum der Erde. Wenn ihr ihm entsagen wollt, müßt ihr hier Verbindungen abtrennen. Eine jede physische Speise, die ihr zu euch nehmt, ist eine Wiederholung und Neubelebung der physischen Information, ist ein Festbinden an den Planeten Erde.

Wenn ihr also beginnt, euch der physischen Nahrungs- und Lebensmittelaufnahme zu entziehen, bedeutet dies, daß ihr von Mal zu Mal unbeeinflußter, neutraler werdet und daß ihr euch eurem eigenen Geist und eurem eigenen Denken annähert, daß ihr mehr und mehr zu euch selber heimkehrt. Und erst dann, wenn ihr euch selber in eurer wahren Identität sehr nahe seid, das heißt, wenn ihr den Einfluß des Lebensraumes der Erde abgetrennt habt, wenn ihr nicht mehr Informationen aus diesem Bereich aufnehmt, werdet ihr in jener Schwingungsfrequenz sein, die es euch ermöglicht, die kosmische Nahrung in der Weise aufzunehmen, daß der Erhalt all eurer Körper ohne Schädigung gewährleistet ist.

Erst wenn ihr gelernt habt, mit eurem Geist das Wasser den atmosphärischen Bereichen zu entnehmen, wenn ihr euch allein von der Information ernähren könnt, seid ihr fähig, auch auf die Flüssigkeiten zu verzichten. Verstehe, es ist hier wesentlich und wichtig nur, daß ihr erst dann ablaßt, keine Flüssigkeiten mehr zu euch zu nehmen, wenn ihr fähig seid, die Flüssigkeit in anderer Form in euch aufzunehmen. Erst dann werdet ihr dies tun können, ohne eurem Körper Schaden zuzufügen.

Frage: *Also würdet ihr uns raten, diesen Prozeß zu machen?*

Ja.

TEIL III

Übungen

Mit der folgenden Reinigungsübung können wir uns von negativen Energien befreien, die wir - meistens unbewußt - in uns aufgenommen haben. Wir alle begegnen täglich unguten Energien. Es können Einflüsse aus der Atmosphäre sein wie zum Beispiel Witterungserscheinungen, Radioaktivität oder Ozonbelastung. Häufig übertragen sich auch die Gefühls- und Gedankenmuster anderer Menschen auf uns, zum Beispiel in Krankenhäusern, im Autostau, auf Sportplätzen, im hektischen Großstadtmilieu oder sonst an Orten, wo Schwingungen der Erregung, der Depression, des Stresses oder der Aggression von Gruppen sich fühlbar verdichten und auf uns einwirken. Mitunter sind wir es selbst, die sich mit schädlichen Gedanken- und Gefühlsenergien aufladen. Unzufriedenheit, Traurigkeit, Zorn oder Ungeduld lassen unsere feinstofflichen Körper niedriger schwingen.

Sind die Frequenzen unserer Energiekörper erst einmal abgesunken, ziehen wir kraft des Resonanzgesetzes andere Energien an, die ebenso tief schwingen. Da vor der Zeitenwende die negativen Einflüsse sich zunächst verstärken und die Erde und ihre Atmosphäre sich zunehmend verdichten, d. h. niedriger schwingen, ist es gerade in dieser Übergangsperiode unerläßlich, sich regelmäßig zu reinigen und zu schützen.

Unsere geistigen Helfer empfehlen uns deshalb, täglich die Reinigung mit der weißen Lichtenergie durchzuführen, vor allem vor jeder Form der geistigen Arbeit. Sind wir energetisch gereinigt, treffen wir vorsorglich Schutzmaßnahmen, damit wir uns nicht neuerlich mit unguten Energien belasten. So umgeben wir uns nach der Reinigung jeweils mit einer violetten Lichtschutzkugel. Die Farbschwingung Violett trägt in sich das Prinzip des Schutzes, der Umwandlung und der Distanz, so wie die Lichtschwingung Weiß das Prinzip und die Kraft der Reinigung beinhaltet.

Die Prinzipien in den Lichtenergien aktivieren sich, sobald wir sie klar und direkt mit unserer Gedankenkraft ansprechen. Das Licht ist eine lebendige göttliche Schöpfungskraft, welche das Bewußtsein hat: ICH BIN Licht. Wir können es deshalb ansprechen und bitten, seine reinigende Kraft für uns und an uns zu entfalten.

Das Licht ist die erste Schöpfung Gottes, jene feinstoffliche Substanz, die sich aus dem Vater selbst manifestierte. Er sprach im Anfang: «Es werde!» Und es wurde Licht. Aus dieser geistigen Essenz wurde alles Sein erschaffen. Die Sonnen, die Planeten, die Galaxien sind die Form des manifestierten Schöpfers, sind der Körper Gottes, den wir den Kosmos nennen. Das Universum ist der Raum, der den Kosmos in sich birgt.

Der Ursprung aber, von dem alles ausging, ist das Bewußtsein Gottes, das sich selbst (innerhalb der materiellen Welt) als Licht manifestierte. Die erste Lichtmanifestation dehnte sich zur geistigen Urzentralsonne aus, dem Zentrum der Kraft Gottes in absoluter Vollkommenheit. Aus diesem Lichtzentrum entsprangen elf weitere Zentralsonnen und bilden zusammen mit diesem die zwölf Chakren des Kosmos. Diese geistigen Zentralsonnen nähren alles Leben, alles Sein. Der Mensch, der nach dem Bilde Gottes geformt ist, besitzt ebenfalls zwölf Chakren, sieben im Ätherleib und fünf weitere oberhalb des Scheitels. Sie sind energetisch verbunden mit den zwölf kosmischen Chakren des Vaters. Die geistige Urzentralsonne, der Ursprung von allem, entspricht dem Sonnengeflecht (Solarplexus) des Kosmos.

Dazu sagte Herakles einmal: «Wäret ihr fähig, euch mit eurem Bewußtsein aus dem Kosmos herauszulösen, und würdet ihr von außerhalb das Bild erschauen, das sich euch sodann böte, würdet ihr den Körper Gottes sehen, den Kosmos als Körper im Universum, und ihr würdet die Form einer lebendigen, pulsierenden, immerwährenden und immer wachsenden Spirale aus Licht sehen, das sich zu Sonnensystemen, zu Galaxien formiert. Ihr würdet eine lebendige Spirale sehen, die sich unablässig ausdehnt, wächst, stärker und heller wird. Stellt euch diese Spirale als die Form vor, die euch aus euren DNS-Gebilden vertraut ist! Die DNS-Spiralen in euren physischen Körpern sind das Bild des Körpers Gottes im Mikrokosmos. Wißt also, ihr seid erschaffen und geformt nach dem Bilde Gottes.

Wenn ihr wünscht, dem Vater näherzukommen, noch mehr wie der Vater selbst zu sein, wenn ihr ein größeres Erwachen im Geiste wünscht, nehmt eure Konzentrationsfähigkeit, nehmt eure Gedankenkraft, nehmt eure Kraft der Sehnsucht und des Wünschens, nehmt euer reines Herz und all eure Liebesfähigkeit und begebt euch in eurer Vorstellung, mit eurem Bewußtsein zu diesen zwölf Quellen. Schließt euch an und stellt euch vor, wie ein jegliches eurer Chakren mit dem entsprechenden göttlichen Chakra, einer der geistigen Sonnen, verbunden ist! Dieses Bild laßt vor eurem geistigen Auge erstehen, versucht, dieses Bild zu erschaffen!»

Für die tägliche konkrete Arbeit mit Lichtenergien empfahl Herakles stets, sich speziell an das erste der zwölf geistigen Zentralsonnen im Kosmos, an die geistige Urzentralsonne, zu wenden, dem Sonnengeflecht des Körpers Gottes: «Ihr wurdet in der Vergangenheit gebeten, euer Bewußtsein, eure Gedankenkraft in die Einheit zu lenken, welche die göttliche Allmacht, welche der Vater ist. Nun will ich euch hier konkreter von der Quelle sprechen, die gemeint ist, wenn wir euch bitten, euch mit dem Bewußtsein an die Einheit anzuschließen, um Kraft zu empfangen ... Wir sprechen zu euch über die Quelle allen Seins, aus der wir unsere Energien beziehen, um sie euch weiterzureichen. Ihr sollt lernen, aus euch selbst diese Energien zu euch zu rufen. Ihr sollt lernen, euch gänzlich ohne unsere Hilfe nach eigenem Willen und Wunsch und mit eurem Bewußtsein direkt an den Urgrund allen Seins anzuschließen ... Die mangelnde Bewußtheit vom Verbundensein mit dem Vater hat euch mehr und mehr von der Urzentralsonne entfernt. Dies hat kraft des Gesetzes der Energien die Verdichtung eurer geistigen Elemente bewirkt, die Verdichtung eurer Schwingungen und das Verlangsamen eurer Energiefrequenzen. So seid ihr also durch das Verdichten in die Materie gefallen. Dies ist die Entfernung von euch zum Vater. Nun, da ihr begonnen habt, in eurem Geist zu erwachen, da ihr den Weg zurück begonnen habt, da ihr alle in euch das Rufen und das Heimweh eurer Seelen spürt, seid ihr abermals befähigt, euch bewußt mit euren Energien an diese Welt der Urzentralsonne anzubinden.» (Großer Arbeitskreis von TerrAmor am 20. April 1996)

Bei all unseren Übungen wenden wir uns deshalb an diese geistige Urzentralsonne. Zu ihr senden wir unsere Gedankenkraft, die die geistige Schöpfungskraft in uns ist. Aus der geistigen Quelle der Urzentralsonne erbitten wir all jene Lichtkräfte, die wir benötigen, um uns energetisch zu reinigen und zu schützen.

Wir können uns die geistige Urzentralsonne als ein gewaltiges Zentrum der Liebe, als eine leuchtende Lichtspirale im Kosmos vorstellen, in der Form einer Galaxie. Je deutlicher und konkreter unsere Vorstellung ist, um so intensiver und schneller werden sich die von uns gerufenen Lichtprinzipien in uns manifestieren.

Für die Arbeit mit Lichtenergien verfügen wir über geistige Werkzeuge, die da sind Gedankenkraft, Vorstellungskraft, Intuition, Konzentration, Willenskraft sowie Klarheit in unseren Gedanken und Gefühlen.

- **Die Gedankenkraft** ist unser wichtigstes Werkzeug, weil sie unser Schöpfungspotential darstellt.
- **Die Vorstellungskraft** kanalisiert die Gedankenkraft in den künftigen Ausdruck unserer Schöpfungen.
- **Die Intuition** ist jenes geistige Instrument, das uns leitet, wenn wir vergessenes Wissen aus der Ebene des Unbewußten anwenden.
- **Die Konzentration** ist jene Kraft, die benötigt wird, um die Gedankenkraft im Bild der Vorstellung festzuhalten.
- **Die Willenskraft** befähigt uns, unsere geistigen Schöpfungen zu manifestieren.
- **Die Klarheit** in unseren Gedanken und Gefühlen beschleunigt die Manifestation der Schöpfungen und prägt den Grad ihrer Qualität.

Wenn wir diese geistigen Werkzeuge verantwortungsbewußt und in Liebe anwenden, aktivieren und stärken wir die Schöpfungskraft in uns. Die Ergebnisse unserer geistigen Energiearbeit werden sich von Mal zu Mal deutlicher und spürbarer ausdrücken.

Mit dem Wunsch, die göttlichen Lichtenergien in uns zu aktivieren, öffnen wir jetzt unser Bewußtsein für die folgende Reinigungsübung mit der weißen Lichtenergie.

Wir ziehen uns an einen Ort zurück, an dem wir uns wohl fühlen und die Gewißheit haben, nicht gestört zu werden. Wir sitzen auf einem Stuhl oder liegen bequem auf einer weichen Unterlage. Unser Atem ist gleichmäßig, ruhig und fließend. Die Arme ruhen auf den Oberschenkeln oder liegen parallel neben dem Körper, und die Handflächen zeigen geöffnet nach oben. Wir beginnen, uns zu entspannen.

Die Schultern fallen locker nach hinten, unser Unterkiefer entspannt sich, und der Druck in der Augenpartie löst sich auf. Noch immer ist unser Atem gleichmäßig, ruhig und fließend, und wir entspannen uns immer tiefer.

Mit unserem Bewußtsein begeben wir uns jetzt zur geistigen Urzentralsonne, dem Sonnengeflecht des Kosmos, des Körpers Gottes. Vor unserem inneren Auge sehen wir die geistige Urzentralsonne oder nehmen sie emotional wahr, oder wir stellen uns diese göttliche Kraftquelle als leuchtendes Lichtrad, als galaktische Spirale im Kosmos vor. Mit Hilfe unserer Gedankenkraft erbitten wir aus dieser universellen göttlichen Kraftquelle die weiße Farblichtschwingung. Gelassen und entspannt beobachten wir mit unserem geistigen Auge, erfühlen oder stellen uns vor, wie sich das erbetene Licht in weißen Strahlen aus der Urzentralsonne herauslöst.

Mit unserer Gedankenkraft ziehen wir diese geistigen Reinigungsstrahlen magnetisch zu unserem Körper. Unsere Vorstellungskraft dient hierbei als richtungweisender Kanal. Unser Wunsch, durch dieses weiße Licht gereinigt zu werden, öffnet das Bewußtsein in allen unseren Körperzellen. Durch die geöffneten Fußchakren strömt jetzt das Licht in unseren Körper ein.

Wellenförmig bewegt sich die weiße Lichtenergie von den Füßen bis zum Kopf in immer sich wiederholenden Bewegungen. Wir stellen uns vor, wie die geistige Kraft des weißen Lichts in unseren Körper fließt und nach und nach jede Körperzelle, jeden Muskel und jedes Organ durchdringt. Die weiße Lichtenergie reinigt unseren physischen Körper, alle feinstofflichen Körper, unsere Aura und all unsere Bewußtseinsebenen.

Sie durchflutet und durchströmt uns von den Füßen bis hinauf zum Kopf, bis alle Körper und Bewußtseinsebenen tiefgreifend gereinigt und harmonisiert sind.

Wir versuchen wahrzunehmen, wie die Körperzellen sich mit dem weißen Licht auffüllen, wie wir selbst zu einem lebendigen, pulsierenden Lichtkörper werden, der angeschlossen ist an die geistige Urzentralsonne des Vaters. Wir sind Licht. Wir verweilen bei diesem Bild ...

Das Licht hat seine Arbeit in uns vollendet, und mit dem nächsten Atemzug atmen wir die weiße Lichtenergie durch den geöffneten Mund in die Atmosphäre des Raumes. In Gedanken sprechen wir das ausgeatmete Licht an, bitten es, auch diesen Raum und seine Atmosphäre zu reinigen. Wir bitten die geistige Kraft der weißen Lichtenergie um die tiefgreifende Reinigung und Harmonisierung des Raumes, in dem wir uns befinden.

Vor unserem geistigen Auge beginnt das weiße Licht, sich augenblicklich auszudehnen, bis die Atmosphäre des Raumes ganz durchdrungen ist von strahlendem, hell-leuchtendem weißen Licht.

Nachdem auch dieser Raum und seine Atmosphäre gereinigt ist, begeben wir uns mit unserem Bewußtsein wieder zur geistigen Urzentralsonne. Mit Hilfe unserer Gedankenkraft erbitten wir aus dieser universellen Lichtquelle die violette Farblichtschwingung. Wir sehen mit unserem geistigen Auge oder stellen uns vor, wie tiefviolette Lichtsubstanzen durch den Kosmos direkt auf uns zuströmen und uns schließlich ganz einhüllen.

Nun setzen wir unsere Willenskraft ein und formen aus dem uns umgebenden violetten Lichtnebel eine Energie-Schutzkugel, die unseren physischen Körper und unsere feinstofflichen Körper ganz umschließt.

Über die Außenseite der violetten Schutzkugel spannen wir ein Energie-Gitternetz. Dieses Gitternetz dient uns als Schutzfilter, und wir programmieren das Gitter mit folgendem Impuls:

Alle von außen einströmenden Schwingungen, Energien und Wesenheiten, die unserem Wohle nicht dienlich sind, werden an der Außenseite des Gitternetzes angesammelt. Nur jene Energien und Schwingungen, die unserem höheren Wohle dienen, werden das Innere der violetten Schutzkugel erreichen.

In Gedanken sprechen wir unseren Schutzgeist an und bitten ihn, die sich hier ansammelnden Energien in seine liebevolle Verantwortung zu übernehmen.

In der Gewißheit, gereinigt und geschützt zu sein, bereiten wir uns vor, unsere Körper und Bewußtseinsebenen auf höhere Schwingungen einzustimmen.

Entgiftung der Zellen

Die folgende Übung fand während eines Seminars Anfang Januar 1996 unter Anleitung von Susanne statt, die nicht in Trance, aber mit der geistigen Welt verbunden war.

Diese Übung soll uns helfen, materielle Gifte, die sich in unseren Gehirnzellen abgelagert haben und unsere Gedankenkraft und Konzentrationsfähigkeit beeinträchtigen, umzuwandeln und aufzulösen, so daß wir unser geistiges Bewußtsein besser und klarer anzuwenden lernen. Es ist eine bewußte Programmierung aus dem eigenen Selbst.

Die Übung leitet energetische Prozesse im physiologischen Körpergeschehen ein. Es ist unsere Entscheidung, ob wir weiter mit Energieblockaden leben wollen oder ob wir sie auflösen möchten. Das Leben in einer höheren Dimension jedoch erfordert diese Reinigung. Jede Dimension hat ihre eigene Gesetzmäßigkeit, ihre eigenen Lebensbedingungen. Wenn wir anstreben, in höhere Dimensionen aufzusteigen, ist die Entgiftung der Zellen, also die Auflösung der Energieblockaden, der erste und unabdingbare Schritt. Wir werden gebeten, uns auch im alltäglichen Leben von den Giften zu trennen.

Für diejenigen, die von einem Genußmittel oder einer Droge abhängig sind, sei gesagt: Der Ehrgeiz ist die falsche Energie, den Reinigungsprozeß positiv zu vollziehen. Wer Schwierigkeiten hat, Abhängigkeiten aufzulösen, wird gebeten, mit besonderer Demut vorzugehen, aber in Selbstachtung und Selbstliebe, sich also nicht zu verwerfen, sondern anzunehmen. Diese Geisteshaltung erschafft ein Energiepotential, das dem Reinigungsakt förderlich ist. Die Energie des Ehrgeizes trägt in sich das Prinzip des Zwangs. Aus diesem Grund ist Ehrgeiz nicht dienlich.

Wir schließen unsere Augen, konzentrieren uns auf unsere innere Mitte. Von hier aus lassen wir unser Bewußtsein in den ganzen Körper strömen.

Wir spüren jetzt bewußt unseren physischen Körper. Zunächst gehen wir mit unserem geistigen Bewußtsein in die Füße, spüren die Zehen, die Fußsohlen, die Fußknöchel, die Fersen.

Unser Bewußtsein befindet sich in den Füßen und wandert von dort weiter in die Unter- und Oberschenkel. Wir geben jetzt aus unserem geistigen Bewußtsein in die Füße, die Unter- und Oberschenkel den Impuls: Entspannung, Regeneration! Während wir uns nun ganz in uns selbst zurückziehen, wird dieser Teil unseres physischen Körpers ruhen und regenerieren.

Unser geistiges Bewußtsein verläßt nun diesen Bereich des Körpers und strömt in den unteren Teil des Rumpfes, in das Becken, den ganzen Darm- und Bauchbereich ein. Auch hier geben wir nun den Impuls: Entspannung und Regeneration!

Unser geistiges Bewußtsein wandert weiter in den Oberkörper. Auch ihm geben wir den Impuls: Entspannung und Regeneration!

In unseren Herzbereich geben wir den Impuls: Frieden und Harmonie! Jetzt ist unser physischer Körper von den Füßen bis zum Oberkörper programmiert auf Entspannung, Regeneration, Frieden und Harmonie!

Unser geistiges Bewußtsein strömt sodann in unseren Hals, und auch hier geben wir den Impuls: Regeneration, Entspannung, Frieden und Harmonie! Jetzt sind die Körperzellen von den Füßen bis zum Hals programmiert, und sie werden den bewußt erteilten Auftrag erfüllen. So können wir unser Bewußtsein beruhigt in unseren Kopf lenken. Unser Bewußtsein dehnt sich in unserem Kopf aus, während unser Körper, erfüllt von Frieden und Harmonie, völlig entspannt und in absoluter Ruhe regeneriert.

Wir spüren nun in das Innere unseres Kopfes hinein. Mit unserem geistigen Bewußtsein dehnen wir den Kopf aus. Wir schaffen Raum, Weite, Freiheit.

Mit unserem Geistbewußtsein senden wir nun Impulse an das Körperbewußtsein, an den Verstand. Aus der Ebene unseres geistigen Bewußtseins teilen wir unserem Verstand mit, daß wir unseren physischen Körper lieben und achten und daß nichts geschehen wird, was dem körperlichen Wohlergehen schadet. Aus der Ebene unseres Geistbewußtseins bitten wir den Verstand, die Wahrnehmungen des geistigen Bewußtseins nicht zu behindern, nicht zu blockieren und alle Begrenzungen der Wahrnehmungsfähigkeit aufzuheben. Unser Geistbewußtsein sagt dem Verstand, daß alle Ängste, alle Blockaden unnötig sind, weil unser Geistbewußtsein den Körper und seinen Verstand ehrt und liebt.

Das Körperbewußtsein und der Verstand spüren die Wahrheit unseres geistigen Bewußtseins, spüren die Anerkennung und die Liebe. Unser Verstand ist nun beruhigt, ist voll Vertrauen gegenüber unserem Geistbewußtsein. Nun wird sich unser Verstand bei den Wahrnehmungen des geistigen Bewußtseins neutral verhalten, so daß seine Meinungsfilter die Wahrnehmungen nicht einfärben und verändern.

Jetzt wenden wir uns mit unserer Gedankenkraft und Konzentration jenem Teil unseres Seins zu, den wir unser geistiges Bewußtsein, unser ICH BIN nennen. Wir sprechen gedanklich: «ICH BIN Geist» und erinnern uns an den Augenblick, als unser Geist noch nicht vom Seelenkörper und vom Stoffkörper ummantelt war. Wir waren frei. Wir waren vollkommen. Wir waren das Bild des Vaters.

Unser wahres Sein ist göttlich und vollkommen. Wir sind erschaffen aus der Substanz Licht. Das Licht ist die Manifestation der Wahrheit, der Weisheit. Aus dieser Wahrheit wurde unser Geist nach dem Bild des Vaters geformt. Hier in unserem wahren Sein sind wir ewig, vollkommen, göttlich und rein.

Wir halten diese Wahrnehmung, diese Empfindung fest. Wir machen eine Fotoaufnahme von diesem Augenblick. Wir sehen uns das Bild an, wir haben unser ICH BIN fotografiert. Wir nehmen eine strahlende Lichtsäule wahr. In unserem Ursprung sind wir Geist. Dieser Geist ist ewig, unauflösbar in uns. Dieser Geist ist unser wahres Sein.

In Gedanken sprechen wir jetzt: «ICH BIN Geist, erschaffen aus dem Licht. ICH BIN Geist.»

Wann immer wir es möchten, können wir wieder in das Bewußtsein «ICH BIN Geist» eintauchen und ihm in unserem Körper und unserer Seele Ausdruck geben. In dem Bewußtsein, daß wir in unserem Ursprung göttlich, vollkommen und rein sind, sprechen wir nun unsere Gehirnzellen an.

Wir senden das geistige Bewußtsein in unsere Gehirnzellen und informieren diesen Teil des Körpers über die Wahrheit unseres wirklichen Seins. Das Bewußtsein der Gehirnzellen, das dem Körperbewußtsein zugeordnet ist, empfängt nun den Impuls direkt aus unserem geistigen Bewußtsein, dem ICH BIN.

So wiederholen wir noch einmal die Botschaft an unsere Gehirnzellen:

«ICH BIN Geist, ICH BIN göttlich, vollkommen und rein, erschaffen nach dem Bilde Gottes.» Und so gebiete ich dem Bewußtsein meiner Gehirnzellen: «Gestalte dich nach diesem Bilde! Aktiviere dein Heilungsprinzip und gib alle Gifte frei! ICH BIN die Essenz des Lichtes, manifestiert als lebendiger Geist, und es ist mein Wunsch, dem Bild des Vaters in allen meinen Ausdrucksformen zu entsprechen. Alle Gifte, die sich energetisch und stofflich in meinem Körper manifestiert haben, leite ich nun in mein Lymphdrüsensystem, in den Bereich der Nieren, in alle Entgiftungsorgane meines Körpers.»

Wir danken allen Entgiftungsorganen für die bereitwillige Arbeit und senden Liebe in sie hinein.

Unser physischer Körper ist entspannt, angeschlossen an die Programmierung des Friedens, der Harmonie, der Regeneration. Unser Körperbewußtsein, welches wir Verstand nennen, beobachtet neutral den Vorgang. So sind keine Energiegitter vorhanden, die aus Unwissenheit den Reinigungsprozeß verhindern. Unser Verstand hat seine Schranken aufgehoben und unser Geistbewußtsein kann wirken.

Wir sind immer noch innerlich entspannt und spüren diesen Prozeß als etwas Angenehmes, etwas Befreiendes. Wir lassen unserem geistigen Bewußtsein freien Lauf, lassen es uneingeschränkt in uns wirken. Vollkommenheit, Reinheit, Gesundheit - das sind die Impulse, die unser geistiges Bewußtsein in den Körper sendet.

Jetzt kehren wir zurück in den Kern unseres geistigen Bewußtseins, in das ICH BIN. Der geistig-energetische Reinigungsprozeß wird selbsttätig weitergeführt. Diesen Prozeß werden wir in den nächsten Tagen wiederholen. Nun aber wollen wir uns auf die Essenz unserer Seele konzentrieren.

Unsere Seele ist das Instrument der Wahrnehmung über Emotionen, Gefühle und Empfindungen, die wir in unserem Körper über die Nervenbahnen vermittelt bekommen. Unsere Seele spürt die Wahrheit in allem, was uns berührt, über das Instrument der Emotion. Über den Geist empfangen wir die Wahrheit durch das Verstehen und Erkennen ihrer Prinzipien. Über die Seele nehmen wir die Wahrheit fühlend wahr, durch das Gefühl. Die Wahrheit, die uns berührt, drückt sich emotional durch die Form des Friedens, der Harmonie aus.

Hier in diesem Teil unseres Seins, der Essenz der Seele, erschaffen wir unsere Liebesfähigkeit. Und nun, da unser Bewußtsein sich hineingewoben hat in die Essenz der Seele, beginnen wir Liebe, Achtung für uns selbst zu erzeugen. Wir verzeihen uns jetzt die Mißachtung unseres eigenen Selbst in der Vergangenheit. Diese Gefühle haben in uns Enttäuschung und Schmerz verursacht. Wir bitten unseren Körper um Verzeihung und wollen nun mit unserer Liebeskraft diesen Schmerz und die Enttäuschung über uns selbst auflösen. Auch dies sind Gifte, die unser geistiges Wachstum blockieren.

Wir geben unserem Körper aus dem Bereich unserer Seelenessenz nun den Impuls, daß wir Liebe für uns selbst empfinden, daß wir uns achten, damit wir liebesfähig auch für den Menschen neben uns sind. Unser Herz beginnt sich zu öffnen, auszudehnen. Mit jedem Pulsschlag strömt die Qualität der Liebe durch unseren Körper. Wir sind in unserem Geist, in unserer Seele vollkommen, göttlich und rein. Wir sind aus dem Licht erschaffen und aus der Liebe Gottes in das Leben gesandt. Unser Dasein, unser Ausdruck in allen unseren Ebenen soll der Dank und der Lobpreis an den Schöpfer sein.

Jetzt habe ich meinen Auftrag verstanden. Mein ICH BIN in allen Formen ist der Jubel und der Lobgesang für den Vater, denn ich bin erschaffen nach seinem Bilde in Vollkommenheit. In meinem Ursprung bin ich frei, unsterblich und göttlich. Es ist mein Wunsch, diese Göttlichkeit in all meinen Ebenen auszudrücken.

Mein physischer Körper nimmt nun die höher schwingende Vibration meiner Energiekörper wahr. Das ist eine energetische Unterstützung in dem Reinigungsprozeß, in dem physischen Körpergeschehen.

Nachdem der Reinigungsprozeß in unserem physischen Körper nun langsam zum Abschluß kommt, kehren wir mit unserem Bewußtsein aus der Ebene der Seelenessenz zurück in unser geistiges Bewußtsein, in unseren Geist, in das ICH BIN. Dann ziehen wir unser Bewußtsein wieder zusammen und lenken es wieder in unseren Kopf.

Wir nehmen unseren Kopf wahr. Langsam wird es Zeit, das

Bewußtsein wieder im ganzen Körper auszubreiten. Unser Geistbewußtsein fließt nun durch den Hals und dehnt sich aus, über die Schultern und Arme, über den Oberkörper, den Unterkörper, die Oberschenkel, Beine und Füße. Wir lassen unser geistiges Bewußtsein locker und leicht in den ganzen Körper zurückströmen, atmen gleichmäßig ein und aus, spüren unseren physischen Körper, bewegen die Finger, die Füße, und Freude empfängt uns. Wir kehren in unser Tagesbewußtsein zurück und öffnen langsam die Augen, sind ganz im Hier und Jetzt.

Susanne Aubry - Buchautorin, Liedertexterin, Seminarleiterin und spirituelle Lebensberaterin.

Ausgelöst durch den Tod des Vaters und die Begegnung mit ihm nach seinem Tod, begann sie im Alter von 6 Jahren nach dem Sinn des Lebens zu suchen. Diese Suche führte sie durch ein 14jähriges Bibelstudium, theoretische und praktische Studien der Psychologie und jahrelange intensive Auseinandersetzungen mit verschiedenen Religionsgemeinschaften der westlichen und östlichen Theologie.

Die dabei gewonnenen Erfahrungen haben sie schließlich auf den Weg der Geisteswissenschaft gebracht. Fasziniert von der Begegnung mit anderen Welten und Bewußtseinsebenen, begann sie das Wesen Mensch zu ergründen. Heute unterrichtet sie in der geistigen Schule TerrAmor alle interessierten Menschen, die offen sind für neue Denk- und Sichtweisen und die den Mut haben, ebenfalls anderen Welten und Bewußtseinsebenen zu begegnen.

Susanne Aubry lebt heute im bayerischen Fünf-Seen-Land und arbeitet mit ihrem Mann und ihren beiden erwachsenen Kindern im Familien-Unternehmen TerrAmor.

1987 bis 1993 selbständige Unternehmerin in der Naturkosmetik; seit 1989 Ausbildung der medialen Fähigkeiten; künstlerische Tätigkeit und Gründung der Galerie «ACA Präsentation Viola».

Seit 1995 Gruppenarbeit mit Ärzten, Therapeuten, Psychologen und Heilpraktikern. Gründung von Arbeitskreisen und Leitung von Seminaren.

1996 Gründung von TerrAmor, einem Forschungs- und Lehrinstitut (zusammen mit Karl Schnelting).

Seit 2000 Zusammenarbeit mit Robert Aubry. Gründung des gemeinsamen Verlags und Schulungsinstituts «TerrAmor Susanne Osswald & Robert Aubry GbR».

2002 Gründung der gemeinsamen Firma «TerrAmor Kunst & Kultur GmbH».

2004 Heirat mit Robert Aubry.

2006 Gründung des Vereins «Vision 3000 e.V.», um Arbeitslosen jeden Alters und aller Berufsgruppen die Möglichkeit zur kostenlosen Ausbildung in Gesang, Tanz und Schauspiel zu bieten. Ziel ist es, Konzerte, Theaterstücke und Musicals aufzuführen, deren Erlös an die Arbeitslosen verteilt wird.

Susanne Aubrys Lebensmotto: «Hilf dir selbst, dann hilft dir Gott.»

susanne-robert@terramor.de
www.terramor.de

Geboren 1930. Studium der Philologie (englische, französische und amerikanische Literatur) in Münster, in den USA 1952/53 (Fulbright-Stipendium) und an der Pariser Sorbonne 1953/54. Studium der Rechte an den Universitäten Paris und Bonn. Abschlüsse als Rechtsreferendar und Assessor jur.

1964 Angestellter des Ministeriums für Wirtschaftliche Zusammenarbeit.

1964 bis 1968 Persönlicher Referent des Chefs des Saarländischen Rundfunks.

Gleichzeitig Geschäftsführer der ARD-Kommission für die deutsch-französische Zusammenarbeit auf dem Gebiet des Hörfunks.

Von 1966 bis 1968 gleichzeitig Geschäftsführer der Werbefunk Saar GmbH.

1968 bis 1976 Fernsehdirektor des Saarländischen Rundfunks.

1971 bis 1976 zusätzlich Fernseh-Koordinator für das Familienprogramm der neun ARD-Landesrundfunkanstalten und Vorsitzender der vom Ersten und den fünf Dritten Fernsehprogrammen der ARD begründeten bundesweiten «Arbeitsgemeinschaft Vorschulprogramme».

1976 Berufung zum Zweiten Deutschen Fernsehen als Leiter der kulturellen und wissenschaftlichen Programmredaktionen des ZDF (Hauptredaktion Kultur).

Von 1976 bis 1995 in Vertretung des ZDF Mitglied des Deutschen Nationalkomitees für Denkmalschutz.

Als Medienvertreter von 1989 bis 1997 Mitglied des vom Auswärtigen Amt in Bonn begründeten Deutschen IDNDR-Komitees für Katastrophenvorbeugung. IDNDR steht für die von der UNO für die Jahre 1990 bis 2000 ausgerufene International Decade for Natural Disaster Reduction.

1995 Ausscheiden aus dem ZDF aus Altersgründen.

1996 Gründung von TerrAmor, einem Forschungs- und Lehrinstitut (zusammen mit Susanne Aubry).

1999 Tod im Alter von 69 Jahren.

Veröffentlichungen:

Zahlreiche Artikel in Fernsehfachzeitschriften sowie u.a. Herausgabe folgender Bücher:

Fachwörterbücher für Hörfunk und Fernsehen in den Sprachen Deutsch-Französisch/Französisch-Deutsch und Deutsch-Englisch /Englisch-Deutsch.

Buchreihe «*Zeugen des Jahrhunderts*» nach der von ihm 1978 begründeten Sendereihe des ZDF. Im einzelnen: Portraits aus Politik und Politischer Wissenschaft, aus Wirtschaft und Gesellschaft, aus dem Musikleben, Literarische Portraits.

«Hilfe, ich träume! – Botschaften aus dem Reich der Seele» (Goldmann Verlag 1984), Begleitbuch zur gleichnamigen Sendereihe des ZDF.

Geistige Heilung, Dokumentation einer Sendereihe des ZDF (Aurum Verlag 1986).

Der Große GU-Ratgeber *«Unsere Bäume»* (Verlag Gräfe und Unzer 1992), Begleitbuch zur 30teiligen Fernsehreihe *«Von Bäumen und Menschen»*.

«Tiere als Ware – gequält, getötet, vermarktet» (Co-Autor Manfred Karremann; Fischer TB 1993).

Nachruf auf Karl Schnelting

Sanft und still hat Karl Schnelting in der Nacht des 26. Oktobers 1999 seinen irdischen Körper verlassen. Hierdurch wurde ihm ein heimlicher, aber langersehnter Wunsch erfüllt. Obschon Karl Schnelting ein Mensch war, der den weltlichen Realitäten klar und konkret ins Auge sah, ist sein innerstes Wesen stets mit großem Sehnen den geistigen Lebensdimensionen zugewendet gewesen.

Sein eindrucksvolles Wirken während seiner Erdenlebenszeit hat unübersehbare Spuren hinterlassen. So war er ein mutiger Pionier der spirituellen Lehren und Weisheiten, die er ohne Rücksicht auf das Ansehen seiner eigenen Person in der Öffentlichkeit vertrat. Bewußt nutzte er seinen Einfluß und schöpfte alle Möglichkeiten aus, um den Menschen einen neuen Weg zu sich selbst und ihrem Schöpfer zu weisen.

Zuletzt hat er dies im Rahmen der geistigen Schule TerrAmor getan. Aus den Reihen der Mitarbeiter, Schüler und Freunde von TerrAmor wird ihm allezeit ein von Herzen kommender Dank und ein liebevolles Andenken bewahrt bleiben.

In tiefer Liebe und geistiger Verbundenheit,
Susanne, Bianca und Marc Aubry

Botschaften aus der geistigen Welt

Botschaften aus der geistigen Welt, Band 1:

Susanne Aubry / Karl Schnelting

Dein Wille geschehe jetzt!

Die Menschheit vor der globalen Transformation.

ISBN 978-3-906347-85-1
Taschenbuch-Erstausgabe, 289 Seiten
€ 12,– / Fr. 21.60

Wir leben heute in einer Zeit, in der sich vieles scheidet und entscheidet.

Aus irdischen und auch aus höherdimensionalen, unsichtbaren Bereichen greifen dunkle Mächte nach der Menschheit. Gleichzeitig steht die Erde nach kosmischem Schöpfungsplan vor einer globalen Transformation.

Aus den Welten des Lichts gelangen deshalb immer dringlichere Botschaften und Warnungen an die Menschen:

- Welche Entscheidungen stehen bevor?
- Wessen Wille wird geschehen?
- Wie schützt man sich vor negativen Einflüssen?
- Wie können wir auch in Zeiten extremer Bedrohung die höhere Sicht, die göttliche Liebe und das Gottvertrauen bewahren?

Erfahren Sie in diesem Buch, was Lichtwesen aus hohen und höchsten Dimensionen uns über die gegenwärtigen und zukünftigen Vorgänge auf der Erde mitteilen.

Ihre Botschaften enthalten nicht nur einzigartige Perspektiven, Enthüllungen und Prophezeiungen, sondern sind auch eine unerschöpfliche, lebendige Quelle von persönlicher Kraft und Inspiration.

Empfehlenswerte Bücher

Christus: Sein Leben, seine Lehre.

Bilder von Hans Georg Leiendecker
Texte von Thomas Busse

Christus • Band 1

ISBN 978-3-906347-53-0
84 Seiten, gebunden
durchgehend farbig illustriert
€ 16,– / Fr. 28.80

Ausgelöst durch ein tiefgreifendes spirituelles Erlebnis, fand Hans Georg Leiendecker neuen Zugang zur Lehre Christi. In zahlreichen Bildern bringt er seitdem die Christus-Erfahrungen, die sein Leben stark veränderten, zum Ausdruck. In den Farben unserer Zeit zeigt er in eindrucksvoller Weise das geistige Wirken Christi und verbindet so traditionelle Themen mit spirituellen Erkenntnissen der heutigen Zeit.

Die meditativen Texte von Thomas Busse erweitern den Blick in die Mysterien des Gottessohnes. So entstand ein Werk, das dem Leser auf einfühlsame Weise das Leben und die Lehren Christi näherbringt.

Christus: Sein Wirken heute.

Bilder von Hans Georg Leiendecker
Texte von Thomas Busse

Christus • Band 2

ISBN 978-3-906347-60-8
84 Seiten, gebunden
durchgehend farbig illustriert
€ 16,– / Fr. 28.80

Für Band 2 schuf Hans Georg Leiendecker einen Bilderzyklus über Christi Wirken heute.

Die in diesem Band enthaltenen Christus-Bilder illustrieren in eindrucksvoller Weise diesen aktuellen Bezug des Menschenfreundes zum Leben im Hier und Jetzt.

Wiederum erklären und vertiefen die meditativen Texte von Thomas Busse die Zusammenhänge und rufen zum persönlichen Miterleben auf.

Empfehlenswerte Bücher

Der Weg zur Neuen Erde.

H. Silvariah • R. Silvirianus

Die Neue Erde – Messias Alpha

ISBN 978-3-906347-48-6
160 Seiten, gebunden
Sonderpreis € 5,– / Fr. 9.–

Wir befinden uns in einer bedeutenden Zeitenwende. Schon vieles wurde über den Beginn des neuen Jahrtausends geschrieben, doch nicht immer wirkt es der allgemein herrschenden Verunsicherung entgegen.

Dieser aktuelle Band zeigt, daß die Menschheit bei alledem nicht allein ist. Zahllose Sternengeschwister stehen uns im Namen des Christus-Jesus liebevoll zur Seite, um uns in unserer Entwicklung zu beschützen und zu begleiten. Sie weisen jedem Menschen guten Willens einen Weg in eine neue Zukunft der Liebe und des Friedens – den Weg zu einer Neue Erde, die hier als «Messias Alpha» bezeichnet wird.

Bruno Gröning: Leben und Lehre.

Thomas Busse

Bruno Gröning

ISBN 978-3-906347-82-0
118 Seiten, gebunden
€ 9,90 / Fr. 17.50

Kaum jemand erregte in den fünfziger Jahren in Deutschland die Gemüter mehr als Bruno Gröning (1906–59). In den Medien bezeichnete man ihn als «Wunderheiler», denn Tausende Kranke, Kriegsversehrte und selbst als unheilbar Diagnostizierte erfuhren durch ihn wundersame Heilungen. Die einen sahen in ihm einen neuen Messias, andere verspotteten ihn als Scharlatan. Obwohl er bereits 1959 verstarb, riß die Faszination um seine Person nicht ab.

Dieses Buch ist eine übersichtliche Quelle der Information zum Phänomen Bruno Gröning. Es konzentriert sich auf die wichtigsten Lebensstationen Grönings sowie auf die zentralen Themen seiner Lehre und stellt somit ein ideales Einführungsbuch dar.

Empfehlenswerte Bücher

Das Kursbuch zur Wendezeit.

Armin Risi

MACHTWECHSEL
AUF DER ERDE

Die Pläne der Mächtigen, globale Entscheidungen und die Wendezeit.

ISBN 978-3-906347-81-3
5. Auflage, 594 Seiten, gebunden
€ 24,– / Fr. 43.20

Das Kursbuch zur Wendezeit: Die Neuausgabe von Armin Risis Bestseller – jetzt vollständig überarbeitet und aktualisiert!

Die «Illuminati»- und «Sakrileg»-Themen – jenseits von Fiktion und Verharmlosung.

Millionen von Menschen ahnen, daß vieles, was auf der Bühne der Weltgeschichte geschieht, eine Inszenierung ist. Was läuft *hinter den Kulissen?* Was sind die Pläne der Mächtigen? Welche globalen Entscheidungen stehen bevor?

Erfahren Sie in diesem Buch, wie die Weltlage aussieht, wenn man sie aus einer spirituellen Perspektive betrachtet:

- Der Mensch im multidimensionalen Kosmos
- Kali-Yuga und die Wendezeit
- Hierarchien der Dunkelheit und des Lichts
- Das Geheimnis der Einweihungen
- Templer, Freimaurer und die «Prieuré de Sion»
- Der Bibel-Code 666
- UFOs, Geheimtechnologie und geistige Energie
- Die Gegenwart der Lichtwesen
- Die Transformation der Erde

Dieses Buch ist eine Expedition in die dunklen Tiefen der Weltgeschichte, in die lichtvolle Zukunft der Menschheit – und in unser eigenes Innerstes.

Empfehlenswerte Bücher

Unterscheiden, ohne zu urteilen.

Armin Risi

Licht wirft keinen Schatten

Ein spirituell-philosophisches Handbuch.

ISBN 978-3-906347-62-2
2. Auflage, 504 Seiten, gebunden
€ 24,– / Fr. 43.20

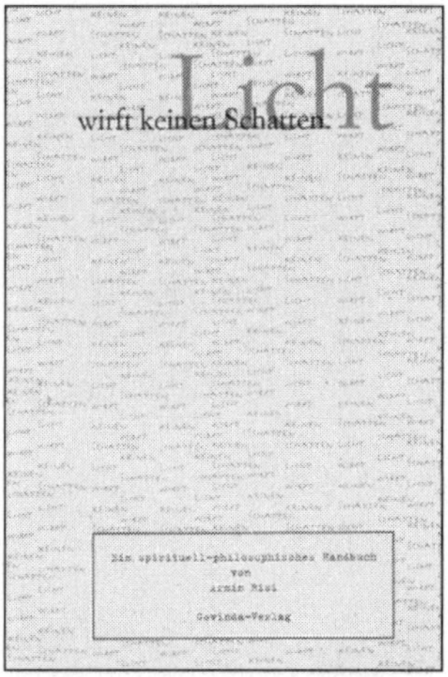

Überall werden Weltbilder, Philosophien und Glaubenssysteme vertreten: von Wissenschaftlern, Politikern und Finanzmagnaten, von Geheimlogen, Religionen und Esoterikern. Haben einige mehr recht als andere? Kann und darf man unterscheiden? Oder ist alles relativ? Sind wir einer philosophischen bzw. ideologischen Willkür ausgesetzt, ohne Kriterien und Maßstäbe für das, was Wahrheit ist? Gibt es überhaupt so etwas wie «Wahrheit»?

Armin Risi beschreibt eine philosophische Weltformel, die es ermöglicht, all die verschiedenen Weltbilder in einen höheren Zusammenhang zu stellen und aufzuzeigen, wer sie vertritt und ***warum***. Was sind die verborgenen Motivationen? Was ist «Licht», und was erzeugt die Dunkelheit?

In diesem Licht können auch die Schattenseiten und Halbwahrheiten der heutigen Zeit durchschaut werden, selbst wenn sie sich mit schönen Worten wie «neue Weltordnung», «Weltfrieden» und «neue Ethik» tarnen.

Die verschiedenen Weltbilder – konsequent zu Ende gedacht:

Was steckt hinter Aussagen wie «alles ist relativ», «alles ist eins», «alles ist Gott», «wir alle sind Gott»? Oder: «Gott ist Energie», «das Universum ist Gott»? Sind das Wahrheiten oder Halbwahrheiten?

Empfehlenswerte Bücher

Anastasia-Reihe in fünf Bänden:

Wladimir Megre

Band 1: Anastasia – Tochter der Tagia
Band 2: Anastasia – Die klingenden Zedern Russlands
Band 3: Anastasia – Raum der Liebe
Band 4: Anastasia – Schöpfung
Band 5: Anastasia – Wer sind wir?

Jeder Band 200-240 Seiten:
gebundene Ausgabe je € 16,– / Fr. 28.80
Taschenbuchausgabe je € 9,90 / Fr. 17.50

Anastasia ist die Botschafterin eines uralten Volkes, dessen Nachkommen auch heute noch vereinzelt in der Taiga leben, von der Zivilisation unbeeinflußt und immernoch im Besitz der «paranormalen» Kräfte, die der moderne Mensch weitgehend verloren hat.

Kurz nach der Öffnung Rußlands war die Zeit anscheinend reif, daß die Welt von der Existenz dieser Menschen erfahren sollte. So ließ es die junge Einsiedlerin Anastasia im Jahr 1994 zu, daß ein «Zivilisierter» – Wladimir Megre aus Nowosibirsk, der mit seinem Boot auf dem Ob in die Taiga fuhr, um mit den Einheimischen Tauschhandel zu betreiben – mit ihr in Kontakt kam und für drei Tage Zeuge ihres Lebens auf einer entlegenen Taiga-Lichtung wurde.

Diese Begegnung sollte Wladimir Megres Leben grundlegend verändern. Als einfacher Geschäftsmann, der nur den Atheismus des kommunistischen Rußlands kannte, sah er sich plötzlich mit Phänomenen konfrontiert, die alles bisher Gekannte um Dimensionen übertrafen: Telepathie, Präkognition, Teleportation, Unverletzlichkeit (Kälteresistenz) und Verbindung mit höheren Welten.

Anastasias Person und Lebensstil provozieren Fragen zu weltbewegenden Themen wie Herkunft des Menschen, Gesundheit, kosmische Heilkraft, richtige Ernährung, göttliche Naturverbundenheit, Ursache von Krankheit, Hintergründe der Weltpolitik und Zukunft der Menschheit.

Empfehlenswerte Bücher

Ein ermutigender Erlebnisbericht.

Christel Deutsch

Und mein Engel weinte

ISBN 978-3-906347-47-9
128 Seiten, gebunden
€ 12,– / Fr. 21.60

Dieser autobiographische Erlebnisbericht führt durch das bewegte Leben der Berliner Heilpraktikerin und Autorin Christel Deutsch.

Sie schildert auf ergreifende und humorvolle Weise, wie ihr Schutzengel sie seit ihrer Kindheit begleitet. Er steht ihr nicht nur in den Herausforderungen des Alltags zu Seite, sondern hilft ihr auch, innere Hürden zu überwinden und das Bewußtsein weiterzuentwickeln.

Dieses Buch ermutigt dazu, durch Zuwendung und Bitten eine Beziehung zum eigenen Schutzengel aufzunehmen und dadurch in den Wirrnissen des Lebens immer wieder Trost zu schöpfen und Halt zu finden.

Für Kinder ... und andere Menschen.

Christel Deutsch • Anne Heins

Engelgeschichten

ISBN 978-3-906347-52-3
108 Seiten, gebunden,
durchgehend farbig illustriert
€ 16,– / Fr. 28.80

Kinder sind die Hoffnungsträger für die Heilung der Erde und für den Frieden unter den Völkern. Es ist not-wendig, sie in dem Bewußtsein aufwachsen zu lassen, von Gott geliebt und von Seinen Boten, den Engeln, beschützt zu werden. Das gleiche gilt auch für alle anderen Menschen, egal wo sie geboren sind und wo sie leben.

Dieses wundervolle Buch umfaßt 19 Geschichten um Engel und Menschen, die Herz und Verstand gleichermaßen berühren – bezaubernd illustriert von der erst zwölfjährigen Anne Heins.

Eine besondere Empfehlung für äußere und innere Kinder.